COORDENAÇÃO EDITORIAL
NAÍLE MAMEDE

QUEM MANDA NA MINHA VIDA SOU →EU←

© LITERARE BOOKS INTERNATIONAL LTDA, 2023.
Todos os direitos desta edição são reservados à Literare Books International Ltda.

PRESIDENTE
Mauricio Sita

VICE-PRESIDENTE
Alessandra Ksenhuck

DIRETORA EXECUTIVA
Julyana Rosa

DIRETORA COMERCIAL
Claudia Pires

DIRETORA DE PROJETOS
Gleide Santos

EDITOR
Enrico Giglio de Oliveira

EDITOR JÚNIOR
Luis Gustavo da Silva Barboza

ASSISTENTE EDITORIAL
Felipe de Camargo Benedito

REVISORES
Margot Cardoso e Débora Zacharias

CAPA
Ariadne Cardoso

DESIGN EDITORIAL
Lucas Yamauchi

IMPRESSÃO
Trust

Dados Internacionais de Catalogação na Publicação (CIP)
(eDOC BRASIL, Belo Horizonte/MG)

Q3 Quem manda na minha vida sou eu: histórias de mulheres disruptivas e extraordinárias / Coordenação editorial Naíle Mamede. – São Paulo, SP: Literare Bbooks International, 2023.
392 p. : 16 x 23 cm

Inclui bibliografia
ISBN 978-65-5922-646-7

1. Mulheres – Aspectos sociais. 2. Motivação. 3. Técnicas de autoajuda. I. Mamede, Naíle.
CDD 158.1

Elaborado por Maurício Amormino Júnior – CRB6/2422

LITERARE BOOKS INTERNATIONAL LTDA.
Rua Alameda dos Guatás, 102
Vila da Saúde — São Paulo, SP. CEP 04053-040
+55 11 2659-0968 | www.literarebooks.com.br
contato@literarebooks.com.br

Os conteúdos aqui publicados são da inteira responsabilidade de seus autores. A Literare Books International não se responsabiliza por esses conteúdos nem por ações que advenham dos mesmos. As opiniões emitidas pelos autores são de sua total responsabilidade e não representam a opinião da Literare Books International, de seus gestores ou dos coordenadores editoriais da obra.

SUMÁRIO

7   AGRADECIMENTOS
Naíle Mamede

9   PREFÁCIO
Angela Tamiko Hirata

11   QUEM MANDA NA MINHA VIDA SÃO MEUS SONHOS
Naíle Mamede

17   O MUNDO AO SEUS PÉS
Angela Tamiko Hirata

25   COMO RECONSTRUÍ MEU CASTELO COMEÇANDO DO ZERO
Alessandra Azevedo

35   A CORAGEM DE SEGUIR PARA FORA
Aline Rebelo

43   VÍTIMA OU PROTAGONISTA DA MINHA HISTÓRIA?
Andrea Lopes Villaça

51   A INSISTENTE GAROTA QUE SE TRANSFORMOU NUMA COMUNICADORA
Bel Soares

59   CHEIRO DO MATO
Camila Rodrigues de Oliveira

65   DO AMOR À DOR, DA DOR AO AMOR: A JORNADA DE CLARISSE
Carmen Hornick

75   A NATUREZA DE QUEM DÁ VIDA A SI MESMA SENDO A ÁRVORE QUE VOCÊ FOI FEITA PARA SER
Carolina Sasso Ricardo

91	NEGOCIANDO COM A VIDA	
	Cassiana Martins	
101	A LIBERDADE DE SER VOCÊ	
	Cecília Picoloto	
109	EMPREENDENDO PARA A VIDA	
	Cláudia Aquino de Oliveira	
117	QUEM É VERDADEIRAMENTE O "EU" QUE MANDA NA MINHA VIDA	
	Cláudia Santana	
125	JORNADA DA MINHA VIDA VITORIOSA	
	Dilza Mieko Muramoto Shiroma	
131	UMA FORTALEZA CHAMADA: MÃE DE ANJO	
	Edilaine Guisani Gama	
139	O QUE VOCÊ FARIA NO MEU LUGAR?	
	Elaine Curiacos	
147	DISRUPTIVA QUE SOU	
	Elaine Guandalini	
155	DO PATINHO FEIO AO CISNE	
	Francis Margaret Afonso Piovani	
163	MINHA VIDA, MEU TEMPO	
	Inês Restier	
169	VOCÊ PODE TUDO	
	Jana Catharina	
175	NAVEGANDO RUMO À MINHA ANCESTRALIDADE E SENDO A COMANDANTE DO MEU DESTINO	
	Janaina Micheletto	
183	NÃO ESPERE UM CÉU PARA BRILHAR, SEJA ESTRELA DA SUA VIDA	
	Janaína Prado	
191	SOU EU QUEM MANDO NA MINHA VIDA	
	Judith Pinheiro Silveira Borba	
201	QUEM MANDA NA MINHA VIDA SOU EU, MAS... AI DE MIM SE NÃO FOSSE DEUS	
	Karynne Prado	

209	A DOR NÃO DEFINE VOCÊ **Lavyne Khun Yin**
217	O ENUNCIADO: DESDOBRAMENTOS **Leila Lagonegro de Sousa**
225	DE AMORES E DESILUSÕES A DESCOBERTAS DE RELEVÂNCIAS **Leila Navarro**
233	DO SALÁRIO MENOR QUE O MÍNIMO A FONOAUDIÓLOGA E EMPRESÁRIA **Letícia da Silva Sena**
241	A VIDA ACONTECE AONDE QUER QUE VOCÊ VÁ **Ligia Silva**
249	O PREÇO DA NOSSA LIBERDADE ESTÁ BASEADO NO DESEJO E NA ENERGIA QUE DISPOMOS PARA CONQUISTÁ-LA **Lili Acedo**
257	VIVER É O GRANDE BARATO **Luciana Boucault**
269	A DOR É A SEMENTE DA VITÓRIA **Marília Carla Gomes de Andrade**
279	UM PEQUI E UM CROISSANT, POR FAVOR **Marissol Costa**
287	A MULHER GUERREIRA ESTÁ CANSADA! **Monic Barreto**
297	A ESSAS ALTURAS, QUEM MANDA NA MINHA VIDA? SOU EU! UMA HISTÓRIA DE AMOR, UMA LIÇÃO DE VIDA PARA SEMPRE **Myrinha Vasconcellos**
307	TRANSFORMAR-SE PASSA POR SER HUMANO **Nayara Melo**
315	A ESSÊNCIA DO MILAGRE COM AMOR **Raíra Santos**
323	"PALAVRA PUXA PALAVRA, UMA IDEIA TRAZ OUTRA, E ASSIM SE FAZ UM LIVRO, UM GOVERNO OU UMA REVOLUÇÃO" **Rayff Machado**

331 PROTAGONISMO É BANHO: TEM QUE SER TODOS OS DIAS
Renata Dabus Gozzo

337 SE DEUS DISSE QUE EU POSSO, ENTÃO EU POSSO
Renata Noyce

345 A DAMA DE FERRO
Roberta Franco

355 COMO VOCÊ REAGE FRENTE ÀS SITUAÇÕES DESAFIADORAS DA SUA VIDA?
Roberta S. Di Giácomo

363 MINHA HISTÓRIA DE SUCESSO: OS DESAFIOS E AS CONQUISTAS ALMEJADAS
Roseane Débora Barbosa Soares

371 DE FANTASMA À ESPERANÇA
Solange Di Sá Luz

383 EU NASCI PARA SER FELIZ! SERÁ?
Tânia Sobral Benegas

AGRADECIMENTOS

Amadas, quero expressar a minha profunda gratidão às mais de 40 coautoras que, generosamente, abriram seus corações e compartilharam suas histórias pessoais de transformação para a realização deste livro.

Que as palavras inspiradoras e corajosas aqui transcritas possam criar um impacto duradouro na vida de outras mulheres, oferecendo conforto, esperança e empoderamento. A coragem e a generosidade de cada uma de vocês possibilitaram a existência deste livro, um autêntico testemunho de experiências reais.

Também agradeço a todas as leitoras deste livro. Vocês são a razão pela qual nos dedicamos a este projeto, e é com profunda gratidão que entregamos estas histórias em suas mãos. Esperamos que vocês encontrem inspiração, encorajamento e uma conexão autêntica com as experiências compartilhadas aqui.

Agradeço também ao casal Kátia Damico e Antônio Ribas Paiva por, gentilmente, ceder o espaço para o lançamento da obra.

Que este livro possa tocar muitos corações e inspirar uma jornada de transformação e crescimento. Juntas, podemos construir um mundo em que as mulheres se sintam fortalecidas e capazes de alcançar seu pleno potencial, afinal somos maravilhosas!

Com amor,

Naíle Mamede

PREFÁCIO

Quando recebi a incumbência de escrever o prefácio desta obra, coordenada pela minha querida amiga Naíle Mamede, senti-me honrada, mas também receosa com o peso da responsabilidade, dado o respeito e a admiração que tenho por essa incrível e talentosa pessoa, com quem todos nós temos muito a aprender.

Escrita de maneira clara e convincente, a tese que sustenta este livro constitui em uma alavanca importante para aprofundar o entendimento do fascinante processo de todas as mulheres brasileiras, cujos produtos e serviços se espalham cada vez mais por todo o mundo.

Ao final da leitura, senti a necessidade de contribuir com maior intensidade e também com minha *expertise* empresarial com o conceito criado pela Naíle e que está incorporado no meu dia a dia.

Acredito que meus 55 anos de experiência no mercado nacional e internacional credenciam-me a recomendar este livro como uma importante ferramenta, tanto para os nossos jovens universitários como para as executivas, "mulheres extraordinárias", que estão em busca constante de novos conhecimentos e aprimoramento profissional.

Angela Tamiko Hirata

1

DOS PÉS DESCALÇOS AO LUXO DO LOUBOUTIN
AS 5 CHAVES QUE ME FIZERAM VENCER NA VIDA

Desde criança, aprendi a sonhar intensamente, criando histórias completas. Alimentei a certeza de que meus sonhos se tornariam realidade. Com coragem e determinação, transformei minha vida, tornando-me uma advogada e palestrante internacional de sucesso. Cheguei onde estou porque ousei sonhar e nunca duvidei que seria possível. Esse é o legado que transmito a outras mulheres: acreditem em vocês, maravilhosas! É possível tornar-se o que deseja. É disso que se trata este livro, que, com muito carinho, tive a honra de coordenar. Estamos juntas, amadas, fortalecendo umas às outras. Contemos sempre umas com as outras. Eu estarei sempre com vocês!

NAÍLE MAMEDE

Naíle Mamede

Contatos
Instagram: @naile.mamede
11 96510 2222

Palestrante internacional, eleita a melhor palestra em Dubai na EXPO 2020, autora do best-seller *Dos pés sujos de barro aos sapatos de solados vermelhos*. É advogada especialista em Direito Previdenciário, com escritório matriz em São Paulo e filiais. Congressista em Direitos Sociais nas Universidades de Pisa, Coimbra, França, Londres, Chile, Corte Interamerica de Direitos Humanos em San José, Tribunal de Nuremberg, Tribunal de Haia, Suprema Corte de Manhattan. Foi condecorada com as medalhas: Amiga da Marinha e Amiga do Exército. É presidente da Imagem Pública do Rotary São Paulo/Liberdade, gestão 2020/21, 2021/22 e presidente da Comissão Serviços Humanitários gestão 2022/23. Adesguiana, CEPE LI (Associação dos Diplomados da Escola Superior de Guerra), voluntária Cisne Branco da Marinha do Brasil e embaixadora das Mães da Sé sobre Crianças Desaparecidas. Madrinha do Jardim das Borboletas, ONG que cuida de pessoas com EB, epidermólise bolhosa.

Quais as chances que uma criança pobre, nascida às margens de um rio no interior do Pará, no Brasil, tem de vencer a pobreza? Quantas oportunidades um ser humano, que comia barro para enganar a fome, tem de migrar na escala social brasileira?

Imagine então se estivermos falando de uma mulher vivendo nessas condições precárias, sem acesso a saúde, estudo ou conhecimento? Qual a possibilidade dela se instruir e se tornar uma pessoa bem-sucedida, próspera e realizada?

Eu não sou especialista em estatística, mas digo a vocês que uma criança que nasce nessas condições precárias, abaixo da linha da pobreza, só tem uma única chance de conquistar o sucesso. Eu agarrei essa única oportunidade que tive com a minha capacidade de sonhar!

Um dia, eu fui essa criança pobre nascida às margens do rio, o povoado de Brasileiro, onde muitas noites eu dormi com fome e cheguei a comer barro. Hoje, piso o chão com o solado vermelho de Christian Louboutin, uma das marcas mais luxuosas do mundo.

Brinco com esses mimos de luxo, não para ostentar, mas simplesmente porque eles me empoderam. Lembram-me que a capacidade de sonhar e realizar é o que realmente importa.

Essa é a mensagem que eu vivo para levar adiante. Podemos não ter uma moeda sequer, mas se temos um sonho que grita dentro da nossa alma, temos a capacidade de transformar a vida para que ela seja como deve ser: maravilhosa!

As 5 chaves que me fizeram vencer na vida

1. Escolha a vida que deseja ter

Desde muito pequena, meu papai olhava nos meus olhos e dizia: "Essa aqui é a minha Doutora". Sem saber – ou pode ser até que ele soubesse, não duvido disso, pois era um homem simples, mas extremamente sábio –, estava plantando, em mim, a semente da prosperidade.

De tanto ele falar, eu já me imaginava uma doutora. Muitas pessoas riam de mim, mas, na minha pureza de criança, eu não via nenhuma dificuldade em me tornar a "Doutora do Papai".

A grande chave que permitiu que essa sementinha germinasse dentro de mim foi não permitir que a minha racionalidade atrapalhasse o meu sonhar.

Às vezes, temos mania de nos antecipar aos problemas e fazer muitas perguntas. Usar o racional é essencial para chegar aos objetivos, mas não nessa fase! Na hora de sonhar, você não pode se perguntar: "Como chegarei lá?", "Como farei isso?", "Como vou resolver aquilo?". Isso é um balde de água gelada na sementinha. Ela morre no dia seguinte.

2. Foque energia no próximo passo e não em todo o projeto

Quando completei nove anos, já estava decidida a dar o primeiro passo para realizar o meu sonho. Já sabia que, para me tornar doutora, era preciso estudar bastante e foi o que procurei fazer. Convenci meus pais a me deixarem trabalhar como babá para um casal que precisava de ajuda com a casa e os filhos.

Mal sabia eu que a família que me receberia iria praticamente me escravizar. Eu trabalhava tanto que minhas mãozinhas chegavam a sangrar. Lavava a roupa de todos, ainda arrumava a casa e tinha que cozinhar. Quando minha mãe vinha me visitar, eu simplesmente as escondia para que não visse meu sofrimento, pois tinha certeza que ela iria me levar de volta para casa.

Protegi meu sonho e, a cada dia, eu dizia para mim mesma que o pior estava ficando para trás. Era um dia a menos que me separava da vida que eu escolhi para mim.

3. Não siga o padrão: faça mais do que o esperado

Terminado o segundo grau, fui ser vendedora. Vi um anúncio que dizia não exigir experiência, mas educação, disposição e boa vontade para ser treinado. Achei que tudo isso era a minha cara... E lá fui eu disputar a vaga na Amil, empresa ligada à assistência de saúde.

Mais uma vez a minha formação familiar me favoreceu. Sempre que me passava alguma tarefa, minha mãe dizia que era preciso ir além, fazendo mais do que o esperado. E foi o que fiz na Amil. Antes mesmo de terminar o treinamento, já me destacava entre os vendedores.

Na minha simplicidade, sempre procurei pensar na melhor forma de tirar as dúvidas dos clientes e dar a eles todas as informações que precisavam para tomar a decisão. Em vez de empurrar um produto, eu os ouvia e respondia suas dúvidas lendo as cláusulas do contrato. Isso dava muita credibilidade. Coloquei-me no lugar da pessoa que queria comprar, e atendia a todos como eu mesma gostaria de ser atendida. Tendo essa postura, fui campeã de vendas e ocupei esse lugar até sair da empresa.

4. Caiu? Recupere-se rápido!

A vida nos seduz de muitas formas. Estive apaixonada por um homem bonito, rico e galanteador, que me dava sempre os melhores presentes e toda a atenção deste mundo. Entretanto, esse homem maravilhoso, tinha ataques de fúria e saia do controle. Começou a me bater e maltratar sempre que se exaltava.

Ficou claro que ele podia fazer o que quisesse, mas cabia somente a mim aceitar ou não aquela situação. Quando finalmente o amor deixou de me cegar, tratei de me erguer o mais rápido possível. Abandonei a boa vida que tinha em prol da minha dignidade como mulher. Dei um basta na situação e fui morar junto com meus filhos em uma casa pequena, alugada, muito simples e sem um tostão no bolso.

Perto de onde eu morava, havia uma praça pública com um orelhão que atendia telefonemas. Mandei fazer alguns panfletos com o número do orelhão da praça, distribui na região e passei a ficar por ali perto para ver se alguém chamava. E não é que os clientes começaram a aparecer?

Eu atendia fingindo que era a minha secretária e dizia: "A doutora Naíle tem uma agenda muito ocupada e gosta de dar um atendimento personalizado. Gostaria de agendar um horário com ela? Ela irá até a sua empresa ou residência para dar um parecer sobre o que o seu caso necessita". Foi assim que os primeiros clientes da Mamede Advocacia foram chegando, sem sala, nem nada. Direto de uma praça pública eu me tornei a Doutora do Papai!

5. Trabalhe duro, seja simples e ame servir ao próximo

Pouco tempo depois da "abertura" da Mamede Advocacia, pude contratar um senhor que passou a atender o orelhão para mim e se tornou meu secretário. Em três meses consegui alugar uma salinha e fui ganhando mais e mais clientes. Foi uma época de muito trabalho, mas para quem já havia vivido tudo o que eu enfrentei, aquilo era néctar dos deuses! Amanhecia e adormecia agradecendo por ter tantas vitórias em minha vida e, principalmente, por ter nascido em uma família humilde, mas de valores firmes, que nortearam a minha trajetória.

Vivo uma vida confortável, tranquila, com tempo para cuidar de mim e estar com as pessoas que mais amo. No fundo, continuo sendo aquela mesma garotinha da infância, que adora se divertir, sentir o cheiro e o sabor da vida. Nem a dor do meu maior sofrimento, e nem a vaidade de todo sucesso que conquistei, mudaram essa minha essência simples e sonhadora.

Subi no salto Louboutin, mas minha alma continua livre e alegre como aquela garotinha que brincava pisoteando os pés no barro vermelho no interior do Pará. De tudo o que vivi, posso garantir a você que a vida é, independentemente de qualquer fator externo, sempre maaaaaravilhosa!

Ao ser convidada pela editora Literare para coordenar esta coletânea de histórias reais escritas por mulheres reais, *Quem manda na minha vida sou eu*, tive a certeza de que esse seria um presente para que eu pudesse realizar o meu sonho de inspirar as mulheres a serem mais, a serem tudo o que elas tiverem vontade de se tornar.

Eu abracei esse trabalho com o maior amor do mundo, porque sei o quanto nós, mulheres, precisamos umas das outras.

Nós nos fortalecemos umas com o exemplo e a força das outras. Nunca me senti sozinha. Tudo o que ofereço foi o que recebi por meio de tantas mulheres extraordinárias. Não foram poucas as que me ajudaram a atravessar muitas pontes. Não vou citar o nome de nenhuma dessas grandes guerreiras, verdadeiras mãezinhas que me deram colo, amor ou secaram minhas lágrimas.

E, hoje, me sinto gratificada e honrada em ter reunido, neste livro, tantas mulheres talentosas e generosas para, junto comigo, levar adiante mensagens de força, coragem, fé e determinação às mulheres que hoje mais necessitam. A todas vocês que abraçaram essa causa, o meu muito obrigada! Estamos juntas na alegria e na tristeza, no sucesso e nos fracassos também.

Afinal já temos maturidade para saber que a vida não é feita somente de glórias, mas, se pudermos contar umas com as outras, jamais temeremos cair, porque poderemos contar com a força da nossa união.

Um beijo do fundo do meu coração!

Naíle Mamede

2

O MUNDO AO SEUS PÉS

Minha jornada como empreendedora começou com uma visão clara e determinação incansável. Assumi a liderança de várias empresas, como a Havaianas, sempre disposta a enfrentar todos os obstáculos. Ao longo desse processo, aprendi que o sucesso não vem sem dificuldades. Enfrentei resistência e até mesmo fracassos. No entanto, cada desafio me fortaleceu e me impulsionou a buscar soluções inovadoras. Acredite em si mesmo, aprenda, adapte-se e trabalhe incansavelmente. Assim você também alcançará o sucesso.

ANGELA TAMIKO HIRATA

Angela Tamiko Hirata

Contatos
angela.hirata@surianatrading.com
LinkedIn: linkedin.com/angelahirata
Instagram: @angelatamiko
Twitter: @tamikoangela
Facebook: Angela Tamiko Hirata
11 97226 4997

Angela Tamiko Hirata é uma empreendedora brasileira de sucesso, reconhecida por liderar a transformação das Havaianas em uma marca internacionalmente desejada. Sua determinação e habilidades em negócios internacionais levaram as Havaianas a conquistar mais de 100 países. Sua história inspira a busca constante pelo sucesso. O legado da sua carreira vem de Joseph Campbell: "O maior privilegio da vida é ser quem você é".

Na visão de Angela Tamiko Hirata, a natureza empreendedora é uma característica muito marcante. Característica essa que contribuiu na busca e construção de uma carreira no setor corporativo, alcançando a experiência em negócios internacionais, atuando como líder de projetos, executiva de contas, formadora de estratégias para crescimento e de desenvolvimento de mercado consumidor.

Angela nasceu no Brasil e cresceu no interior de São Paulo, na cidade de Marília, sendo a mais velha de 13 irmãos. Filha dos japoneses Takeo Hirata, que chegou ao Brasil em 1929, com 11 anos, e Sumiyo Hirata, que chegou ao país um ano após seu esposo, com 12 anos.

No ano de 1946, um ano após o fim da Segunda Guerra Mundial, a vitória dos Países Aliados ainda era tabu para os japoneses que não aceitavam a derrota do império nipônico. "Quando estourou a briga entre japoneses, começaram a achar que minha família era burguesa e estava negligenciando o Japão", conta. "Aqueles que achavam que o Japão tinha ganhado a guerra perseguiam as pessoas que entendiam que o país havia sido derrotado", como foi o caso de seu pai.

Takeo Hirata encontrou abrigo atrás das grades de um presídio e lá ficou uma semana até a situação se acalmar. Após a curta estadia no presídio, voltou para casa e retomou a vida pessoal e profissional como agricultor, e resgatando também aquilo que nunca deixou de lado, sua vida artística como escultor e poeta (*haikai*).

Seus pais sempre tiveram bons recursos para educação e criação dos filhos. Angela conta que sempre foi viciada em livros. "Me escondia para continuar a leitura, apesar de muitas broncas", brinca.

Com carta branca de seus pais para fazer o que quisesse, e a postura pioneira para uma família da época, continua sendo um dos preceitos que carrega até os dias atuais. "Dou carta branca para minha equipe desenvolver suas ações, pois todos têm sua inteligência e a usam para um objetivo comum. Tem que respeitar. Quem está comigo pode fazer melhor que eu. E que seja assim."

Sua trajetória de vida é uma miscigenação de projetos empresariais e pessoais, de busca constante por resultados positivos.

Além de empresária, Angela é mãe e avó e se considera uma agregadora de pessoas, da família e de amigos, promovendo encontros em uma network poderosa.

Seu primeiro emprego foi na época da faculdade de administração, nos anos 70, na Diners Club do Brasil, como assistente administrativa. Logo após essa experiência, ingressou nas lojas de franquias da Levi Strauss, onde teve seu primeiro contato com o marketing.

Trilhou seu caminho na área de comunicação e marketing por meio de consultorias para marcas, que, na época, ainda eram pequenas, como o grupo "O Boticário", com apenas sete lojas ainda no início dos anos 80.

Após esse período, iniciou na abertura da primeira loja Hering como consultora, criando o posicionamento e a valorização das marcas do grupo.

Seu pai, Takeo, nessa fase de sua vida, visitou o Japão para reafirmar os laços familiares depois de 43 anos da sua chegada ao Brasil como imigrante e após um longo período de trabalho. "Foi muito importante para nós da Família Hirata o reencontro com a nossa família matriz. A continuação da geração futura que continua firme e seguindo para a oitava geração", conta ela.

Anos depois, Angela, mantinha seu sonho de construir a marca *Made in Brazil*, o que conquistou por meio de muito esforço e trabalho árduo à frente do *case* de internacionalização das Havaianas.

Pouco se fala do que veio antes do triunfo das sandálias Havaianas, entre os anos de 1989 e 1997. Nesse período ela residia em Novo Hamburgo, município gaúcho, a 40 quilômetros de Porto Alegre, considerada a capital nacional do calçado.

Angela, conta: "Queria que o mundo soubesse que os melhores calçados eram fabricados ali, na Região do Vale do Rio dos Sinos. Grandes fabricantes de calçados produziam para mercados dos Estados Unidos, mas com outras marcas. Quando enxerguei isso, pensei: Vamos fazer uma marca genuinamente brasileira".

A caminhada não foi tão fácil assim, ainda não foi dessa vez que ela conseguiu o tão sonhado produto *Made in Brazil*.

Porém, esse desejo de criar uma marca brasileira ficou mais forte quando foi convidada para ser diretora de comércio internacional da Alpargatas. A proposta era desenvolver o mercado para as marcas Topper (para futebol) e Rainha (calçado esportivo), mas logo percebeu que havia concorrentes como Nike e Adidas, onde a produção de calçados esportivos de couro artificial, produzidos no Japão e Coréia do Sul, eram significativamente mais leves comparados aos calçados produzidos pela Alpargatas, que de couro natural.

"Eu vi as Havaianas como um produto com potencial de exportação, por serem produzidas com expansão de borracha, e não um produto sintético. Acharam que eu tinha perdido o juízo!" comenta Angela.

Em meados de 2000, o presidente da empresa da época resolveu apostar e deu carta branca para que Angela seguisse com o projeto de levar a Havaianas para o mundo, mas teve uma rigorosa cobrança por parte dele: "Não iria perdoar nenhuma vírgula em vermelho".

Junto com a equipe de comércio internacional, totalmente desacreditada e tida como incompetente, tivemos reuniões de alinhamento entre os times e em menos de uma semana apresentamos a nova e ousada proposta à presidencia.

O resultado do final do ano de 2001 foi entregue com o valor triplicado do faturamento do departamento.

Em três anos, conquistaram os cinco continentes com percepção de valor do produto e posicionamento da marca. As Havaianas passaram a ser um produto de desejo dos consumidores do mercado internacional, comercializada, hoje, em mais de 115 países.

Angela tem experiência de sobra em *international business* e hoje aplica o conhecimento adquirido na época em que viajou para mais de oitenta países. Não há como fugir do mérito da conquista que carimba sua história, afinal, foi ela quem liderou a transformação da marca e sandálias Havaianas.

Para a executiva, seu sucesso na área de marketing tem a ver com determinação. "Sempre fui de ação", explica. "Ciente da minha função, sempre fiz com simplicidade para trazer resultado. Na minha cabeça é assim, se você dá resultado, tem espaço garantido". E, mesmo após mais de 50 anos de carreira, ela não se acomoda. "Eu não quero sucesso", diz. "Quero estar sempre buscando o sucesso."

Procurando realizar essa busca por meio da estratégia de negócios, Angela segue três pilares: a Razão para buscar sustentabilidade da empresa e criar percepção do valor, a Sensibilidade para detectar e atender a necessidade do mercado e a Emoção para criar o desejo de compra.

"Quando estamos vendendo um produto, também acabamos trazendo uma cultura. Hoje, a brasileiríssima Havaianas circula por todos os continentes."

Após sua passagem na Alpargatas, até 2014, ela foi em busca de novos desafios: transformar a empresa familiar Camicado, em uma empresa de capital aberto.

Como vice-presidente de Marketing da empresa, de março de 2010 a Setembro de 2011, profissionalizou toda a equipe com o objetivo de expandir os negócios com posicionamento e valorização da marca. Houve grande reconhecimento por parte do mercado, o que resultou na aquisição da Camicado pelo grupo Renner, em maio de 2011, por valor equivalente a 20 vezes o EBITDA (Earnings before interest, taxes, depreciation and amortization).

Em paralelo, Angela atendia outros clientes que estavam de olho no mercado internacional, como os grupos de vinhos Miolo, a Casa Valduga, a Cervejaria Germânica entre outras marcas.

Após esse período, foi escolhida pelo Governo do Japão para liderar o projeto Japan House São Paulo. A iniciativa do governo japonês começou três anos antes, em 2014. Durante um jantar na capital paulista, o diretor do Ministério das Relações Internacionais do Japão a convidou para participar da licitação que escolheria a equipe de gestão do Centro Cultural Japonês.

Angela agradeceu muito e falou que não iria aceitar, "Quem sou eu para falar de todo o Japão? Sou brasileira!". Pois, havia aprendido com seu avô, durante a infância, não ter vergonha de ser filha de japonês, mas ser brasileira acima de tudo.

Duas semanas depois, o executivo do Ministério entrou em contato de novo: "Queremos mostrar o Japão contemporâneo, sem esquecer da tradição. Desde a Segunda Guerra Mundial, somos um país que busca paz e harmonia. Temos que criar um relacionamento entre países para fazer algo juntos".

"Progredir, inspirar e desenvolver" – palavras proferidas pelo inesquecível primeiro-ministro Shinzo Abe, na ocasião de sua visita ao Brasil. Essa ideia de intercâmbio, que também se estenderia para a América do Sul, a partir do *hub* instalado no Brasil, interessou muito à executiva.

A pedido do Ministério de Relações Exteriores do Japão, assumiu o compromisso de alcançar uma meta de visitações entre 135 mil a 150 mil pessoas como público, dentro do prazo de um ano após a abertura.

Após um ano, havia recebido 450 mil visitantes. Foi um enorme sucesso, superando todas as expectativas.

O sucesso da Japan House São Paulo, que também tem sedes em Los Angeles e Londres, inauguradas após um ano da abertura no Brasil, tem muitos sobrenomes por trás. "Não é a Angela Hirata. Foi a equipe toda envolvida no projeto", diz Angela.

O renomado arquiteto Kenya Hara, designer da Muji Internacional, foi o responsável pelo projeto. Kengo Kuma foi o arquiteto da construção da sede do Japan House São Paulo.

Antes mesmo de deixar a Japan House São Paulo, Angela recebeu um convite do WTC Brasil para assumir o cargo de superintendente do grupo.

Em seguida, em agosto de 2018, assumiu a superintendência do Complexo Shopping D&D e Complexo World Trade Center de São Paulo, inaugurando uma nova fase de transformação, criatividade e dinamismo.

Nesse breve período, foi planejado para que todo o Complexo do Shopping D&D entrasse na nova fase de expansão e gestão, agregando um novo conceito de design e marketing atualizados aos tempos atuais. Com essa proposta, conseguiu diminuir a vacância do Shopping D&D em aproximadamente 30%.

Além da atuação nas áreas de marketing, planejamento e posicionamento de marcas, também é palestrante internacional e já dividiu palco com Francis Ford Coppola, Philip Kotler, Muhammad Yunus, Steve Jobs, John Naisbitt, entre outros, em mais de 20 países.

Pela sua trajetória, recebeu diversos prêmios e condecorações.

Em 25 de Outubro de 2019 participou em Wimbledon de um *workshop* coordenado por Susy Shikoda, e conferência com a prefeita de Merton/Wimbledon (município de Londres).

Prêmio Claudia em 2008, vencendo na categoria negócios, em reconhecimento pela divulgação e consolidação da marca Havaianas *Made in Brazil* nos 5 continentes.

Prêmio *Enterprising Women* 2014 que reconhece as mulheres empreendedoras mais influentes no mundo. O evento de premiação ocorreu na cidade de Sarasota, Flórida, Estados Unidos.

Em 2017, foi condecorada com a Comenda Barão do Rio Branco pelo Ministro das Relações Exteriores do Brasil e Ministro Marcos Bezerra Galvão em reconhecimento à carreira de sucesso no mercado internacional.

Diploma de Honra ao Mérito entregue pelo Cônsul-Geral do Japão em São Paulo, Yasushi Noguchi, pela implantação da primeira Japan House no mundo em tempo recorde e com o público superiorando 10 vezes mais do que o esperado pelo Governo do Japão para o primeiro ano de abertura.

Angela conta que toda dedicação ao trabalho ofuscou seu tempo livre. Como avó, sente falta de curtir as netas, assistir a um bom filme e visitar os países que andou mundo afora. Ela até se pega imaginando seu roteiro pelo Leste Europeu. Possui energia de sobra e de dar inveja aos mais jovens.

Segundo ela, o segredo é sempre responder à pergunta "O que eu quero ser?". Essa é uma pergunta que leva a longas reflexões. "No início, eu não sabia o que queria ser. É preciso parar para pensar. A vida é uma só. Tem que fazer o que se gosta".

A frase que escolhe para resumir o legado de sua carreira vem de Joseph Campbell: "O maior privilégio da vida é ser quem você é".

3

COMO RECONSTRUÍ MEU CASTELO COMEÇANDO DO ZERO

Quantos degraus precisamos descer para nos impulsionar a buscar o nosso melhor? Para mim, foi preciso o *tsunami* acontecer para eu reconstruir o meu castelo, na minha melhor versão. O que parecia ser a total escuridão foi o maior presente que o universo poderia me dar. Sair do piloto automático e pegar as rédeas da minha vida foi o que me proporcionou ser a mulher extraordinária que sempre busquei.

ALESSANDRA AZEVEDO

Alessandra Azevedo

Contatos
www.alessandraazevedo.com.br
LinkedIn: alessandraazevedorh
Instagram: @alessandraazevedooficial

Psicóloga (UMESP), pós-graduada em Gestão Estratégica de RH (FGV) e Gestão de Negócios (INSPER). Especializada em Liderança (FDC) e Competências (ESPM). *Master coach* certificada em *Executive, Career e Life Coaching* pelo ICI e IMS, e *Coaching Training* - Bocconi. Especializada em psicologia positiva, neurociência, física quântica e consteladora sistêmica. Na carreira de Executiva de RH, atuei como parceira estratégica de negócio e desenvolvimento de pessoas em diferentes projetos de liderança, sucessão, *assessment*, performance, gestão por competência, gerenciamento de talento, educação corporativa e estratégias empresariais. Acredito no desenvolvimento do negócio por meio das pessoas com base nas relações de confiança, apoio, respeito e profissionalismo. Sou apaixonada por pessoas e me dedico a engajá-las para que tenham liberdade, protagonismo e equilíbrio em suas vidas.

"Prefiro falar rápido para não ficar com esse peso comigo. – Você está demitida, é isso! Pediram redução de custo e chegou a sua vez. Como você é a gerente de recursos humanos, por favor, me envia o relatório com os custos do seu desligamento. Agora vou ligar para a analista que ficará no seu lugar, assim você já faz a transição" (6 de dezembro de 2020).

Era a primeira vez que isso estava acontecendo comigo e foi o suficiente para eu determinar que seria a última na minha vida.

Durante mais de vinte anos, sempre compreendi sucesso como sinônimos de cargo, dinheiro e reconhecimento profissional, também, obviamente, família, amigos e paz interior – mas, algumas vezes, essas últimas ficaram em segundo plano.

Apesar do amadurecimento ter me mostrado que sucesso é algo bem diferente do que priorizei por longos anos da minha vida, também aprendi que são em momentos disruptivos que crescemos, revisitamos nossos valores e decidimos quais novos caminhos estamos dispostos a percorrer.

O ano desse fatídico episódio talvez tenha sido o mais complexo, questionador e desafiador de toda a minha vida, pois, além de participar de todo um planejamento estratégico e tático de encerramento de uma grande operação da empresa, ainda travei uma batalha com a minha saúde. Como milhares de brasileiros, tive Covid em um período onde não sabíamos se sairíamos vivos do hospital.

Também foi o ano em que muitas vezes me questionei se estava feliz, pois trabalhei para acabar com projetos construídos com tanta dedicação. Vi no rosto de cada colaborador a tristeza de perder seus empregos e vivenciei toda a minha trajetória profissional no resumo de atividades que realmente eu não acreditava.

Mas por que você permaneceu? Muitos de vocês podem estar perguntando isso. E aí começa a grande história; quando nos fechamos em um núcleo, literalmente perdemos nossa identidade e nos agarramos às situações que nos machucam diariamente.

Quando achei que a perda da saúde – que ainda lutava diariamente para melhorar – e do emprego eram suficientes para me forçar a tomar outros rumos na minha vida, tive que lidar com um dos maiores pesadelos de pais de adolescentes: a depressão e a síndrome do pânico.

Lembra a família que ficou em segundo plano? Bateu na minha porta pedindo resgate.

Minha filha, com 13 anos naquele momento, escreveu uma carta de socorro; ela estava desistindo de viver. Sem perspectiva, energia, conexão e vontade pela vida.

Quando peguei a carta, sabia que ainda não tinha descido todos os degraus do fundo do poço em que me encontrava, mas, naquele momento, as minhas próprias questões foram suplantadas pela necessidade de salvá-la.

Chorei muito, briguei com Deus e imaginei que a minha vida estava acabada, pois, junto com a saúde, equilíbrio na minha família, emprego, dinheiro e status social, também foram embora amigos, autoestima e a crença no meu potencial.

Mas foi na dor da minha filha que me agarrei para transformar a minha vida!

Tudo que fiz naquele momento era sobrevivência, mas hoje compreendo que foi salvação.

Então, o que fiz para reconstruir todo o meu castelo que tinha acabado de ruir?

Tomei as rédeas da minha vida!

Antes de qualquer coisa, quando se chega ao fundo do poço físico, emocional, energético e espiritual, só temos um caminho: voltarmos às nossas raízes e redescobrirmos quem somos nós.

Primeiramente, direcionei toda a energia que me restava para estudar! Estudar muito, sobre diferentes assuntos, para entender o que tinha acontecido com a minha vida e onde tinha me perdido.

Foram muitos cursos, livros, mentorias, acolhimento a mim mesma e um olhar para fora do pequeno mundo em que tinha vivido nos últimos anos; foi esse caminho que percorri.

A conexão com a espiritualidade sempre esteve presente na minha vida, mas, por muito tempo, tinha aberto mão de me aprofundar nela e – BINGO – vamos para a primeira grande lição: não viemos de passagem nessa vida, aliás, foi nos dado o privilégio de estarmos aqui, por pouco tempo, para nos aprofundarmos em nossa experiência material, em nossos aprendizados espirituais – praticar!

Eu digo que passei pelo processo de **despertar da consciência**. Momento de olhar para dentro de mim e me reconectar com a minha essência.

Convido você a se desafiar nesse **despertar da consciência** comigo, não importa o que esteja vivendo nesse momento, o auge ou uma vida muito aquém do que espera, pois, em ambos os casos, você tirará vários ensinamentos para potencializar sua performance e alcançar os seus desejos.

Mapa de autoavaliação

A vida é composta por diferentes áreas e somos um **ser integral**, por isso precisamos ter ações para potencializar o equilíbrio entre essas áreas.

Comece perguntando o que é o sucesso para você? Porém, desafio você a responder considerando todas as áreas abaixo, colocando seu cenário atual e expectativa futura.

Autoestima, saúde, espiritual, emocional, intelectual, relacionamento familiar, relacionamento afetivo, relacionamento social, profissional, financeiro, servir e lazer.

Acrescente o que é mais importante em cada área, o que distrai você e o que fará para eliminar as suas distrações. Criar ações de curto e médio prazo fará com que mantenha o foco para alcançar melhores resultados.

Motivações

Liste também as 10 motivações (motivo para ação) que serão capazes de levar você para o sucesso na sua vida. Razões que não deixarão você desistir no meio da caminho.

Naquele momento, a recuperação da minha filha era a minha grande motivação para que, a cada dia, eu me desafiasse.

Valores

Valores é o que aprendemos e acreditamos que seja a maneira como devemos guiar as nossas vidas (nossa bússola).

Liste tudo que é importante para você (saúde, dinheiro, sucesso, status, realização, valorização), sem crítica ou colocar juízo de valor.

Proponho ainda que separe o que é imprescindível, ou seja, aquilo que em nenhuma hipótese pode ser negociado.

Quais os valores que você pode reavaliar em prol de algo maior ou coletivo.

E quais estão ancorando você somente para fugir dos medos. Esse último é fundamental compreendermos, pois são as nossas ancoragens negativas.

Considere os três valores que são mais fortes para você e busque viver praticando esses valores.

Sabotadores

Entender o que faz você caminhar para o lado oposto dos seus sonhos é importante para saber dominar as crenças que adquirimos ao longo da nossa infância.

Ser hiper-realizadora. O que parecia ser excelente para quem quer ter valorização profissional foi o fio condutor para que eu me perdesse de mim mesma.

Além desse sabotador, podemos ter outros que podem nos fazer interpretar as circunstâncias de forma mais sofrida do que merecemos. Somente chegaremos a nossa melhor performance quando identificarmos, monitorarmos e agirmos para essa mudança.

Tipos de sabotadores: crítico, insistente, hipervigilante, inquieto, controlador, prestativo, esquivo, hiper-realizador, vítima e hiper-racional:

Que tal começar por identificar quais estão atrapalhando você a alcançar os seus resultados?

Faça seu teste gratuito:

www.companhiadasletras.com.br/testeinteligenciapositiva/

Equilíbrio sistêmico

O meu maior desafio – e que demorei meses estudando para ajustar na minha vida – foi o meu lugar no meu sistema pessoal e profissional. E quantas explicações eu encontrei nos conceitos de Bert Hellinger, sobre constelação familiar.

De acordo com as ordens sistêmicas:

1. Pertencimento – incluir todas as pessoas que pertencem ao nosso sistema é uma das premissas para que o fluxo da nossa vida flua.
2. Hierarquia – quem chegou antes tem preferência aos que vêm depois (serve para famílias, ordens dentro das empresas etc).

3. Equilíbrio entre dar e receber – por meio da nossa consciência é importante que as relações, sejam elas afetivas ou profissionais, tenham compensação entre o que tomamos e o que recebemos.

Olhar para as circunstâncias da nossa vida de acordo com as três leis faz com que seja possível entender e mudar a rota dos emaranhamentos que criamos ao longo da nossa caminhada, quebrando padrões repetitivos disfuncionais familiares e profissionais.

Mentalidade

Após compreender que criei as situações que vivenciei, de forma protagonista, fiz as pazes com o meu passado para viver o presente e criar o futuro que quero viver.

Levantar as situações e aprendizados me fortaleceu e me mostrou que as rédeas da minha vida estavam novamente em minhas mãos.

Corpo, mente e espírito

Ter a consciência de que o meu "templo" (corpo) é minha responsabilidade foi fundamental para que eu tivesse mudanças que me levassem a ter mais saúde, vitalidade e performance.

Por diferentes comprovações científicas estudadas, entendi que exercício físico, beber 2,5 litros de água/dia, ter uma boa alimentação, horário para dormir e acordar, tomar um banho frio de manhã, tomar suplementos de vitaminas e outras técnicas que implementei na minha rotina foram parte da grande virada para que eu alcançasse a minha melhor performance física.

Assumir esses novos hábitos na minha vida teve o efeito de um abraço externo que sempre busquei. Já parou para pensar que muitos "abraços" somente nós podemos nos dar?

Cuidar da qualidade dos pensamentos, por meio da visão mais positiva da vida (para cada desafio buscar várias soluções, e não ao contrário), cuidar da qualidade das relações – fazer escolhas de quem merece estar na nossa vida – é preservar a nossa mente e nosso emocional.

Muitas outras rotinas me fizeram conseguir cuidar do meu mental: meditação diária; contato com a natureza – no meu caso, cuidar das minhas plantas dentro de casa e correr para o sol sempre que possível; criar minhas novas crenças, só que agora positivas, as quais falo diariamente para mim;

evitar contato com portadores de notícias ruins: pessoas, mídias sociais ou qualquer coisa que tire a minha paz.

Só tenha portas abertas na sua vida para aquilo que faça bem a você!

Espírito – como estou denominando aqui a terceira vertente – não tem a ver com religião, mas com novos hábitos de estilo de vida e de busca por algo maior.

Muitas vezes, no fundo do poço, me perguntei onde estava o "Deus"; e essa conexão comigo mesma fez com que eu entendesse que ele estava dentro de mim e que fui eu que afastei a intuição, a fé, a confiança e a plenitude –, quando dei mais peso para as obras do ego do que do espírito na minha vida.

Foi preciso resgatar a mim mesmo para encontrar o meu máximo potencial!

Também busquei mentores que fossem exemplos daquilo que eu gostaria de viver, passei a olhar cada momento da minha vida com gratidão, emoção e fé. Como um efeito de retroalimentação, minha frequência energética aumentou e todo o restante se fortaleceu.

Alguns hábitos fundamentais que me resgataram para alinhar o meu espírito: oração e Ho'oponopono.

Mas com tantos novos hábitos, sobrou tempo para produzir? Posso garantir que nunca tantos novos projetos saíram do papel como nesse momento, mas aprendi também que escuto o meu corpo, minha mente e meu espírito antes de decidir quais projetos fazem sentido na minha atual vida e, a partir daí, foco na minha alta performance.

Alta performance

Todos os caminhos que percorremos nos capítulos anteriores me levaram à liderança de mim mesma e entender qual era minha missão e visão de futuro para tomar as decisões do que permaneceria, do que sairia e o que fazia sentindo na minha nova caminhada, para depois fazer o planejamento desse meu novo destino.

Entendi que, quando crianças, fazemos o que queremos, mas, enquanto a fazemos o que precisamos fazer, por isso me propus a fazer o que fosse necessário para alcançar o meu objetivo de servir às pessoas com o meu melhor. O momento de *flow* na minha vida é quando vejo a transformação na vida de cada uma das mais de 400 pessoas que atendi nesses últimos tempos.

Mas é fácil empreender? Não, só que o meu adulto resolveu pagar o preço, e para isso algumas ações foram necessárias: planejamento financeiro, *networking*, atualização dos meus conhecimentos, conexões, me comunicar com outras pessoas e fazer escolhas. Como esse último item é desafiador até hoje para mim, tenho praticado a pergunta: o que esse trabalho, conexão, pensamento ou sentimento levará para o meu objetivo? Se a resposta for algo positivo, permanece; caso contrário, sai do meu foco.

E, por último, compreendi que precisamos blindar nossos resultados com objetivo, disciplina, preparo, imagem pessoal, relações, foco e ação para termos alta performance.

Hoje estou novamente no centro da minha vida!

Olho a mim mesma e gosto dessa nova versão que vejo, pois fiz as pazes comigo.

E quais são os meus resultados?

Criei e desenvolvi a minha empresa.

Fiz diversas parcerias que me geraram negócios.

Alcancei patamar financeiro que antes não imaginava, em função das minhas crenças.

Cura da minha filha.

Autoestima.

E... levantei bandeira branca para as "guerras" que insistiam em ocupar espaço na minha mente e tomei as melhores decisões para viver meus objetivos.

Tenho foco para permanecer nas escolhas que aceleram os meus resultados e fortaleço diariamente a coragem para ter as ações que me levarão às minhas realizações.

E, acima de tudo, sou prioridade na minha vida!

Hoje, eu sei que o último degrau que desci me proporcionou a reconstrução do meu castelo e a me transformou na grande mulher que sou.

4

A CORAGEM DE SEGUIR PARA FORA

Neste capítulo, você encontrará uma reflexão de amor que convida você a seguir a sua jornada de vida, deixando as limitações em busca da perfeição e abraçando, de maneira corajosa, o protagonismo da sua narrativa, vivenciando, com liberdade e sabedoria, cada dia sem medo de aprender o novo, conquistando uma vida próspera, com resultados relevantes, de acordo com o chamado do seu coração!

ALINE REBELO

Aline Rebelo

Contatos
contato@nobriumcarreira.com.br
Instagram: @aline.hrebelo

Administradora pelo Centro Universitário Newton Paiva, com pós-graduação em Finanças Corporativas pela Fundação Dom Cabral (FDC) e MBA em Logística Empresarial pela Fundação Getulio Vargas. Certificada em Inteligência Emocional (Escola de Administradores), Autoconhecimento e Personalidade, certificada pelo Dr. Ítalo Marsili (Território Humano). Especializada em psicoterapia (filosofia e antropologia) e controle da ansiedade e produtividade por meio de ilhas da estabilidade, ambos com o Dr. Saulo Barbosa; e em Psicologia Tomista (Instituto de Psicologia Tomista). Facilitadora e orientadora de carreiras, atua no mercado corporativo desde 2001, no Brasil e na China, com projetos paralelos nos Estados Unidos, França e Itália. Conseguiu unir, por meio de pesquisas e vivências práticas, todas as estratégias de sucesso para um modelo de desenvolvimento de carreira com um plano de ação simplificado e acessível, estruturado no autoconhecimento, na busca de identidade, na espiritualidade, com leveza e amor. Estudante de neurociência aplicada à psicologia positiva, uma eterna aprendiz e apaixonada pela evolução humana. Idealizadora do programa Não Procure Seu Propósito!, que restaurou muitas carreiras e famílias, aplicado de maneira individual e em treinamentos empresariais. Acredita fielmente na capacidade das pessoas, no agir pelo coração em busca de sua vocação e na fé em Deus como a principal base para o sucesso.

Se o navio foi feito para viver em alto mar, por que insistimos em deixá-lo parado em um porto seguro, sem viver as aventuras pelo mundo? Quando falamos de indivíduos, trazendo para a nossa realidade, uma das coisas que nos deixam parados, imobilizados, sem dar o primeiro passo e assim permanecer no mesmo lugar, é o conforto que o destino conhecido nos proporciona. Deixamos de agir em busca do ótimo pelo bom, em vez de buscar infinitamente escapar da mediocridade diferentemente de um barco que em alto mar enfrenta o desconhecido e acredita na Fé em Deus, de que tudo terminará bem com Ele a bordo. Preferimos o porto seguro de um cais, buscando um lugar cercado, "protegido" de quaisquer intercorrências, separando o nosso mundo privado dos problemas cotidianos comuns a todos. Nós, porém, esquecemos que não é possível vivermos isolados por muito tempo. Ninguém vive isolado em uma bolha e nada é tão seguro quanto parece.

Se, ao buscarmos o conforto seguro de nossas vidas, perdemos a coragem de seguir adiante, um dos pontos que ressalto, para nós mulheres, é o fato de que sempre teremos a busca pela perfeição nos limitando de diversas maneiras. Até mesmo nos nossos posicionamentos e sentimentos, sem nos arriscarmos a viver o novo, fazendo de tudo para agradar e se encaixar em algum lugar que não nos comporta. Há o medo de parecer mal-intencionada ou simplesmente pela vontade de parecer gentil, ao concordar com tudo e com todos, anulando o que vem de maneira genuína do coração. Mas devemos fazer o exercício diário de parar de nos recriminarmos e colocarmos limites ao aceitar que erros são humanos e fazem parte do nosso dia a dia. Sem sentir culpa, deveríamos esquecer a pressão que nos sufoca e somente assim, enfim, parar e respirar. Respirar para dar um passo adiante, sem medo de errar, sem medo de tentar e viver o processo, em cada fase que ele traz.

Por que é tão difícil sermos donas das nossas vidas; simplesmente parar para respirar e seguir caminhado em frente, protagonistas e donas da nossa história?

Voltar-se para dentro e reconhecer que, ao caminhar, você faz pelos seus, aqueles que você ama, servindo e entregando o seu melhor todos os dias. Ainda que para isso seja necessário trocar a zona de conforto profissional pela carreia dos sonhos, o cargo mais atual por uma posição menor, sair do corporativo e voltar para o lar. Independentemente do que faça seu coração arder – mesmo que seja o objetivo de passar mais tempo em casa com os filhos ou mais tempo na empresa, quem sabe até mudar de país, sem se importar com que os outros vão dizer, porque, na verdade, nós sabemos que, no fundo, ninguém se importa, a não ser quem realmente ama você. Se assim é, por que não correr atrás e viver a vida mais gratificante que nos é possível, aquela que somos capazes de criar para nós mesmas, nossos filhos e nossa família? Precisamos escutar o nosso coração e abraçar o caminho para realizar o sonho.

O que nos falta então? A minha ideia é mostrar que cada uma de nós merece uma chance de se libertar da pressão de ser perfeita, e assim, com coragem e ousadia, nos permitirmos viver a experiência de tentar, de buscar um caminho que leve ao nosso sonho, e ter uma vida de prosperidade e abundância.

Ao aceitar que você tem o direito de viver de acordo com sua essência e natureza, o caminho mais natural será o de aceitar ajuda, entender que não é preciso dar conta de tudo, compartilhar com outras mulheres a medida que você aprende mais. É ter coragem de se permitir ser vulnerável e ter reciprocidade com quem estiver ao seu lado, contribuindo e fortalecendo os relacionamentos, entendendo de uma vez por todas que erramos e fracassamos, que tentamos e não desanimamos. Lembrando que ter coragem não dá garantia de que dará certo, tão pouco de que será perfeito, mas dará a você forças para enfrentar os imprevistos com outros olhos. É isso que fará você caminhar de maneira mais leve e, assim, vivenciar a alegria das pessoas e das coisas boas que estão ao seu redor; das pequenas vitórias, mesmo as que não estão diretamente ligadas a você; construindo com coragem um hábito cotidiano por toda a vida. O hábito de encarar a realidade que cerca nossas circunstâncias, porque a vida é o que é.

Talvez você esteja se perguntando, mesmo com essa coragem de que tanto falo e a falta de garantias de que dará certo, como teremos a certeza de que estaremos no caminho correto? Como saber se a jornada segue no caminho, na direção da Luz? Eu diria que uma das melhores respostas seria a de ouvir seu coração e, ao menor sinal de dúvida, a primeira resposta seria "não", até que a mente se acalme e seja possível ver de fora a solução que está dentro do seu contexto, evitando assim, sentir e sofrer a ansiedade de algum acontecimento que não ocorreu. Solicitar auxílios e críticas, opiniões e *feedbacks* – à medida que constrói sua nova trajetória – faz com que você reconheça as imperfeições no meio do caminho e se torne mais tolerante com cada uma delas. Sendo mais fortes e tolerantes, a aceitação de que não somos perfeitas abre e clareia a nossa mente, e mesmo que você não acredite de maneira tão óbvia, verá suas conquistas em cada etapa.

Esse processo é maravilhoso. À medida que caminha, adquirindo resiliência e capacidade de ser antifrágil, você se livrará do medo de sentir dor pela rejeição, passando a normalizar que sentir medo é bom. Por isso a coragem não é a ausência de medo, é agir apesar dele, sendo quase como uma válvula para escapar do que é perfeito e ir em direção ao que seu coração realmente deseja, contando a sua verdadeira história, escutando o chamado para sua vocação.

Contudo, ainda é difícil ter coragem para tomar as decisões que serão as maiores responsáveis pelo protagonismo de nossas vidas. Mas eu me pego pensando que, se não fizermos dessa forma, como poderemos seguir adiante?

Por que tanto medo de assumir o protagonismo da história que nos pertence? À medida que buscamos o nosso autoconhecimento, as tomadas de decisões passam a ser mais assertivas e menos dolorosas. E, ao final de cada ação, seremos capazes de pensar apenas na nossa autorresponsabilidade pelo sucesso, pelo fracasso e até mesmo pela renúncia de cada escolha. Ainda não tenho respostas claras, mas em meio à fé, sigo pedindo a Deus que nos oriente e nos suporte com disposição para começar e recomeçar, para dançar de acordo com a música, a ter energia para assumir e não descansar fora do tempo, aceitar o cotidiano em busca da excelência, vivendo cada dia a beleza do ordinário para sentir o extraordinário.

Em meio a tanto desconforto que um caminho novo pode trazer, decidir deixar para traz aquilo que dói seus pés ao final do dia e tira o seu sono a noite, nos faz ver de maneira mais objetiva o quanto perdemos ao ficar no mesmo lugar, colocando em nossa alma pedaços que não são nossos, colocando em nossos rostos máscaras sobre as nossas conquistas e celebrações, escondendo nossos sorrisos, escondendo fatos sobre quem realmente somos e aquilo que realmente estamos dispostos a fazer.

Eu não sei onde nos perdemos na jornada. Para ter sucesso e ser reconhecida, a autoridade maior tem que ser nós mesmas, donas de uma vida, protagonistas de uma história, sendo lembradas por nossas narrativas, carinho, pelo amor que oferecemos e compartilhamos com os outros. Um legado que deixa rastros. Em meio a tanto vazio, o egoísmo e o orgulho nos aprisionam, nos cegam e nos fazem sentir que não somos suficientes – e nunca seremos. Se somos feitos de amor e assim precisamos amar ao próximo como nós mesmos – por que não temos todos um único tamanho? Somos todos diferentes, ainda que sejam reconhecidos nossos defeitos e imperfeições, pedir ajuda e caminhar ao lado de alguém é um dos primeiros passos para assumir que é possível ter coragem de nos aceitar, mesmo em meio a nossa pequenez, nos humilhando e orando para que sejamos merecedores de ser grandes ao olhos do Pai.

E se somos merecedores do amor do nosso Pai, porque somos filhas amadas, escolher a coragem passa a ser menos doloroso, porque somos quem realmente somos, sem novos papéis, como uma peça perfeita no encaixe final de um grande quebra-cabeças. Daí começa a importância de entender o transcendente da nossa personalidade, por meio da oração, meditação. A verdadeira presença e ordenamento pela beleza são pilares inegociáveis e essenciais para uma caminhada, onde a coragem passa a ser um músculo. E que cada dia se torna mais forte à medida que é desejada e cada vez que é praticada, sendo inteira, sem uma busca doentia pela perfeição escondida pelo orgulho e respeitando seus limites para aquilo que realmente importa para você.

Eu vivo exercendo a pratica de ter coragem e agir de acordo com meus valores e prioridades. Digo dessa forma porque, além de reconhecer que não sou perfeita, tão pouco estou pronta. Vivo em constante evolução e aprendizado, sentido na pele a dor do crescimento, o desconforto em busca da excelência. Mas, mesmo assim, não me permito parar. À medida que fui aplicando os conceitos de saúde mental, fruto de especializações que realizei ao longo da minha carreira com grandes psiquiatras, eu trouxe a psicoterapia para meu dia a dia, de forma a ajudar meus clientes a buscarem respostas que cortam seu coração. São dúvidas e decisões profissionais, mas que têm origem em âmbito profundamente pessoal. Entender que, independentemente do momento de vida, de onde vieram, qual profissão escolheram e qual caminho suas carreiras tomaram, o seu tempo é o seu tempo – desenhado e projetado por Deus. Por isso, jamais estariam atrasadas ou adiantadas – estariam apenas construindo uma jornada de qualquer ponto de partida, independente do problema que estejam enfrentando. Saber onde se está hoje, o que se faz hoje, o que se sente e como seu coração arde e vibra em determinadas situações é o começo de uma nova era para ter coragem para tomar as rédeas da sua história, descobrindo a direção correta de uma vida que valha a pena ser vivida.

Então, pensa comigo agora, se sua força está exatamente na forma como você vem escrevendo sua narrativa, de onde você vai tirar coragem para contar sua história? Por isso eu insisto que a verdade é o caminho de uma história honrada, que merece ser recontada por gerações. E se você seguir suas virtudes, colocando os seus valores em primeiro lugar, com a coragem de defender quem ama você, sua família e Deus, a sua narrativa será escrita nos mais belos livros de protagonismo vencedor.

Cada uma de nós tem uma história até aqui e somos autorresponsáveis pelos novos capítulos que vamos contar aos nossos netos e bisnetos. São essas histórias que reverberam e saltam aos nossos olhos nas nossas maneiras de entender o outro, fazem tremer as pernas e arrepiar os pelos dos braços. Ver a vida com mais compaixão perante as lições aprendidas, curando as feridas, perdoando e buscando o horizonte, perdoando de maneira verdadeira; sem guardar ressentimentos que endurecem o alento de um carinho.

Nessa minha jornada de ajudar a transformação de outras mulheres, com a coragem de ser a líder de suas vidas, eu fui vendo e acreditando na capacidade que cada uma de nós tem para desenvolver, aprender, contribuir e crescer, sendo uma melhor versão de nós mesmas, porém, um pouquinho melhores todos os dias das nossas vidas – em meio a desafios, muito trabalho, dúvidas e receios. É exatamente isso que transforma a minha vida, que me faz acordar e querer aprender mais – mostrar para outras mulheres a sua capacidade de transformação, de vencer pelo amor e, principalmente, de não abandonar suas carreiras. Eu vivo isso constantemente e sei que o processo de desenvolvimento de carreira para desenvolver a sua vida é pouco explorado e é notório ver que as pessoas acreditam que se trata de um processo quase que automático, que ocorrerá ao longo dos anos, à medida que a vida avança e seu tempo de carreira aumenta de acordo com sua idade e experiência.

Uma doce ilusão pensar que esse caminho segue de maneira natural. É claro que é uma verdade que, com o passar dos anos, nós vamos amadurecendo por meio das nossas próprias experiências, enfrentando nossos problemas e frustrações, aprendendo em livros, filmes e cursos – certamente não há dúvidas o ganho que os anos bem vividos nos trazem. Mas também não há dúvida de que todo processo, assim como quase tudo na vida, pode ser otimizado e aperfeiçoado, com um planejamento que precisa de muita coragem. Trata-se de ir além de ações e métodos para extrair o que você tem de melhor, aproveitando toda a carga benéfica que o autoconhecimento lhe proporcionará, como expandir possibilidades e trazer bases para decisões mais assertivas, sem muita dor, e sim pelo amor.

A coragem de seguir para a construção de uma vida mais autêntica, consciente, com formas e sentidos de acordo com suas crenças e verdades. Uma estrutura de fé e transcendência, beleza e bondade darão o conforto do entendimento de si mesma, dos seus valores e suas preferencias, para ir em busca do desconforto, para que mesmo com medo, você consiga crescer, ter um novo olhar sobre o protagonismo de sua vida por meio do desenvolvimento pessoal de competências cognitivas e emocionais. Como uma semente, que é cuidada a cada dia para florescer e dar frutos, ainda que em invernos mais fortes, fortalecendo a sua própria narrativa a cada nova primavera.

Coragem! É só o começo!

Com amor,

Aline

5

VÍTIMA OU PROTAGONISTA DA MINHA HISTÓRIA?

Neste capítulo, quero contar um pouco da minha história, das muitas voltas por cima que dei ao longo da minha jornada e mostrar que a nossa realidade somos nós quem criamos, não as situações que vivemos transitoriamente; essas somente nos ajudam a crescer ou a sofrer, a escolha é nossa.

ANDREA LOPES VILLAÇA

Andrea Lopes Villaça

Contatos
www.alvconsultoria.com.br
andreavillaca@alvconsultoria.com.br
11 99794 8015

CEO da ALV Consultoria, conselheira de administração, atuando há sete anos em conselhos de usinas hidrelétricas; conselheira da ABHAV (Associação Brasileira de Hidrogênio e Amônia Verdes); facilitadora da Board Academy no PFCC (Programa de Formação de Conselheiros Consultivos). Experiência de mais de 20 anos no mercado de energia em empresas como Grupo Camargo Corrêa, COPEN e Netbrás. Administradora de empresas com especialização em Formas Alternativas de Energia pela UFLA (Universidade Federal de Lavras), e MBA em Gestão de Negócios pela FIA Business School.

Chegando ao auge da carreira, realizada profissionalmente, dona do meu tempo e da minha vida, não consigo não refletir sobre os caminhos que me trouxeram até aqui. Foi uma longa jornada, de muito crescimento em todos os aspectos da minha vida, principalmente pelo meu histórico familiar, que, pelas estatísticas, teriam me levado ao caminho contrário.

Sou a caçula de dois filhos. Meus pais se conheceram em São Paulo, namoraram durante algum tempo e se casaram quando minha mãe engravidou do meu irmão.

Minha mãe veio de uma família humilde e numerosa, onde a luta diária era pela sobrevivência, o pão de cada dia. Minha avó cometeu suicídio quando ela tinha apenas 9 anos de idade e minha tia caçula, menos de 1 ano de vida. Desde então, minha mãe teve que trabalhar para ajudar no sustento da família. Mudou-se do interior de Minas Gerais para São Paulo para trabalhar como babá, mesmo ainda sendo uma criança.

Meu pai era de uma família de classe média. Meu avô era mestiço – filho de uma negra com um português – que se casou com minha avó alemã. Coincidentemente, e tragicamente, minha avó suicidou-se na frente dos quatro filhos, sendo o meu pai o mais velho, com 7 anos de idade.

Não sei muito da história dos meus pais como casal, eles se separaram após seis anos de casados, meu irmão com 5 anos e eu com 3. Não tenho memórias dos dois juntos. A única coisa que sei é que nunca presenciei brigas entre os dois, nem sei o motivo pelo qual se separaram. Só me lembro de me despedir do meu pai, chorando muito na rodoviária de São Paulo, rumo a Minas Gerais.

Como filha de pais separados, morei um tempo com a minha mãe e um tempo com o meu pai.

Minha mãe era muito bonita, assim como as suas irmãs. Era agitada como eu, trabalhava demais e a lembrança mais forte que tenho dela é de me ensinar a ir ao banco pagar as contas do mês e fazer compras, entre os meus 6 e 11 anos de idade.

Meu pai era meu herói, a pessoa que aquecia meu coração, que viajava de madrugada para me ver em outro estado, com uma úlcera pulsando no estômago, que conversava comigo como se eu fosse uma amiga. Ensinou-me ainda muito pequena a respeitar o outro, quando me mostrou que eu não podia acender a luz do quarto quando meu irmão estivesse dormindo. Esse foi o meu primeiro entendimento sobre respeito ao próximo. Até hoje guardo isso como base sobre as muitas formas de respeitar o outro. Ele era um homem bonito, elegante, da voz potente, com traços marcantes, personalidade forte e de uma vida privada extremamente íntegra; mas com muitos problemas emocionais, resultado da perda precoce e trágica da mãe e de um casamento fracassado, uma história mal resolvida. Era nítido que isso o abalava. Seus traumas pessoais fizeram dele um homem duro, intolerante, muito rígido com os filhos; e na adolescência, a relação com ele foi bem difícil. Eu não entendia o excesso de zelo, me sentia sufocada e, por opção, fui morar com minha mãe; mas não me adaptei à vida no interior de Minas e resolvi voltar para São Paulo, indo morar com amigos da família.

Arrumei um trabalho, me matriculei numa escola próxima e engatei um namoro sério, engravidando meses depois.

Grávida aos 16 anos... meu mundo caiu. O que eu diria aos meus pais? O que fazer numa situação dessas? Como dizer às minhas amigas, no início da década de 90, cujo preconceito era enorme? Como contar ao meu chefe, aos colegas de trabalho e da escola? Sofri o preconceito dos vizinhos e dos pais das minhas amigas. Fui recriminada, julgada e, durante muito tempo, acreditei mesmo que havia feito algo muito errado, que ofendia as pessoas, que me tornava alguém menos digna de conviver com famílias de "bem", tradicionais e com seus casamentos "perfeitos". Mas recebi também o acolhimento de muita gente, pessoas que fazem parte da minha vida até hoje.

Felizmente, tive o apoio da minha mãe, que não reagiu bem de imediato, mas não mediu esforços para que eu tivesse uma gravidez tranquila, que comesse direitinho e que não faltasse nada ao bebê. Ela mudou-se de Minas para São Paulo para ficar perto de mim. Saia comigo cedo todos os dias rumo ao trabalho, desviava o caminho para ter certeza de que eu chegaria em segurança ao meu destino e isso era um alento para mim. Brigávamos muito, coisa de mãe e filha, mas ela estava ali para mim, sempre.

Meu pai não teve a mesma reação. A relação já era difícil, e ter uma filha grávida aos 16 anos não era para ele motivo de orgulho. Ele simplesmente ignorou a minha existência pelos oito anos seguintes.

O pai da minha filha tinha 19 anos, vinha de uma família numerosa e humilde; mas resolvemos tentar seguir como família, contando com o apoio dois pais dele, com quem fui morar na época. Mas a vida a dois não foi uma maravilha, éramos muito jovens para encarar algo tão sério e, aos seis meses de gravidez, nos separamos e voltei a morar com minha mãe.

Minha filha nasceu em Setembro de 1990, mesmo mês em que completei 17 anos. Quando ela tinha dois meses de vida, resolvi morar sozinha sem a proteção da minha mãe. Eu precisava assumir as rédeas da minha vida, me sentir capaz de criar minha filha sozinha. É óbvio que eu precisei de ajuda, e muita. Com meu salário eu só conseguia pagar o aluguel e a escolinha integral. Tive ajuda dos avós paternos, eles não tinham recursos, mas cuidavam dela quando eu precisava trabalhar e não havia com quem deixá-la. Minha mãe fazia compras, levava nos finais de semana e uma época renunciou à própria vida para cuidar da neta, que teve uma saúde frágil até os 2 anos de idade.

Voltei a estudar, pois havia interrompido os estudos na gravidez. Algumas vezes levei minha filha para a sala de aula, em dias de prova, quando não havia babá. Tive muitos anjos em meu caminho. Meus colegas de classe criaram uma rede de proteção, o primeiro que terminasse a prova a levava para o pátio. Quando eu terminava e ia ao encontro dela, ela estava com um saco enorme de salgadinho nas mãos, sentadinha, observando algum movimento. Era uma criança simpática, dócil, comunicativa, o que facilitava muito. Terminei o colegial e interrompi os estudos novamente, precisava ter um tempo mínimo com a minha filha, já que passava o dia todo fora; além de não ter recursos para custear um curso superior.

Meu pai a conheceu quando ela tinha 7 anos. Meu irmão, quando ia visitá-lo, levava minha filha junto; e crianças sempre perguntam para os adultos quando percebem familiaridade: "o que você é meu?" E um dia ele respondeu: "sou seu avô, pai da sua mamãe". Minha filha foi a responsável por resgatar-nos, ainda com muitas mágoas; mas fizemos o possível para manter uma convivência minimamente saudável.

O melhor da juventude é a ausência do medo, não temos medo de perder o emprego, de não conseguir pagar o aluguel, as contas; a gente só sabe que vai dar e ponto. E eu não fui diferente, a única diferença é que eu não tinha para onde correr, porque eu estabeleci que precisaria ser capaz de cuidar de mim e da minha filha sozinha, sem o dinheiro ou a segurança da casa dos pais. Não tive tempo para lamentar a minha sorte de ter sido mãe solo adolescente, eu precisava seguir adiante, enfrentar os desafios, com ou sem dor. Costumo dizer que o meu passarinho estava lá, com a boquinha aberta, esperando pelo alimento. Essa foi a realidade que eu criei para mim. Não vou dizer que não tive que pedir ajuda. Fiquei desempregada, fazia bicos para pagar a escolinha da minha filha e priorizava o necessário. Então, decidi mudar para Minas Gerais e recomeçar, perto da família.

Minha mãe tinha um bom emprego e me financiou por um tempo. Morei na casa que era dela, arrumei um emprego para ganhar um salário-mínimo em uma empresa de tecnologia. Minha filha foi estudar em escola pública e, alguns meses depois, consegui um emprego melhor. Voltei a morar sozinha e a assumir novamente minha vida e os meus custos.

E mais um desafio surgiu no caminho. A empresa passava por dificuldades financeiras, atrasava salários e, em dado momento, teve que fechar as portas. Após três anos, com muitas dívidas, saí sem receber um centavo, nem mesmo os salários atrasados. Vendi meu fusca, meu único bem, paguei os aluguéis atrasados; voltei para São Paulo após receber uma proposta de emprego, deixando minha filha, aos 11 anos, com minha tia, a pessoa que cuidou de mim quando eu era criança, e a melhor pessoa que poderia cuidar dela naquele momento.

Eu viajava a cada quinze dias para ver a minha filha, foi um período difícil longe dela e das pessoas que eu amava; mas pensava no dia em que eu poderia trazê-la para morar comigo. Foi pensando em ter um emprego que me remunerasse melhor, e que pudesse me dar o mínimo de dignidade, que resolvi ingressar no curso superior. Eu teria que cortar custos, espacei as viagens e, no segundo ano do curso, realizei o sonho de trazer minha filha para perto de mim.

Terminei a faculdade com foco em arrumar um bom emprego. Eu tinha em mente algumas empresas nas quais eu gostaria muito de trabalhar e uma delas me contratou pela experiência que eu adquiri no mercado de energia. Foi um dos meus dias mais felizes. Mandei e-mail para o meu pai informando que havia conseguido o emprego da minha vida, a resposta dele foi: "agora já posso morrer em paz". Quatro meses depois ele se foi, aos 61 anos de idade, vitimado por um infarto fulminante. Nessa época, na casa dos meus 30 anos, pensei o quanto eu deveria ter sido mais flexível, mais presente, mais compreensiva; mas era tarde para me lamentar, eu precisava continuar.

Continuei estudando, fiz pós-graduação e MBA na minha área; Apesar de ter invertido a ordem das coisas – por ter sido mãe primeiro, e posteriormente me estabilizado financeiramente – consegui estar no mesmo patamar dos profissionais com quem eu trabalhava, sem ficar atrás de ninguém.

Eu comprei meu apartamento, custeei a faculdade da minha filha, ajudei na compra do seu primeiro apartamento, do primeiro carro. Vi minha filha crescer como profissional e pessoa, casar com o primeiro namorado e a se tornar uma grande mulher. Muito diferente de mim na ideologia e na forma de pensar, mas que me mostra o mundo pelos olhos dela. Só conseguimos fazer isso quando o instrumento é alguém que amamos.

Em momento algum me senti vítima de um lar desestruturado, de um relacionamento fracassado, das minhas escolhas. Só segui adiante, acreditando em mim, estudando, me preparando para ser quem eu quisesse ser.

Quando perdemos as pessoas que amamos, percebemos que daríamos tudo o que conquistamos para tê-las de volta. No auge da minha realização profissional, perdi duas pessoas que amava muito, com diferença de um ano apenas: minha tia, que cuidou de mim e da minha filha, com quem eu tinha uma relação ímpar de muito carinho, amor e respeito; e o meu irmão. Eu e minha filha costumávamos para frasear Belchior: "ano passado eu morri, mas este ano eu não morro". E morremos dois anos seguidos, porque cada um levou um pouco de vida da gente junto com eles. A morte é um processo inexplicável, para mim, pelo menos. Porque sabemos que ela é a coisa mais certa da vida, mas quando ela chega, não estamos preparados. É a total impotência que domina os nossos sentimentos. O luto é um processo dolorido, longo, intenso e termina na hora que tem que terminar. Não temos ação sobre ele, só como lidamos com ele. Muitas vezes, acontecia algo comigo e eu pensava: "nossa, preciso contar para a tia Cleusa" ou "o que será que meu pai vai achar disso?" ou "acho que o Alexandre poderia resolver isso para mim". Sem me dar conta de que essas pessoas não estavam mais aqui, mas tendo a nítida certeza da importância delas na minha vida.

Pensando na necessidade de estar mais próxima daqueles que me são caros, de que o bem mais precioso da minha vida são as pessoas e não as minhas conquistas materiais, aliados à minha vontade de realizar o sonho de ser dona do meu próprio negócio, tive uma conversa com meu chefe, onde demonstrei o meu interesse em sair da companhia que trabalhei por 14 anos e cheguei o mais longe que eu poderia chegar.

Tomei a decisão quatro meses após a morte do meu irmão. Era o primeiro ano de pandemia, a economia totalmente afetada pelos *lockdowns*. Muitos me criticaram por estar trocando o certo pelo duvidoso, considerando que eu tinha um bom emprego, um bom salário, uma alta posição e estava jogando tudo para o alto para viver uma vida de incertezas. E, apesar de ter um perfil definido como diplomático e ser característica minha ouvir as pessoas em quem eu confio, decidi seguir o caminho das incertezas, ouvir a voz que vinha do meu coração. Eu criaria a minha realidade, eu seria a responsável pelos meus resultados.

Senti medo, sim. Tive momentos de insegurança, me questionava se estaria fazendo a coisa certa, noites sem dormir, *burnout*; mas enfrentei tudo e segui adiante mais uma vez.

Durante a minha permanência no último emprego, criei uma vasta rede de relacionamentos que seria muito útil para os meus planos. Para minha grata surpresa, o meu primeiro cliente foi justamente a empresa que me empregou por tantos anos. Isso foi motivo de grande satisfação, foi o reconhecimento do meu trabalho. Quando o nosso sobrenome é o nome da companhia em que trabalhamos, significa que fizemos bem o nosso trabalho. Sou conhecida até hoje como a "Andrea da Camargo". Tenho orgulho de ter feito parte dessa companhia, tenho amor por ela, tenho gratidão. Sempre me senti parte dela, cresci e aprendi demais; tive chefes maravilhosos com quem aprendi, até mesmo quando sentia que não era bom para mim. Reconheci as minhas falhas, baixei a guarda, ganhei mais confiança e me preparei para sair da zona de conforto de um ambiente familiar, com pessoas familiares, situações familiares para algo totalmente novo.

Iniciei meu negócio em janeiro de 2021, continuei aprendendo sobre o meu setor e me preparando para assumir novos Conselhos, já que sou Conselheira de Administração, contratada por um dos meus clientes. Conquistei novos clientes, ingressei em um novo desafio de ministrar as matérias de Ética e *Compliance* para a formação de conselheiros; e fui convidada para fazer parte do Conselho de Administração de uma associação.

Minha história poderia ser trágica, mas, do meu ponto de vista, foi linda; me trouxe até aqui, me transformou na mulher que eu sou, com muitos desafios ainda a serem superados, muitos pontos a desenvolver, porém, eu defini o rumo da minha vida, eu criei a minha realidade, superei as dificuldades e encarei e encaro de frente qualquer situação, pois quem manda na minha vida sou eu.

6

A INSISTENTE GAROTA QUE SE TRANSFORMOU NUMA COMUNICADORA

Na infância, os sonhos que eu carregava ao brincar com recortes de jornal, pareciam distantes e impossíveis. Mas, quando temos um desejo profundo, o universo se reorganiza para que as peças se encaixem. Vivenciei isso e pude devolver o brilho nos olhos para a garotinha que nutria o sonho de se tornar uma comunicadora. Amo a comunicação e as infinitas possibilidades que ela trouxe para minha vida.

BEL SOARES

Bel Soares

Contatos
belmsoares1909@gmail.com
Instagram: @belabelsoares

Bel Soares é uma comunicadora nata. Iniciou como radialista, atuou como assessora de comunicação, realiza mentorias para ensinar as pessoas a se comunicarem de forma humanizada, escreve artigos para o jornal *O Liberal* (Belém-PA), apresenta *videocast* e participa de palestras para contar sua história e descomplicar a comunicação.

Dezenove do mês nove de mil novecentos e oitenta e um, uma data com forte presença do número nove. Por conta desta observação, diante da data do meu nascimento, o número nove passou a ser especial para mim. Diria até emblemático.

Fui pesquisar o significado e vi que na numerologia ele representa o fim de ciclos e preparação para um novo começo, Será por isso que minha vida até aqui já passou por tantos recomeços? Dizem também que pessoas influenciadas por esse número têm uma forte tendência a gostar de livros. Será por isso que adoro uma livraria? Quem sabe, né?

Deixemos a numerologia de lado e vamos à minha historia, que, "coincidentemente", tem esses recomeços e livros pelo caminho.

Poderia dizer que sou a terceira de um quarteto de filhos; mas como conhecedora da constelação familiar, sei a importância do incluir e do pertencer de todos os membros de uma família – inclusive os que não chegaram a nascer. Então, sou a quarta filha da união entre meus pais.

Minha mãe, Maria José, conta que, desde que nasci, me apeguei muito ao meu pai, Armando. Confesso que não me lembro, mas tendo em vista a relação linda que tenho com ele, isso faz um baita sentido.

As lembranças da minha infância não são as mais agradáveis, e por muitos anos eu não soube lidar com isso. Meus pais se divorciaram e a minha memória, provavelmente num mecanismo de defesa, só tem recordações a partir do momento em que eles já estavam separados. Não posso dizer que meu pai nos abandonou, pois, seria uma grande mentira. Mas, apesar de ter arcado com todas as despesas de educação, alimentação e moradia; senti sua ausência nas festinhas da escola e em demonstrações de afeto. O pai dele agiu assim, ele apenas reproduziu. No entanto, só fui saber e compreender essa dinâmica familiar depois. Ainda bem que nunca é tarde quando se trata de amor, empatia e compreensão.

Pois bem, éramos quatro crianças e minha mãe dentro de um apartamento. Ela não soube lidar com a separação e buscou refúgio na bebida. Quisera eu, nessa época, ter tido maturidade para não julgá-la, para pegar em sua mão e ajudá-la a segurar aquela barra, que não era nenhum pouco leve. Mas como eu poderia ter essa atitude se eu era somente uma criança? E, como tal, reagi com muitas birras.

O quadro familiar, ao qual estávamos submetidos, fazia com que ficássemos muito na casa dos nossos avós maternos. E, apesar de amá-los, por muitas vezes, não era ali que eu queria estar.

Minha avó Maria era um doce e, junto com meu tio Wagner, a quem carinhosamente eu chamava de tio Waguinho, são minhas melhores lembranças da infância. Na companhia dela eu "falava pelos cotovelos" e ela dizia – num tom de voz doce que jamais vou esquecer – que eu daria uma boa professora. Deve ser por isso que eu amo compartilhar conhecimento.

Com meu tio, eu gostava de escutar os vinis da Xuxa que ele me presenteava. Mas eu tinha que ouvir também os do Chico Buarque, porque ele dizia que eu tinha que aprender desde cedo a gostar de boa música. E eu o agradeço imensamente por isso.

Aliás, quem disse que foi só na música que ele me influenciou? Foi ele que me fez torcedora do Clube do Remo e do Fluminense, além de leitora da revista Placar e telespectadora de jogos de futebol. A convivência com ele fez eu me apaixonar por esse esporte e aspirar ser uma repórter do jornalismo esportivo.

Nunca fui uma aluna exemplar, tampouco tive vigilância sobre meus estudos, o que me fez ser negligente com isso e com o meu sonho. Cresci e me tornei uma procrastinadora que culpava os pais por tudo. O que é um absurdo, como sabiamente disse Renato Russo na sua memorável *Pais e filhos*. Porém, eu não tinha grau de maturidade para compreender isso. Então, usava os fatos do passado como justificativa para tudo que ainda não tinha dado certo na minha vida. Eu não passava de uma vitimista.

Nessa época, eu também ainda não era apaixonada por esse papo quântico de energia e leis do universo como sou hoje. Se eu fosse, tenho certeza que tudo teria sido menos desafiador. Bem menos.

Mas como a vida sempre joga a nosso favor, mesmo quando estamos desatentos, num belo dia recebi o convite do meu tio Luis, que morava em Brasília, para mudar para capital do país. E o convite veio junto com a notícia de que ele arcaria com meus estudos acadêmicos e isso reacendeu em mim o sonho de me tornar uma comunicadora.

Fui, estudei, adquiri experiência de vida e, após alguns anos, decidi retornar a Belém, pois, Brasília não comportava meu sonho de atuar no jornalismo esportivo, uma vez que a cidade não era tradicionalmente apaixonada por futebol como a cidade em que eu nasci. Sem contar que eu queria radialismo; e Belém era um celeiro de bons veículos.

De volta à minha cidade, com o currículo impresso em mãos, bati na porta de uma rádio que, naquela época, era considerada uma potência na cobertura esportiva. Pedi para falar com o proprietário, uma figura bastante conhecida na região. Fui informada que o núcleo de esporte era comandado por outra pessoa que, naquele momento, não poderia falar comigo, pois estava gravando no estúdio. Coloquei-me à disposição para aguardá-lo e, após algumas horas de espera, fui informada pela simpática recepcionista que ele não me atenderia. Nessa altura, ela já sabia que aquilo era o meu sonho e se prontificou a ajudar. Disse que sinalizaria quando ele saísse do estúdio para eu abordá-lo no corredor.

Percebam que, vez ou outra, Deus envia anjos em forma de gente, precisamos apenas estar atentos. Essa senhora, sem dúvida, foi um exemplo disso.

Conforme combinado, ela apontou por onde eu deveria seguir. Fui e o chamei pelo nome e, para meu nervosismo ficar mais latente, ele se virou em minha direção juntamente com os dois consagrados comentaristas esportivos que o acompanhavam.

Cumprimentei todos e o diálogo se desenrolou assim:

— Oi, me chamo Bel, acabei de chegar de Brasília, e gostaria de uma oportunidade como repórter. Este é o meu currículo!.

Minha mão foi estendida em vão, pois, foi ignorada.

— E você entende de futebol? – perguntou-me.

— Muito, adoro futebol! – respondi com um largo sorriso no rosto.

— Minha filha, nos últimos meses eu fiz teste com jornalistas que diziam, assim como você, que entendiam de futebol e, na verdade, estavam mais interessadas em se aproximar dos atletas. Portanto, sem chance – disse em tom enfático.

— Mas não é o meu caso. O senhor sabia que eu lia a revista Placar quando eu era criança?.

De forma ingênua, soltei esse argumento achando que o convenceria. Ele apenas riu. E até hoje não sei se de deboche, ironia ou porque achou engraçado mesmo.

Eles seguiram caminhando e entraram numa sala. Entrei atrás porque eles não fecharam a porta. E eu estava determinada a não deixá-lo fechar a porta do meu sonho também.

— Por favor, me dê uma chance; e se perceber que eu não levo jeito, eu prometo não lhe incomodar mais! – falei de forma insistente e disposta a não sair dali com um não.

Ele ficou me olhando e, antes que me respondesse, um dos comentaristas, pelo qual tenho grande apreço por conta desse episódio, soltou:

— Dá uma chance pra garota!

E ele, meio desconfiado, disse:

— Então, esteja amanhã, às 16h, no município de Bragança, onde vai acontecer uma rodada do Campeonato Paraense. Você vai entrar ao vivo.

Eu não tenho a menor dúvida de que ele esperava que eu recusasse diante do desafio de fazer ao vivo o que eu nunca tinha feito nem gravando. Mas o que ele não sabia é que estava diante de uma garota que, na infância, sonhava em descer com a Xuxa da nave e em ser uma repórter de rádio que falasse de futebol.

Da nave, o tempo já havia passado, e eu não poderia mais descer. Mas, cobrir futebol era uma oportunidade que estava se desdobrando ali na minha frente. E eu jamais deixaria escapar.

No dia seguinte, lá estava eu no terminal rodoviário para comprar minha passagem e percorrer 221 quilômetros até o destino que abriria as portas do jornalismo esportivo para mim.

Quando o juiz apitou o início da partida, eu estava munida de todas as informações necessárias para entrar ao vivo. E assim o fiz. Ganhei naquele dia o posto de repórter de campo e fui inscrita na Associação dos Cronistas e Locutores do Estado do Pará.

Foram bons anos atuando naquela rádio e aprendi muito com eles. Decidi me despedir do jornalismo esportivo com a marca que sempre lembrarei com muito carinho: a de ter sido a primeira mulher a falar de futebol numa rádio de frequência AM.

Nesse período conheci o pai da minha filha. Bastou um mês de namoro e lá estávamos nós, morando juntos. Uma pagodeira que amava samba e um rockeiro que curtia Jazz. Como isso poderia dar certo? Pois é, não deu. As diferenças foram para além do gosto musical. Éramos água e óleo.

Hoje entendo que existem relacionamentos que você vive por um propósito e assim que ele é cumprido há uma reorganização das peças e cada um volta para o seu lugar.

Ele entrou na minha vida para que tivéssemos a Pietra, a nossa doce menina que é a cara do pai com o signo da mãe. Uma virginiana linda e cheia de opinião. Que bom que esbarrei nele naquela festa. Foi um esbarrão que já estava escrito, tenho certeza disso.

Nossa separação, apesar de decidida por ambos, foi bem delicada e eu não tinha recursos financeiros suficientes para manter eu e minha filha. A rádio pagava pouco, realidade que ainda hoje assombra muitos setores da comunicação. Foi quando ouvi a proposta da minha ex-sogra pedindo que eu deixasse minha filha com eles e voltasse para buscá-la quando estivesse bem financeiramente. Minha recusa foi imediata. Eu poderia não ter dinheiro, mas eu tinha o desejo de não deixar minha filha passar pelo que eu passei ao morar na casa de vários parentes.

Mudamos para um lugar bem simples, que era o que eu podia pagar. Não foi fácil, mas era uma espécie de carta de alforria. Acredito que todo casamento onde as partes não estão mais felizes é uma prisão. E eu não nasci para ser prisioneira de ninguém, muito menos da infelicidade. Nasci pra ser feliz. Você que está lendo isso, também.

Percebi ali, diante de tantos desafios emocionais e financeiros, que a minha renda era muito baixa. O pai da minha filha já havia deixado claro que só pagaria a escola. Procurei ajuda a quem sempre me salvou, os livros.

Era uma época em que as redes sociais despontavam e vi ali uma oportunidade de fazer uma renda extra. Fiz um curso, li bastante sobre o assunto e passei a oferecer o serviço de gestão dessas redes. E foi essa atividade que me fez entender ainda mais a importância do *networking*. Muitas vezes, quando nosso trabalho é realizado todos os dias dentro de uma rotina de ambiente e de pessoas – como era meu caso na rádio – você acaba esquecendo a importância de expandir sua rede de contatos para além daquele universo.

Eu precisava conhecer mais pessoas e seus negócios para poder oferecer os serviços de gestão. Mas eu queria também que o outro lado sentisse que eu não estava ali somente para vender por vender o meu serviço. Eu queria entender as dores, conhecer suas historias, conquistar a confiança dos meus clientes. E tudo aconteceu de forma muito natural, exatamente como eu gostaria.

Costumo dizer que a aparência você pode adaptar de acordo com sua intencionalidade, humor, *dress code*, entre outros fatores. Mas a essência, não.

Essa tem apenas um *look* na bagagem. E não adianta tentar maquiá-la, pois, uma hora será removida; como acontece com a maquiagem e sobra a cara lavada. Assim é com a nossa essência, ela é a natureza do que somos.

Portanto, o sorriso que sempre me acompanhou, e que faz parte da minha essência, me abriu portas. A escuta ativa também. Ambos são um convite à aproximação. Quem quer se aproximar de alguém que não sorri? Ninguém. E a escuta, com genuíno interesse pelo que o outro fala, dá a possibilidade de aprender e de entrar para o ciclo de confiança dessa pessoa. Fiz muito mais do que clientes nessa jornada, fiz muitos amigos.

Um dia, lá na infância, quando eu brincava de recortar o jornal impresso e colar na cartolina, eu achava que seria impossível trabalhar no maior veiculo de comunicação da região norte; e foi uma amizade que me colocou lá dentro. Não tenho o menor problema em assumir isso, pois sei que é a minha capacidade que me mantém em tudo que realizo. Atente-se para as portas abertas e aprenda a mantê-las assim.

Entrei para o time de colunistas do jornal e me tornei também apresentadora de *videocast*.

Atuo com assessoria para marcas pessoais e corporativas e realizo palestras e *workshops* compartilhando minha historia, descomplicando a comunicação e motivando pessoas. Se podemos facilitar o caminho de outras, por que não?

Convido você a não desistir daquilo que deseja, e que muitas vezes só o seu coração sabe o que é. Honre seus pais, pois eles deram tudo o que podiam e sabiam naquela fase de suas vidas. E seja grato. Não tem nada mais feio que a ingratidão.

E um conselho: não deixe de aprender nunca, só assim você vai continuar mandando na sua vida!

7

CHEIRO DO MATO

Neste capitulo, eu mostro como foi a mudança de vida de dentro da sala de aula para o campo. Estar apta para mudanças requer garra, força e, acima de tudo, coragem. Foi com os ensinamentos do meu pai que aprendi a ser forte para enfrentar todos os obstáculos.

CAMILA RODRIGUES DE OLIVEIRA

Camila Rodrigues de Oliveira

Contatos
Camilarodriguespira1@gmail.com
Instagram: @camilarodrigues1057
Facebook: Camila Rodrigues
19 99348 1929

Pedagoga graduada pela UNIMEP (Universidade Metodista de Piracicaba), com pós-graduação em Psicopedagogia e Gestão Escolar; contadora de histórias, produtora rural e sócia proprietária da Fazenda Olho d'Água em Piracicaba.

É ramos uma família de cinco pessoas e vivíamos muito bem, ajudávamos uns aos outros.

A paixão do meu pai pelas terras começou muito cedo. Nascido em Jaci, interior de São Paulo, sempre aprendeu com seu pai a lidar com as criações, realizar os plantios, a roçar mato e demais afazeres do campo, pois possuía uma propriedade em são José do rio Preto, interior de São Paulo. E foi lá que aprendeu a ser produtor rural.

Foi estudar agronomia em Piracicaba, São Paulo, na ESALQ (Escola Superior de Agricultura Luiz de Queiroz); casou-se com minha mãe Teodora Isabel, herdeira de uma fazenda, e tornou-se fazendeiro também.

Eu cresci no meio da natureza, tomando leite quente da vaca, andando a cavalo no meio dos pastos com meus primos, sim, nas férias era uma alegria só. Éramos nove crianças, todos brincando juntos, correndo e andando descalços no meio do barro.

Cresci e me formei em pedagogia, trabalhei em várias escolas infantis de Piracicaba, fiz pós-graduação em psicopedagogia, abri um consultório (que era uma sala na garagem da minha casa), onde atendia crianças com dificuldades de aprendizagem. Fiz um curso de contação de histórias e sai contando histórias nas escolas, levando diversão e aprendizado para as crianças. Trabalhei na prefeitura de Piracicaba, na qual dava aula para educação infantil. Fiz pós-graduação em Gestão Escolar e atuei como diretora de escola na cidade de Campinas, interior de São Paulo.

Um belo dia, disse ao meu pai que eu queria conhecer seu dia a dia na fazenda e para isso iria com ele todos os dias. Vi o brilho em seus olhos... Uma alegria para ele que não tinha preço.

Não imaginava que aquela decisão de conhecer o seu dia a dia seria tão importante em um futuro tão próximo.

Foram exatos dois anos indo para a fazenda todos os dias. Acordávamos às 5h, ele preparava o café e às 6h saíamos para pegar a estrada com destino à fazenda. Meu pai me ensinava tudo e se orgulhava disso. Certa vez, andando pela fazenda, ele me contou que eu iria com ele nos vizinhos e ele me apresentaria para todos como sua sucessora, falava para todos:

— Cuidem bem dela, e ajudem no que ela precisar. Deem a ela o mesmo tratamento que vocês me dão, pois é a minha filha que vai tomar conta da fazenda quando eu partir.

E eu dizia:

— Ah, vá. Pai, o senhor é eterno...

Ele dizia:

— Eu tenho dois filhos. O mais velho, Cassiano, é empresário e não tem tempo de ficar aqui para tomar conta; o mais novo, Rodrigo, trabalha no fórum de São Pedro, interior de São Paulo.

Falava dos seus filhos com orgulho.

Meu pai sempre andava comigo pela fazenda, apresentando cada detalhe, ia andando e contando seus "causos".

Um dia ele me contou, sorrindo, sobre dois caipiras:

O Pedrão e o Bastião. Pedrão falou para Bastião

— Rapaz, você sabe que arrumei uma namorada?

— Sério?, falou Bastião.

— Sim, arrumei. E agora estou feliz por demais.

— Que bom, "cumpadre". E ela gosta "docê"?

— Sim, ela gosta demais, ela me "indolatra".

— E como você sabe que ela gosta? Que ela te "indolatra"?

— Ah, porque ela elogiou eu outro dia.

— Ela elogiou você?

— Sim, elogiou eu.

— Como ela te elogiou?

— Ela me chamou de "indiota", "cumpadre". (nessa hora meu pai até afogava de tanto rir).

Ai o "cumpadre" ficou com dó dele, da ignorância dele.

— "Cumpadre", você sabe o quer dizer "indiota"?

— Não, mas deve de ser elogio.

— "Cumpadre, indiota" é aquela pessoa que você explica, explica e ela não entende, entendeu?

— Não. (mais risos)

— Então, ela te elogiou "memo". (mais risos)

Eu que estava acostumada a dar aulas, contar histórias e estar na direção das escolas, comecei a me interessar pelo campo, pelos bois, pelos cavalos. O cheiro do mato me inebriava.

Com a pandemia, meu pai teve que ficar afastado do lugar que mais amava: o mato, a fazenda, seus bichos, o entardecer, o luar, a noite estrelada; pois, por recomendação médica, foi orientado a não sair de casa.

Com tudo isso, veio uma tristeza profunda, meu pai ficava sentado lendo seu jornal e fazendo palavras cruzadas. Assim passavam os dias, até que veio o mosquito da dengue e o levou embora de nós.

Impossível descrever o choque que tomou conta de nós, meu pai era o alicerce de nossas vidas; mas foi no dia seguinte que percebi que estava sozinha para fazer meu café e pegar a estrada rumo à fazenda.

Precisava, nessa hora, tomar uma decisão, me encher de coragem, não ter medo do novo e seguir em frente.

Arregacei as mangas e decidi manter o sonho vivo, a vontade do meu pai, aquele sonho era o meu também.

E assim, por se tratar de um bem familiar, meus irmãos e eu nos reunimos para acertar que a gestão da fazenda seria controlada por mim.

Foi nesse exato momento que sabia que minha vida mudaria completamente. Sairia de uma sala de aula e iria para o campo, cuidando de plantações de cana de açúcar, de bois e vacas e todo planejamento financeiro.

Minha vida mudou sim, hoje vou para a fazenda tomar conta da propriedade. Tenho uma equipe que me ajuda bastante, a família Olho d'Água, é assim que me refiro aos meus colaboradores. E graças ao conhecimento transmitido por papai e a minha intuição, agora estou melhor preparada para o meu papel, que é assumir os negócios da família e não deixar acabar com o sonho e a herança deixada pelo meu pai.

Agora faço parte do Núcleo das Mulheres do Agro, de Piracicaba. Participamos de palestras, feiras agropecuárias, fazemos visitas de campo, enfim, ajudamos umas as outras.

Nessa caminhada precisei ganhar espaço e provar que, como mulher, conseguiria estar como gestora da fazenda. Sofri várias discriminações da parte masculina, mas nunca me abalei, e segui em frente.

Nós precisamos ter coragem para dar o primeiro passo, afinal, o universo nos entrega o que pedimos e acreditamos.

VOCÊ PODE, APENAS ACREDITE!

8

DO AMOR À DOR, DA DOR AO AMOR
A JORNADA DE CLARISSE

A vida nem sempre dá permissão para compreender seus movimentos. Às vezes, o que acreditamos vir para nos derrubar, torna-se justamente a força que nos leva a um bem muito maior. Esta é a história da vida de Clarisse, baseada em uma jornada real e surpreendente, que vai conduzir você a um processo de confiar na Inteligência Única.

CARMEN HORNICK

Carmen Hornick

Contatos
www.carmenhornick.com
carmen_hornick@hotmail.com
Instagram: @carmen_hornick
65 99997 2505

Mestre em Estudos de Linguagem. Licenciada em Letras Português/Inglês. Advogada (16256 OAB/MT), pós-graduada em Linguística Aplicada, Direito do Trabalho, Administração Pública e Controle Externo, e Direito Sistêmico. *Personal and Executive Coach* (ICI). Analista do *MPP Training and Certification Program* (HBI). Certificada em Introdução à Análise Transacional. Facilitadora do Método Louise Hay. Professora de Comunicação Empresarial na UNIC/FGV, de Comunicação Jurídica na UNIC, e de Comunicação e Oratória na pós-graduação em Liderança e *Coaching* na UNIC. Líder de equipe por dez anos no Tribunal de Contas de Mato Grosso. *Co-founder* da SerHumanoProfissional Treinamentos e Desenvolvimento Humano. Autora do livro *Como viver sem coitadisse*, pela Literare Books International.

Clarisse

Dentro da igreja, junto com seus quatro netos, está uma grande mulher chamada Clarisse. Hoje é o dia de seu aniversário, ela completa 65 anos. Sua mente está tomada por gratidão e visões de pessoas, sentimentos e fatos, enfim, lembranças de seu passado.

Assim, nesse dia, ela revisita sua própria história. Sente uma ponta de orgulho de si mesma, pois, em sua existência simples, nunca pensou que pudesse se tornar um exemplo de força depois de tudo que passou na vida naquele clima silencioso da igreja, assistiu ao seu próprio filme. Lembrou-se da infância. Ela foi a sétima filha de um casal cujo pai era tratorista e a mãe empregada doméstica. Seu pai era um homem trabalhador e bom no que fazia, porém, perdido em paixões anônimas que o levavam, às vezes, até a ir embora de casa e depois voltar.

Sua mãe, sempre caprichosa em tudo que fazia, tinha um amor e cuidados sinceros com os seus filhos. Clarisse nasceu depois de um abandono e volta de seu pai para o lar. Sua chegada ao mundo significou um recomeço de vida, uma nova fase do casal e, portanto, da família.

Naquela cidadezinha do interior, passou sua adolescência sonhando com o mundo lá de fora, retratado pelas novelas da televisão, transmitidas ainda em preto e branco, mas que revelavam a liberdade sonhada dos anos 70.

Ela frequentou a escola até o ginasial, usou o uniforme azul e branco, com saia de pregas e camisa, como mandava a etiqueta militar. Teve muitos amigos, participou de vários saraus e bebeu *cuba libre*, a bebida do momento daquela época revolucionária. Ela e seus colegas comungavam da necessidade de romper com velhos costumes.

Foi nessa época que Elis Regina cantou bem alto e forte a música que induzia ao pensamento de não ser "como os nossos pais". Clarisse foi moça de seu tempo e viveu isso intensamente. Ousou querer o novo, ser diferente.

Ela queria experimentar a vida de paz e de amor. Um amor pregado no pós guerra, capaz de suprimir qualquer medo. Sem ter muita consciência disso, flertava com os ideais da mulher independente, segura e dona de si.

Clarisse não encontrava grande satisfação na escola, mas gostava de socializar e de participar das aulas de geografia e história. Adorava vestir-se bem e sonhava encontrar seu grande amor.

A chegada

A vida seguia a rotina lenta e sem novidades de cidade de interior. Mas, naquele ano de 1974, quando Clarisse estava com seus 16-17 anos, uma chegada inusitada movimentou a pacata Pinheiros.

Vinda diretamente dos Estados Unidos, chegou à cidade uma família, com dois filhos rapazes, que veio ao Brasil com a missão de disseminar a palavra de Jesus. Você pode imaginar o impacto que foi isso para uma cidade do interior na década de 1970?

Apesar da maioria católica na comunidade, o propósito da vinda deles a Pinheiros tornou-se um passaporte digno para essa família forasteira. Dizia-se que a estada na cidade era por tempo determinado, mas não se sabia quando voltariam para os Estados Unidos.

O sucesso desses meninos com as moças da cidade foi muito rápido. Primeiro, porque eram diferentes dos locais, depois, porque o fato de serem norte-americanos induzia à compreensão de que representavam um modelo de vida muito desejado pelos jovens da época, o *American way of life*. Era como se os brasileiros admirassem e sonhassem com tudo de moderno que representava alguém vindo do país do Tio Sam.

Não demorou muito para que a postura de Clarisse chamasse a atenção do filho mais velho do casal, John. Ela nem conseguia acreditar que aquele rapaz americano estava "paquerando-a" na festa da escola.

O namoro

Clarisse, sem ligar para o que se falava dela na cidade, namorou John e seu amor por ele foi se completando. Ele significava muito para ela, e vice-versa.

Nessa época, os saraus eram embalados por músicas em inglês, especialmente do grupo ABBA. Os encontros dos jovens eram no ritmo dessas melodias. Clarisse era particularmente apaixonada por uma música que se chamava

Fernando, pois John explicara a ela que a letra dizia "nosso amor nasceu foi pra ficar e eu vou te amar, Fernando".

Envolvidos por essas canções, crendo nos novos ideais femininos e nas maneiras "modernas" de se relacionar, eles se envolveram nesse amor inteiro. Foi uma linda fase de sua vida. Ela decidiu desafiar os padrões.

Porém, da mesma maneira que passam as estações, o verão terminou e começou o outono, e a vida de Clarisse também entrou em outra fase. Desconfiada ao ver algumas mudanças em seu corpo, descobriu que estava grávida. A partir daí, não só seu corpo se transformou.

A certeza lhe provocou um emaranhado de emoções, alegria, ansiedade e medo. Contou a John que, para sua surpresa, ficou apavorado. Os pais dele, até então apoiadores do namoro, propuseram que a gravidez fosse interrompida de forma secreta. Explicaram o contexto de moral e de boa conduta advindo de seus padrões religiosos, os quais não permitiam que a gravidez fosse levada adiante, já que eram muito jovens para se casar.

Clarisse viu seu mundo desmoronar e, completamente decepcionada, concluiu que John não tinha forças para deixar de ser filho e assumir a postura de pai. Era um desafio muito grande para ele.

Sem chão diante da proposta, em momento algum, apesar de sua condição de fragilidade diante dos julgamentos que sabia que iria sofrer, aceitou a hipótese de não ter o seu filho, o seu Fernando que tanto sonhara. Sentiu que era a hora de retribuir o amor de seus pais e antepassados e entregar a força da vida àquele pequeno ser que já amava.

Entretanto, as consequências dessa decisão cobraram um preço alto. O desespero de não ter dinheiro, nem emprego, nem apoio, e ainda a decepção amorosa, levaram-na a dias e noites de dor.

A mãe de Clarisse a alertou sobre o que era, naquela sociedade, ser uma moça grávida de um filho sem pai, uma "mãe solteira". Mas, ela queria a criança em sua vida.

Procurou os pais de John e contou-lhes da necessidade de sair da cidade para evitar os comentários e poupar seus pais. Então, eles ofereceram a ela um abrigo na capital do Estado. Era um lugar onde religiosas acolhiam moças na mesma situação que ela, mães solteiras; pois elas eram simplesmente excluídas dos grupos sociais e colocadas à margem da sociedade.

Na capital

Clarisse não teve escolha melhor. Discretamente, sem avisar ninguém, arrumou suas malas, pegou um ônibus e partiu sozinha para a capital. Tinha apenas um endereço na mão e uma mala na outra. Perguntando aqui e ali, foi parar no abrigo das irmãs de Nossa Senhora do Socorro.

Ali viveu uma rotina que incluía, além dos afazeres de arrumação e de limpeza, o aprendizado de trabalhos manuais para o preparo do enxoval do bebê. Recebia também bastante apoio espiritual para que pudesse ou criar seu filho ou decidir entregá-lo para adoção. Essa última era considerada a mais plausível pelas irmãs, já que era uma moça solteira, não tinha ofício nem profissão.

Essa realidade hostil fez Clarisse chorar e pensar. Era a hora de a menina se transformar em adulta. Qual seria a melhor solução para a vida do filho que já amava tanto? De John ou de seus pais, jamais teve qualquer recado.

Por fim, concluiu que não entregaria seu filho à adoção. Faria o que fosse preciso, mas ela o criaria. Enquanto isso, lá na sua cidade natal, os comentários se espalhavam. Seu pai, quando soube da verdade, comovido, disse que Clarisse poderia voltar para casa junto com seu filho, no momento que achasse melhor.

Em um dia lindo de sol, ele nasceu. Ela olhou em seu rosto e o chamou de Fernando. Ele era um presente que a vida lhe dera. Nas noites que se passaram, fazia questão de dormir bem próxima dele; pois temia que fosse levado no silêncio da noite. Essa ideia a enchia de pavor.

A volta para casa

Há mulheres que, com o passar do tempo, apesar dos acontecimentos, encontram um novo amor e têm suas vidas reconstruídas, mas não foi assim para Clarisse. Ela não se relacionou com outro homem, nem se casou ou teve outros filhos.

Fernando foi amado desde o primeiro dia que chegou na casa de seus avós. Cresceu sob o olhar carinhoso deles, dos tios e dos primos.

A vida foi passando como haveria de ser. Fernando foi crescendo e, aos poucos, tomando posse de sua história. A família de John tratou de voltar para os Estados Unidos, antes mesmo de Fernando nascer. Clarisse aceitou para si com dignidade o rótulo de mãe solteira e criou seu filho, dando-lhe tudo o que podia.

Trabalhou nas mais variadas tarefas. Vendeu joias, foi secretária, atendente de banco, vendedora de sapatos, enfim, nunca se furtou ao trabalho e o fazia com alegria por conseguir prover sua casa e sustentar a família.

Volta e meia, quando olhava o filho, via nele a sombra do amor intenso que viveu. E seu coração se enchia de uma esperança secreta de um dia vê-lo chegando na porta de casa e abraçando seu filho.

Mas o destino é caprichoso e precisa ser respeitado. Toma nas mãos a rédeas de nossas vidas e decide por situações sem que possamos opinar, gostemos ou não. Ele simplesmente acontece.

Fernando

Casou-se aos 23 anos e teve os dois filhos. No seu jeito de ser e de agir, era homem bem resolvido e, ao que parecia, pouco lhe machucava a ausência daquele pai que nunca conheceu.

No vai e vem do tempo, nas várias fases da lua, Fernando se separou e retornou à casa de sua mãe. Agora, para ajudá-la a cuidar dos pais já idosos. Juntos, tomaram conta daqueles que lhes ofereceram amor. Só que agora, contavam com um reforço, Pedro, o filho mais velho de Fernando veio morar com eles.

Algum tempo depois, Fernando apaixonou-se e casou-se novamente. Daquela segunda união, vieram mais dois meninos.

Clarisse suspirava em seus silêncios e se dava conta de como o destino enviava mensagens. Era algo muito profundo para ela ver quatro homens descendendo do amor de sua juventude e continuando a história. Por vários momentos ficava ali parada a olhá-los. Ver como falavam, gesticulavam, o tom de suas vozes. Era como se Deus estivesse dando a ela quatro vezes mais amor, ensinando-a novas formas de se sentir grata.

Clarisse sentia-se tão feliz por aquela realidade que ganhara de presente, que muitas vezes agradeceu em suas orações, mesmo sem entender os caprichos do universo. Contudo, a vida dessa heroína, embora ela tentasse controlar, sempre fugia de suas mãos.

Já era quase 22h quando o telefone tocou. Ela teve um pressentimento e pouca vontade de atender. Mas soube que deveria fazê-lo. Era sua nora, Renata. E as notícias não eram boas. Fernando tinha passado mal e fora internado. Sem nem mesmo conseguir escutar direito o que ela falava ao telefone, sentiu seu corpo flutuar e a sua cabeça rodopiar. Quando abriu os olhos viu Pedro desligando o telefone com um misto de pavor e de medo.

Então, ele a abraçou e disse que precisavam ir ao hospital, pois Fernando estava internado e nada bem.

No hospital a tensão era quase palpável. Fernando apresentava uma hemorragia interna que os médicos não conseguiam estancar. Era necessária uma remoção para um centro maior.

Era inacreditável o que estava acontecendo. Não era possível que, depois de todas as suas lutas, a vida de Fernando estivesse em risco por uma trivialidade qualquer. Os médicos diagnosticaram a doença dele como um caso de leptospirose.

Passaram-se três horas desde sua partida, e o telefonema menos esperado chegou sem dar chance a mais e nem porquês. Aos 34 anos, Fernando estava morto.

Uma professora chamada vida

Nesse dia, uma página em branco se abriu no livro da vida de Clarisse. Um dia no qual ela nada pôde escrever, pois só lhe cabia sentir uma dor tão intensa quanto a alegria de ter decidido ter aquele filho, que justificou sua própria vida e que pautou a sua jornada.

Em sua sabedoria adquirida na luta, Clarisse percebeu a sua força. Notou que o abandono, o amor não correspondido e os acontecimentos que poderiam tê-la levado para rumos tão diferentes, acabaram por serem os pilares sob os quais ela construiu a sua história. Jamais se arrependeu de ter enfrentado uma cidade inteira a condená-la.

Na força recebida de Deus, Clarisse foi encontrando os caminhos para sobreviver aos desafios da vida. E a partida prematura de Fernando, apesar de ser uma dor que nunca terminou, deixou-lhe um legado que ela não tinha planejado.

É verdade que Clarisse nunca gostou muito da escola, mas percebeu que nunca se acovardou diante das lições de uma professora chamada vida. Por isso, hoje, no dia de seu aniversário, sente-se como uma aluna querida da professora. Aquela que termina todas as tarefas pedidas e as faz bem-feitas.

Sua vida foi como foi, perfeita em cada detalhe. Clarisse só consegue agradecer por ter se mantido firme diante de tantos desafios. Muito aprendeu, pouco reclamou ou pensou que a vida foi demasiadamente cruel com ela.

Qualquer pessoa que a conheça sabe que ela é uma mulher vencedora. Um exemplo de postura e de fortaleza. Ela continua sua vida, amando coisas singelas e ajudando suas noras com as crianças, o que lhe enche de prazer.

Nunca se casou, por opção, e pelo sentimento de completude que experimenta quando pensa em sua história. Uma mulher inteira para uma vida inteira.

Curiosamente, depois que Fernando se foi, uma tia americana dos meninos entrou em contato com Pedro. A partir daí, trocaram mensagens, fotos, carinho e afeição por uma história que poderia ter sido escrita de outra forma, mas não foi.

A tia americana providenciou o reconhecimento dos filhos de Fernando como cidadãos americanos. Soube que John é pastor em uma igreja na Califórnia, nos Estados Unidos. Provavelmente prega sobre a importância da família. Seria uma grande lição se contasse a história de Clarisse na sua pregação, não é mesmo?

9
___

A NATUREZA DE QUEM DÁ VIDA A SI MESMA
SENDO A ÁRVORE QUE VOCÊ FOI FEITA PARA SER

Quando os frutos da vida profissional e pessoal se entrelaçam, numa composição em que é possível compreender desde a semente dessa árvore e as origens de si mesma. Trazendo à tona todo o terreno e o território dessa história, em que se valoriza a autorresponsabilidade como escolha para o ganho de liberdade e de autonomia, e as relações saudáveis com a família, os amigos e os parceiros, a fim de ser a versão mais autêntica de quem se é.

CAROLINA SASSO RICARDO

Carolina Sasso Ricardo

Contatos
www.sercuraeconsciencia.com
Instagram:@_carol.sasso
14 99754 2697

Graduação em Psicologia pela UNESP, Bauru/SP e especializações em Arteterapia, Docência e Sexualidade pela UCAM (RJ). Consteladora familiar pelo Instituto Imensa Vida (BH) e instrutora de ThetaHealing® (ThinK/EUA). Atualmente, é psicóloga clínica, mentora, empreendedora, escritora e produtora de conteúdo digital para autodesenvolvimento. Com 16 anos de experiência profissional, chegando a mais de cinco países com atendimentos, cursos, palestras e treinamentos. Participou de seis publicações de antologias poéticas (Litteris, Casa do Novo Autor e Utopia). Filha de Marina e Luciano, 40 anos, casada com Orlando Neto, mãe de Tayná e Ayla, madrasta de Maria Luiza. Vegetariana, entusiasta das formas de ver o mundo e de experimentar a vida a partir de escolhas conscientes, saudáveis e sustentáveis. Acredita no tripé saúde, educação e arte como meios de transformação e que, por meio do autoconhecimento e das relações com qualidade, é possível comunicar a autenticidade e espalhar o amor.

Há um tempo eu percebi – e tenho dito – que minha trajetória de vida e de profissão se entrelaçam como aquelas espadas-de-são-jorge retorcidas. As duas juntas dão força uma para a outra, e parecem uma coisa só. E esse laço, entre dois aspectos distintos, mas que parecem se fundir, eu chamo de coerência. E o que é coerência?

Comecei a entender sobre coerência quando, na faculdade, falávamos sobre o oposto: dissonância.

Muitas pessoas, quando fazem algo ou tomam uma decisão, buscam justificativas para se conformarem ou se "confortarem" com aquilo que, na verdade, percebem depois não estarem totalmente alinhadas a seus valores, opiniões, conhecimentos.

Na música, tem a ver com desarmonia, discordância na reunião de sons que geram impressões desagradáveis aos ouvidos.

É como se ficasse algo sempre martelando ali no coração, na cabeça; dizendo que algo está "errado".

Para voltar ao caminho "certo", aquele lugar onde é possível sentir paz e tranquilidade, é importante começar a compreender quais são suas verdades, seus princípios, reavaliando e realinhando diversas coisas na vida.

Sentir a prevalência da coerência no dia-a-dia é algo muito valioso!

Atuar e exercer a profissão, o modo de se relacionar e de viver em compatibilidade com os próprios valores e conhecimentos é experimentar a vida de acordo com uma bússola interna que traz confiança, harmonia, aquele suspiro de satisfação e o "quentinho no coração".

Tudo parece fluir mais fácil, leve; como se tudo estivesse conectado... porque, afinal, está!

Raiz, caule, tronco, galhos, folhas, flores, frutos. Como uma árvore, sendo ela mesma, simplesmente está. Com todas as partes em sintonia, formando o seu todo. Forte, resistente e saudável.

E levo comigo algumas perguntas que me despertam de dia, à tarde, à noite e até mesmo na madrugada: como estão aí suas partes, seus valores, pensamentos, sentimentos e ações? Estão em coerência ou estão dissonantes? O que ainda está "martelando" aí dentro para que você ajuste e se sinta mais inteira, conectada e integrada? Você está escolhendo e vivendo o que realmente deseja e quer?

Coerência, então, pode ser sobre isso: inteireza e integridade. A gente poder se sentir em estado de excelência!

A vida é realizar três desejos

Eu adorava ver e ouvir histórias antes de saber ler. Eu até gostava de contos de princesas, mas, curiosamente, uma das que mais me chamou a atenção foi a história de Aladdin, especialmente a parte em que o gênio da lâmpada aparecia e dizia poder realizar três desejos. Eu, criança, me encantei, à primeira vista com a possibilidade de alguém ou algo fora de mim mesma poder magicamente me ouvir e atender às minhas necessidades. Logo eu, que, aos exatos 3 anos, havia presenciado a briga final dos meus pais que levou à separação conjugal deles. Vivendo a aridez do solo em que se estendia a minha infância – com muitos conflitos entre adultos e eu sempre no meio, literalmente, deles – fui me acostumando à solidão e à imaginação, que me afastava e reparava tudo o que eu sentia e ainda não sabia muito como explicar e expressar.

E foi um pouco mais tarde que, ainda criança, ouvi que, para a vida valer é preciso realizar três coisas: escrever um livro, plantar uma árvore e ter filhos. Pronto: os três desejos que eu poderia pedir estavam descritos ali. Isso ficou impregnado em mim. Por mais que eu não lembrasse sempre, comecei a perceber que levei a sério.

Mal sabia os caminhos que eu percorreria para que realmente conquistasse tudo isso – que desde então, considerei muito a se fazer. Começando por procurar o tal gênio da lâmpada que poderia me auxiliar nesse feito.

Terra fecunda

O solo árido que eu percebia ao meu redor e em que eu me estendia, no entanto, era tão sólido! Eu recebia muitas diretrizes e estímulos para me tornar uma pessoa boa, independente e responsável, tanto da minha família materna quanto da paterna.

Minha alegria aos sábados, na infância, era passar na banca de revistas com minha mãe e poder escolher um gibi para levar e ficar na leitura a tarde toda! Resultado: um baú cheio de gibis guardados e o amor por livrarias, curtindo muito passar um tempo nelas!

Aos 8 anos eu estava escrevendo poesias e histórias sobre o que observava do mundo, as brincadeiras com os amiguinhos, os animais, a natureza. Tudo escrito em folhas de papel almaço, blocos e cadernos de capa dura. Algumas histórias mostrei para uma querida professora de português da escola, que leu e não ousou corrigir nada: simplesmente ela me retornou com um sorriso e disse para eu continuar.

Outras histórias ficaram somente entre eu e minha avó materna. Enquanto ela cozinhava todas as manhãs, eu ficava no cômodo ao lado, inventando diálogos com alguns bonecos e potes de arroz, feijão e água; que completavam o cenário de grandes ações. Ao mesmo tempo em que gostava de brincar de boneca e narrar sobre eventos da infância, eu também adorava imaginar longas aventuras e proezas de incríveis super-heróis.

E depois, me deitava no chão cinza de cimento do quintal da casa dos meus avós e ficava olhando para o céu azul e para as nuvens branquinhas, enxergando suas formas mudando em cada movimento do vento. Em seguida, fechava os olhos e ficava vários minutos apenas respirando, sentindo a brisa baixar a temperatura do meu corpo, ouvindo os pássaros, os insetos, o ruído das panelas no fogão cozinhando, o aroma de alho e cebola fritos; concentrada em perceber e formar mentalmente a imagem do contorno do meu corpo deitado ali.

Eu não sabia, mas já incorporava várias qualidades nesse solo que poderia se tornar uma terra fecunda. Só precisaria me recordar disso no momento oportuno.

Terreno e território

Em casa havia sempre uma rotina e eu respeitava muito, até porque tudo isso fazia as coisas funcionarem – mesmo circundada por diversas instabilidades emocionais que eu presenciava ao redor. Conhecendo mais amigos e frequentando o ambiente deles, fui compreendendo como cada um e cada família era – nem boa nem ruim – mas diferente.

E com 11 anos, eu curtia mesmo era escrever sobre o amor, os relacionamentos amorosos e as situações de família. Aos 14, eu adorava ouvir música com os amigos, era a conselheira e até mesmo "cupido" de muitos deles.

Aos 16 anos, eu já sabia que faria psicologia, fui visitar o campus da universidade, frequentei uma aula, conversei com professores e comprovei que realmente queria entender mais sobre o ser humano! Não passei direto na faculdade, fiz até promessa (fiquei um ano sem comer nada de chocolate!), depois de um real empenho nos estudos, eu estava no tão sonhado lugar: a universidade pública estadual!

Então, entre os 17 e 20 anos, mergulhei profundamente nos estudos e na poesia, no auge das «paixonites», buscando definir o amor, compreendendo-o ainda com muitas contradições e, ao mesmo tempo, como algo extremamente sublime. Participei de concursos literários que renderam a impressão de seis poesias em antologias poéticas.

E aí? Será que o primeiro grande feito da vida – escrever um livro – poderia se dar por satisfeito? Aquele terreno árido que eu sentia estava agora regado o suficiente e se inundando?

Não me preocupei naquele momento em responder essas perguntas porque estava mais encantada, na verdade, com a faculdade e todo o caminho que estava percorrendo! Aquele terreno interno de fato estava bem aguado e eu estava ocupada em marcar e estender meu território dali por diante. Aproveitei cada seminário, simpósio, congresso, curso, minicurso. Entrei em projeto de extensão, depois, de pesquisa. Saindo da graduação, emendei especializações, mais cursos, formações. E tinha meus momentos com terapeutas, cuidando de mim também.

Depois, tomando mais gosto pelo ensino por meio de supervisões, treinamentos, palestras, vivências.

Raízes

E só quando considerei que meu território imaginário interno estava garantido é que parti para o mundo, para alçar voos.

Então, me casei com o namorado que me acompanhara até ali! E eu estava trabalhando com o que amava. Mas, por mais que estivesse vivendo muitos momentos bons, proporcionalmente, também havia diversos ruins. Por que umas áreas da minha vida estavam preenchidas tão bem e outras estavam vazias? Fui percebendo que eu deveria regressar a um lugar profundo, olhar para o buraco mais embaixo daquele território de mim mesma e prestar atenção às minhas raízes.

Reconectei-me com meus valores, com o que realmente me norteava e senti um forte desejo de ser mãe. Por algum tempo, entrei num conflito entre minha profissão e a maternidade. Será que eu deveria escolher um deles? Parecia ser o correto e também impossível! Compreendi que não podemos nem devemos permitir nos forçar a escolher entre coisas distintas: seria como escolher entre laranja e couve. E só podemos decidir entre coisas que apresentem aspectos semelhantes: laranja ou morango.

Assim, um mês depois de meu primeiro marido e eu conversarmos e decidirmos não nos fechar e nos abrir a um caminho novo e possível: eu estava grávida!

E aí? Será que o segundo grande feito da vida – ter um filho – poderia se dar por satisfeito?

Novamente não me preocupei naquele momento em responder essa pergunta porque estava mais ocupada, na verdade, com o caminho que estava percorrendo! Nossa filha nasceu de parto normal, forte, saudável e cheia de amor. Entretanto, o amor entre o casal não conseguiu se manter e nos separamos.

E nesse momento aconteceu um dos meus grandes temores: me sentir sozinha (mesmo, naquele momento, com minha filha). Até que percebi que o desafio era outro: me perceber cercada de pessoas e poder confiar nelas. Chegou até mim – por meio de queridos colegas de trabalho, que hoje são grandes amigos – a oportunidade de fazer a viagem dos meus sonhos: ir à Índia. Com uma filha pequena e recém-separada, pude contar com o já não mais meu marido, mas agora confiando no pai que ele era. E fui em busca do tal gênio da lâmpada, numa terra onde se perde todas as referências pregressas: de língua, de sinalizações, de educação, cultura, relacionamentos e sobretudo de fé. Aprendi muito sobre fé, o fiar e o confiar em si e nos outros. Sobre olhar, de forma mais ampliada, o fluxo da vida; e que há uma autorregulação interna e externa que, quando deixada acontecer, pode nos levar a percepções de mais sabedoria e de soluções simples para muitas das nossas indagações complexas. Aquele povo indiano exerce tudo isso com tanta certeza, veemência e leveza, que isso é sentido em toda parte por meio dos perfumes das flores usadas como veículo de devoção, dos aromas dos incensos e dos cantos melodiosos – contínuos, determinados e sublimes. E percebi que precisei percorrer milhas e milhas para encontrar o que estava bem ali, dentro de mim, todo o tempo. Afinal, tudo me levava a ressignificar o amor: por mim, pela minha filha, pelas pessoas à minha volta. O amor poderia continuar sempre existindo, porém, sendo expresso de formas diferentes. Com isso, me reconectei com poder amar mais e ser mais amada.

Tronco

Contudo, compreendi que o que antes eu chamava de "não ter dado certo" (o casamento dos meus pais, a minha infância, o meu casamento e tantos outros "azares" que eu julgava terem acontecido em minha vida), tinha dado certo por aquele tempo determinado. E que algumas coisas e pessoas simplesmente me acompanhariam por onde quer que eu fosse.

E esse é o tronco que cada vez mais vai se tornando mais espesso: o da responsabilidade! Quanto mais vamos nos expandindo, mais cargos ou cargas – não sobrecargas – virão. E quanto mais responsabilidade pelas nossas ações e suas consequências, mais liberdade sentimos!

Fui incorporando, finalmente, todas as qualidades que eu podia carregar, desde a história e atributos dos meus pais, até os aprendizados de meus erros e acertos.

Como foi importante compreender que tudo que nos vai chegando é possível, é para nós e está exatamente do tamanho da nossa capacidade e habilidade. Se já está nos pensamentos, como possibilidade; ou nas sensações, como interesse ou vontade, pode ser uma aptidão latente. É só se permitir seguir, percebendo-se apto a estar, ter ou exercer aquilo e buscar, durante o caminho, mais habilidades para continuar realizando.

E nesse tronco ficaram fixos também o vegetarianismo e o yoga. O primeiro, como escolha pessoal de alimentação - que me levou a deixar definitivamente o efeito sanfona de engorda-emagrece e o sofrimento que eram tão comuns e sazonais para mim - além de me dispor em contato mais genuíno com o amor a todos os seres; o segundo, como filosofia de vida e visão de mundo, que colabora até hoje com a prática diária da verdade e da coerência em minha vida; além do exercício da harmonia e da música, por meio da atenção aos sons, melodias, mantras e *kirtans*.

Com a ajuda de amigos e de um jardineiro que cuidava do quintal da minha avó, construí uma horta no fundo de casa e plantei um limoeiro. E aí? Será que o terceiro grande feito da vida – plantar uma árvore – poderia se dar por satisfeito?

Mais uma vez, não me preocupei naquele momento em responder essa pergunta porque estava mais empenhada, na verdade, com o caminho que estava percorrendo!

Galhos

Após todos esses feitos, pude seguir para a ramificação dos meus galhos, sob meu tronco mais cheio de seiva e vitalidade.

Depois de anos de atuação na comunidade, em clínica multiprofissional e em escolas e empresas, surgiu o Espaço Ser - Cura & Consciência, que nasceu de um espaço que se abriu no coração de algumas pessoas (em sua maioria, inicialmente, mulheres) que desejavam utilizar as diversas formas de terapias para exercer suas potências e colaborar com a promoção de qualidade, bem-estar, saúde e amorosidade para outras pessoas que buscavam esse caminho.

O espaço físico foi aumentando, a variedade de terapeutas e parceiros também.

Minha casa agora era o espaço e, minha filha e eu, nos mudamos para um apartamento. No lugar da horta, nos fundos da casa, mais uma sala de atendimento e de movimentos corporais.

Além disso, foram acontecendo, presencialmente, diversos eventos (a maior parte, gratuitamente), cursos e palestras, por meio de profissionais do próprio espaço e parceiros da cidade e da região. Ainda, o Espaço Ser patrocinou e apoiou eventos artísticos, culturais e de saúde do próprio município.

Cada atividade e cada profissional que ali ancoravam, despertavam mais sonhos, vislumbres e potencialidades em mim, sobre meu trabalho e os seres humanos. Pude viajar para perto e para bem longe a trabalho, a lazer; e ter trocas riquíssimas com pessoas valiosas que conhecia, até então, apenas pelos livros ou vídeos na internet.

Durante a pandemia, houve a transição de profissionais e a prevalência das atividades e atendimentos de forma on-line. Atualmente, o Espaço Ser conta com dois profissionais altamente qualificados, além de parcerias com profissionais que exercem destaque em suas áreas e em sua região.

As atividades e atendimentos estão ocorrendo de forma itinerante e híbrida (presencial e/ou online), alcançando hoje muito mais pessoas que se comunicam na língua portuguesa, em diversos pontos do mundo.

Flores

Foi quando me aprofundei num aspecto que há muito tempo estava adormecido: o meu feminino. Apesar de muitos me identificarem como uma pessoa delicada, por muito tempo eu exerci o meu masculino, tomando a frente de projetos e atividades. Dando vazão à minha paixão por orientar, direcionar caminhos, cumprir metas e objetivos e querer ir mais longe.

Quando percebi meu lado masculino realizado, mas exausto, olhei para meu feminino e o encontrei como um galho seco e franzino; exatamente como o limoeiro que eu havia plantado. Depois de transplantado para um vaso, para ganhar mais espaço para a clínica, o limoeiro estava sem vida, servindo apenas para pendurar luzes e bolas coloridas de natal.

Mergulhei em imersões do sagrado feminino, em contato com a aromaterapia, florais, estudos sobre sexualidade e, sobretudo, com outras mulheres que conduziam tudo isso. E fui aplicando no meu dia-a-dia, fazendo as pazes com o feminino e com todas as faces de quem eu era e podia ser.

Conheci meu atual marido e o amor pôde também retomar para esse lugar que parecia vazio. E floresci um pouco mais, podendo ir na contramão daqueles ditos de que "não se pode ter tudo". Afinal, muitas flores apresentam o masculino e o feminino em si e são completas. Por que não podemos ter nossa árvore florida e vistosa? Aliás, eu gosto muito de perguntar não só os "porquês", mas para além disso, o "por que não?" para as coisas. Cessar os impedimentos e avançar nas possibilidades.

Frutos

E, avançando o resultado das flores, vieram os frutos da maturidade. Mais do que entender, senti profundamente que "crescer é se despedir".

Quando eu era adolescente, chorava muito em despedidas. Ficava com o coração apertado e o que me surgia era um "grande adeus" em forma de vazio dentro do peito. Era como se algo ou alguém fosse embora e tudo ficasse sem chão por alguns momentos. E aí aquela vontade de voltar atrás, de se enroscar naquilo ou naquele alguém de novo.

Depois fui entendendo a despedida como um ciclo. Como momentos que têm de ser respeitados, reverenciados e até chorados, sim, mas não com aquela carga toda. Ninguém está, de fato, abandonando nada nem ninguém. A gente pode levar do outro ou daquela experiência todo aprendizado que se fez possível. Perceber tudo o que alguém ou algo já nos deu, mesmo não sendo aquele nosso ideal. Sempre aquilo ou aquele, alguém, estará no nosso coração. E exatamente por podermos dar lugar a cada pessoa e cada acontecimento é que percebemos o quanto ainda temos de espaço para abrigar mais. E a gente pode se perceber maior assim, crescendo, evoluindo, amadurecendo.

Assim como uma semente que precisa se despedir do solo para poder brotar, mas que leva consigo toda a nutrição que precisou daquele mesmo solo para poder se desenvolver. E para ser árvore, a semente precisa se despedir também da própria ideia de ser semente.

O pôr do sol pode ser uma outra boa forma de conectar a gente com essa qualidade, de reverenciar e levar um aprendizado antes de se despedir. E tudo vai ficando mais suave, sereno. Sabendo que mais uma noite e mais um dia, por meio de um novo ciclo, estão por vir.

Precisei, pois, me despedir de minha cidade natal, da casa e do Espaço para acompanhar meu marido em outra cidade. Escolhi e escolhemos nos despedir de várias coisas materiais e sentimentais para podermos crescer e sermos mais um tanto de nós mesmos e de nós dois juntos.

Em um ano juntos passamos por 23 cidades fora do país, 24 dentro do nosso Brasil. E quanto conhecemos e ampliamos do nosso próprio território nesses tempos e espaços! Expandindo, assim, nossa família, amigos e pessoas que testemunham nosso crescimento e se desenvolvem junto conosco também. Quantos inícios, meios e conclusões! E recomeços, resoluções, escolhas. Elegendo, sobretudo, o amor como resposta às nossas perguntas e indagações.

E em dois anos, passamos por quatro mudanças de casa, acrescidas de tantas idas e vindas em *hostels*, hotéis, pousadas. Cada cantinho pelo qual fomos passando foi sendo nosso lar e, ao mesmo tempo, refletimos sobre a busca pelo nosso ninho. Esse lugar que represente nosso conforto e para onde poderemos sempre voltar. Um lugar onde possa acolher, sobretudo, nosso crescimento.

E é isso: crescer envolve se despedir e também mudar. Estar aberto a mudanças, a expandir os horizontes, as ideias na mente e o amor encaixando mais no coração. Tem a ver com encaixotar coisas, guardar devidamente o que é do passado, limpar o que é preciso, esvaziar prateleiras e reorganizar com o que e da forma que agora faz mais sentido. Crescer e mudar se associam a reconhecer as oportunidades e, a partir daí, olhar todas as possibilidades que surgem à frente. Como um rio que se multiplica em seus afluentes. Crescer e mudar é se multiplicar e poder se reconhecer como múltiplo, várias camadas de si mesmo, em suas diversas possibilidades e com todas as limitações e cada uma das suas potencialidades.

Enfim, a laranja

Desde 1982, eu queria entender o mundo e, desde muito cedo, convivi com muitas pessoas, situações e lugares que me faziam me adaptar às mudanças que inevitavelmente aconteciam ao meu redor.

Confesso que ainda sou daquelas que preferem sentir o cheiro do livro, apreciar a arte da capa, virar as páginas uma a uma e salientar as ideias principais com marca-texto!

E lendo e relendo, comecei a notar e validar o poder das palavras e como tudo, bem colocado, pode fazer muita diferença na compreensão das pessoas, da preciosidade de suas falas, dos seus sonhos, anseios e necessidades. Comunicar e usar as palavras, então, pode ser como organizar os livros na estante: tudo ali tem sua importância. E havendo consciência dos critérios de escolha, da ordem e da sequência de cada livro na prateleira ou de cada palavra na frase, pode também diminuir os ruídos de mal-entendidos, aumentar a facilidade de conexão e dar mais clareza ao sentido das ações ou resoluções que chegarem.

Sentir que não está sendo "interpretada", e sim "compreendida" é uma sensação bem interessante! Sentir-se vista como inteira, não apenas uma parte ou a partir de um rótulo ou estereótipo.

E se dar conta de que a semente da laranja dará inevitavelmente laranja, podendo confiar em si e no seu fruto único e autêntico.

O sumo da laranja

Percebi, então, que estava, sim, o tempo todo em busca de meus desejos e sonhos e que não dependi daquele gênio da lâmpada! Aliás, poder ter apenas três pedidos agora ficaria tão pouco para mim.

Sabe aquilo de "correr atrás da felicidade"? Há um tempo, eu olhava para a felicidade e falava sobre o que eu gostaria de ser ou ter para ser feliz, achando que, assim, estava ficando perto dela. Eu tinha um ideal de lugar onde eu queria morar, o relacionamento que eu esperava ter, os locais que eu ansiava em conhecer, as formações teóricas que eu queria obter, o corpo que eu desejava ter, as qualidades que eu gostaria de expressar, a vida que eu queria tanto alcançar.

Mas quanto mais eu falava da felicidade, mais eu me distanciava dela: ela não estava onde eu estava, porque eu não estava lá também.

A felicidade pode estar onde a gente está, porque a gente pode colocá-la bem perto de onde estamos.

Depois de realizar diversas especializações, formações e capacitações, escolhi ser Instrutora de uma maravilhosa técnica! Por meio de toda essa trajetória, ficou mais fácil perceber e expressar às pessoas a minha volta, clientes e alunos que tudo que queremos já pode estar exatamente onde estamos! Só é preciso olhar mais precisamente para o que está nos impedindo de fazer algumas escolhas. E depois sustentá-las. O grande ganho é também poder perceber aqueles momentos em que a felicidade acena e a gente pode acenar de volta e convidá-la para ficar. Olhar por mais perspectivas e compreender qual pode ser a mais ampliada.

Então, talvez não seja mais preciso ficar correndo atrás da felicidade como uma criança correndo atrás dos balões. E se possa correr e saltitar junto com os balões e, com isso, sentir até a leveza que eles tem!

Além dos frutos, gerar sombra, estender sua copa

Assim tenho continuado curiosa, filtrando e refinando cada vez mais o que busco entender, experimentar, aprender e ensinar. E tudo isso sempre veio pela troca, das partilhas, das relações!

E quanto melhores elas forem, melhores também serão as experiências, os aprendizados e as evoluções. Mútuas!

E quem é que cuida de quem cuida? Depois de tanto crescer, evoluir e frutificar resultados, quando você estende sua copa e se senta à sua sombra?

Você pode ser mãe, pai, líder de uma equipe ou de sua própria empresa, educador, pesquisador, profissional da saúde, da comunicação, das finanças, da justiça... o fato é que você está cuidando de algo ou de alguém!

E quem é que está cuidando de você? Com quem você pode contar para descansar, se reenergizar, se sentir incentivado e mais bem orientado?

É imprescindível cuidar de você, se sentir cuidado, se permitir ser cuidado!

Eu, que vivo e reitero a cada dia a missão de cuidar de tanta gente, posso contar que tenho me conectado a cada uma dessas pessoas que citei aí em cima, conhecendo e recebendo carinho, atenção e competências para me ajudar a me sentir cuidada e cuidar melhor de vários aspectos da minha vida.

E, com isso, você pode ser um grande agente cuidador também de si mesmo! Como você pode exercer o cuidado com você mesmo?

- Estando próximo e contando com a colaboração de pessoas excelentes no que são e fazem.
- Tratando-se bem, com pensamentos e palavras carinhosas.
- Dando-se um tempo para ler, escrever, desenhar, pintar, cantar, dançar.
- Tomando aquele chá, café, suco ou vitamina deliciosa.
- Relaxando numa rede, na grama, numa massagem terapêutica, num escalda-pés ou num banho reconfortante.
- Se permitindo receber mimos, elogios e afagos de pessoas ou animaizinhos queridos.

De tudo isso, mais uma coisa é certa: olhe à sua volta, você não está e não precisa ficar nem se sentir sozinho!

Então, que tal cuidar da pessoa mais importante no mundo: você mesmo?

Assim você pode continuar cuidando de tudo e de todos que tanto quer e ama! Do que você está precisando agora?

E recomeçar, derramando sementes

Quando percebi que depois de descansar, se reenergizar, era começar tudo novamente, também entendi que eu tinha o poder da escolha. E tudo mudou na minha vida. Certo, efetivamente, ainda não havia mudado nada, mas eu agora sabia – e não temos como "des-ver" nem "des-saber" do que se vê e se sabe, quando isso realmente acontece – que eu poderia mudar muito ou tudo o que, de verdade, ainda me incomodava.

O incômodo, portanto, poder ser bom, quando é passageiro, quando funciona para mexer, para tirar da zona de comodismo. Sim, porque conforto é bem diferente do que é cômodo, é o estágio final depois de se passar pelo incômodo e pelas alterações que se deve fazer, para chegar no gostosinho, no que aquece e tranquiliza o coração. Descobri também que o conforto dura o tempo exato para trazer esse aquecimento e essa energia necessários para um novo período de mudanças. O conforto pode se manter até o momento em que gera uma linha tênue entre o comodismo e o incômodo. E lá vamos nós novamente nos colocarmos em movimento para uma próxima, nova, boa sensação de conforto. Que não está mais ali, no mesmo lugar, está um pouquinho ao lado ou na frente. E isso gera a expansão: do nosso próprio lugar, da nossa consciência, das nossas qualidades e do nosso próprio ser.

Aceitar-me como múltipla, querendo e precisando estar em várias atividades, envolvida com diversas pessoas e criando e incentivando a inovação de novos projetos. Não sentindo a sobrecarga, mas a leveza que é transbordar tudo o que vem genuinamente de si mesma. Respeitar que essa é uma maneira empreendedora, que não exatamente fórmulas, mas orientações e lógicas de condução de sonhos para que haja êxito nas realizações. Perceber a vida florescendo em vários galhos, e em alguns, colhendo frutos suculentos e saborosos.

Frutos esses gerados invariavelmente por essa força feminina, associada à energia masculina, tão presente dentro de mim e de diversas mulheres com quem encontrei no caminho. E todas elas, inclusive eu, nessa majestosa potência do amor, da irmandade, do acolhimento e da criatividade.

E aí? Será que os três grandes feitos da vida – escrever um livro, ter um filho, plantar uma árvore – poderiam se dar por satisfeitos?

Dessa vez, quis responder essa pergunta porque estou dando a devida atenção ao momento presente – e que já é um precioso presente – ao caminho que estou percorrendo!

Hoje, enquanto redijo as linhas deste novo livro em que estou incluída, estou também gestando a segunda filha, desse segundo casamento.

"Não é fácil publicar um livro, pois é preciso transpiração", já diria Maurício Sita, presidente desta editora. Porém, é possível, assim como ele também ressalta, bem como tudo que ousamos fazer, que nos faz sentido e nos liga a um propósito.

Todos podemos ter uma segunda chance, uma nova escolha, inclusive você!

O Espaço Ser caminha comigo e com meu marido, juntos, mas cada um na sua linha, com seu tempo. E seguimos nossa parceria com missões, valores e visões semelhantes e tangentes de vida.

Sobre a nova árvore, quem sabe eu plante uma? Quem sabe? As pessoas vivem perguntando "quem sabe?", já reparou? Ora, quem sabe sou eu, eu sei, porque somente eu, no final das contas, é que posso saber, não é mesmo? E essa – por que não? – é a próxima escolha que posso fazer. Enquanto isso, sigo vivendo como se fosse uma – a tal árvore que eu fui feita para ser – e isso já me aquece.

Referências

BROWN, B. *A coragem de ser imperfeito*. Rio de Janeiro: Sextante, 2012.

CRAVO, A. *Somos mais interessantes do que imaginamos: melhore suas relações*. vol. 2. Santa Catarina: Clube dos Autores, 2014.

DETHLEFSEN, T.; DAHLKE, R. *A doença como caminho*. 14. ed. São Paulo: Cultrix, 2007.

DOLTO, F. *Tudo é linguagem*. São Paulo: Martins Fontes, 2002.

FRAWLEY, D. *Uma visão ayurvédica da mente: a cura da consciência*. São Paulo: Pensamento, 2002.

GAIARSA, J. A. *Sexo; Reich e eu*. São Paulo: Ágora, 2005.

GIKOVATE, F. *O mal, o bem e mais além*. São Paulo: MG Editores Associados, 2005.

GIKOVATE, F. *Ser livre*. 2. ed. São Paulo: MG Editores Associados, 1983.

GRAY, J. *Homens são de Marte, mulheres são de Vênus*. 12. ed. Rio de Janeiro: Rocco, 1997.

HELLINGER, B. *A fonte não precisa perguntar o caminho*. Belo Horizonte: Atman, 2018.

JUNG, C. G. *O homem e seus símbolos*. 2. ed. Rio de Janeiro: HarperCollins, 2016.

JUNG, C. G. *Os arquétipos e o inconsciente coletivo*. 7. ed. Rio de Janeiro: Vozes, 2011.

LALOUX, F. *Reinventando as organizações*. Osasco: Voo, 2019.

OSHO. *Amor, liberdade e solitude*. 8. ed. São Paulo: Cultrix, 2016.

REICH, W. *A função do orgasmo*. São Paulo: Círculo do Livro, 1990.

RIBEIRO, P; PERES, C.; BIASSETTI, T. Guia do autoconhecimento com yoga, filosofia e psicologia. *Prana Yoga Journal*. São Paulo, nº 42, jul. 2010.

SHELDON, K. M.; KING, L. Why Positive Psychology Is Necessary. In: *American Psychologist*, 56(3), p. 216-217, 2001.

STIBAL, V. *ThetaHealing: introdução a uma extraordinária técnica de transformação energética*. São Paulo: Madras, 2020.

VON KUSS, M. *Feminino + masculino: uma nova coreografia para a eterna dança das polaridades*. São Paulo: Escrituras, 2000.

10

NEGOCIANDO COM A VIDA

Vestida com meu melhor sorriso, quero convidar você para uma experiência de troca: você me concede sua atenção nesta leitura, e eu lhe conto minha jornada de aprendizados pela vida e como criei estratégias para chegar até o presente momento negociando com a vida. Você aceita?

CASSIANA MARTINS

Cassiana Martins

Contatos
www.cassianamartins.com
cassiana@cassianamartins.com
Instagram: @cassianamartins
Youtube: Cassiana Martins
Facebook: Cassiana Martins
LinkedIn: Cassiana Martins
54 99912 7999

Psicóloga corporativa, especialista em psicoterapia cognitivo comportamental, hipnoterapeuta cognitivo, *behavioral analyst*, com formação em Aconselhamento Psicológico Para o Luto. Estrategista na vida e nos negócios, atualmente, é diretora da Pono Treinamentos e Desenvolvimento Humano, atuando também como mentora de empresários e gestores, membros integrantes de conselhos administrativos e familiares de diversas empresas. Escritora de duas obras, em coautoria, com os temas liderança e sucessão familiar, membro da Academia Hispano-Brasileña de Ciencias, Letras y Artes e Academia de Letras de São Pedro da Aldeia. Palestrante internacional, certificada com o selo ODS ILN, desenvolvendo lideranças no Brasil e no mundo.

Quando nasci... (sim, vou lhe contar desde o início, pois minha mensagem está nos bastidores do palco da vida). Confesso que este foi o texto mais difícil que já escrevi, pois é mais fácil falar das conquistas! Expor essa jornada de aprendizados é me desnudar e reviver, mas também ressignificar: um processo doloroso e libertador.

Busquei me colocar no seu lugar, querido leitor, espero que minha mensagem se torne uma contribuição para sua formação pessoal. Você poderá me contatar e contar se chegarmos juntos neste objetivo.

Voltando a minha história. Nasci prematura, em Nova Prata, interior do Rio Grande do Sul, cabia na palma da mão do meu pai: "era franzina, careca e mirradinha", assim me relataram mais tarde.

Minha mãe engravidou adoecida, por isso havia riscos. Já em seus braços, ela contou os dedos dos meus pés e das minhas mãos e concluiu: "ela é perfeita"; mas a má-formação era interna e ainda imperceptível, o que se constatou anos depois.

Ano após ano havia muitos exames a fazer; quedas, tratamentos. Lembro-me dos comentários dos médicos: "a fraquinha". Meus pais buscavam me proteger e inibir brincadeiras mais agitadas, enfim, eu era como uma bonequinha na estante. Sabia que havia algo errado comigo, pois meus amiguinhos não iam a tantas consultas.

Torne sua fraqueza sua maior força

Ouvia, mas não escutava. Para cada "não pode" descobri um "pode" e foquei nisso. Houve situações e pessoas complicadas, não gastei com elas minha energia. Percebi que falavam mais delas do que de mim – usei o discernimento como um farol direcionador.

Aprendi a ler com meu irmão e, desde então, vivenciava um mundo de possibilidades. Os livros me deram asas enquanto rolava a educação física, proibida para mim. Ia à cozinha da escola tomar chá e assim aprendi a cozinhar.

Minha casa de bonecas era o canil das ninhadas de perdigueiros que eu ajudava meu pai a cuidar. Buscar leite com um tarrinho, na estrada de chão batido, era pura aventura. Passeava pela vizinhança como se pertencesse a todas as casas. Minha frequente convivência com adultos me rendia muito carinho e atenção.

Sentia-me forte, validada e incentivada. Cheguei algumas vezes a entrar nas brigas dos grandes para defender os meninos menores, eles riam e eu entendia que me respeitavam: a aparente fragilidade me protegia. Acreditava, porém, que era forte o bastante para enfrentar qualquer desafio.

Ainda pequena comecei a tocar piano e, anos depois, passei a me apresentar em escolas no interior e em casamentos, com um pequeno grupo de colegas. Aos 8 anos ganhei meu primeiro prêmio: 2º lugar no Concurso Estadual de Poesias. Apresentei-me com muita febre, estar lá já era uma vitória.

Aos 9 anos, produzi minha primeira obra literária: um gibi, que minha tia ilustrou com desenhos dos meus bichinhos e primos. Meus tios providenciaram a impressão de 15 unidades: vendi todos na livraria da cidade!

Realizava recitais de canto e poesia, obrigatórios para os meus tios quando vinham em casa. Hoje entendo que ser amado, ouvido e validado durante o desenvolvimento infantil deixam marcas importantes na formação de uma personalidade saudável e segura. A criança validada tende a se aprimorar e desenvolver suas aptidões, habilidades e talentos. Como resultado desse apoio, hoje, sinto-me à vontade em qualquer palco.

Meu cabelo sempre foi crespo, "pixaim" diziam, e loiro nas pontas, uma mistura de castanho e loiro. Na adolescência, eu era a "bombril", Mônica, vassoura de vime; e ainda usei aparelho por cinco longos anos. E o *bullying*? Levava tudo na brincadeira, não via como hostilidade.

Não é o que as pessoas falam ou suas intenções que importam, mas como você escuta e interpreta. Só lhe atinge, se você vê pelo mesmo ângulo: nunca foi o caso.

Sempre achei meu cabelo lindo! Aprendi a cuidar dele na infância com uma babá que fazia trancinhas. Hoje, eu mesma cuido dele, criando formas e aceitando as madeixas, não uso *mega hair* ou aplique.

Nessa época, fui à terapia com meu irmão e vi a psicóloga: chique, de salto alto, educada, sorridente, crespa e com uma sala linda, cheia de brinquedos. Meu irmão me contou que conversava e brincava lá, pensei: isso eu posso fazer! Sabia que nem tudo seria adequado para mim, mas aquilo seria fácil. Daquele dia em diante treinava com as bonecas. Hoje penso que este sonho me salvou, pois me deu um propósito.

Conhecimento é moeda de troca

A vida mudou aos 10 anos. Quando meu irmão foi para a faculdade e o dinheiro encurtou; o corte veio nas aulas de piano. Precisava dar um jeito: negociei meu conhecimento em troca das aulas com a irmã: eu dava aulas para as crianças iniciantes e tocava nos intervalos.

Quando entendi que havia outra moeda de troca além do dinheiro, a vida melhorou, havia mais perspectivas. Tudo é negociável, alguém sempre precisa do que você tem. Seja humilde e esteja disposto a negociar.

Eu acreditava que era só conversar para resolver, não havia nada que eu não pudesse tentar. As pessoas mais importantes do mundo – meus pais – me ouviam; como alguém poderia não me ouvir? Com a minha cara de pau, entrei no Leo Clube e logo estava participando de reuniões com o prefeito. Ele havia dito na campanha para procurá-lo se precisasse: acreditei e ele honrou sua palavra. Assim, nosso grupo construiu casas e campanhas lindas. Aprendi que um pequeno grupo de jovens pode realmente fazer a diferença. Cheguei a ser presidente do Leo Club.

Crie estratégias também para suas escolhas

Decidi cedo que seria psicóloga, aos 14 anos precisava criar as condições adequadas para me tornar uma. Precisava estudar algo que também me permitisse trabalhar. Escolhi o curso, fui negociar, e passei a ser a monitora nas noites em que não havia aulas complementares.

De manhã, continuava estudando no Colégio Estadual, na preparação para o vestibular; à tarde, trabalhava como secretária. No final da tarde, dava aulas de piano e, no período da noite, cursava o Técnico em Contabilidade. Aprendi cedo a me aliar às pessoas ao invés de ficar reclamando e brigando com a vida.

Minha vida estava toda alinhada e cronometrada! O estágio me ensinou como funcionava uma empresa por dentro; e logo esse conhecimento seria de grande valia.

Fui a oradora das quatro turmas do Técnico Contábil, uma honra! Era hora de dar novos passos, mas havia alguns impasses: meu pai dizia que psicologia não era profissão. A mãe ora apoiava ora não, estávamos em outra época. Os pais fazem o que podem, como podem e com certeza não devemos julgar. Talvez discordem dos seus planos, mas construir suas possibilidades e o que faz sentido para você é sua tarefa.

Novamente, precisava de outra estratégia: decidi sair da empresa, antecipei o fim do ano letivo. Contra tudo e contra todos, saí de casa para morar em

Caxias do Sul. Imagine: a fraquinha, que não chegaria à vida adulta, estava deixando o interior e indo viver na cidade grande! Estava radiante!

Vista-se com seu melhor sorriso

Meu melhor sorriso era tudo que tinha a oferecer. Seguindo o plano de trabalhar para estudar, bati em todas as portas até uma se abrir. Ele disse: "lembro de você na apresentação do Leo (única vez que estive em Caxias), se você fez o que fez sem ganhar nada, quero ver, ganhando, aonde você pode chegar". No Leo Club aprendi a organizar, liderar e conduzir pessoas e projetos. Demorou um pouco, mas consegui financiamento estudantil e pude entrar em psicologia!

Rolei para cá e para lá por um tempo. Com minhas poucas economias, fiquei entre um hotel de banheiro coletivo (com medo) e sofás de conhecidas. Por fim, meus pais perceberem que eu não iria desistir e me ajudaram a alugar um apartamento de 36m². Fiquei lá por 12 anos.

O prédio parecia uma República: vários estudantes sem dinheiro. Fazíamos comida unindo o arroz de um e o feijão do outro, tudo era divertido e virava festa. Amigos são a família que escolhemos, até hoje cultivamos a amizade, mesmo de longe.

Ingressei rapidamente nos grupos de meus vizinhos, por quatro anos fui *People & Learning Coordinator da AIESESC*, o que me proporcionou acesso a cursos, leituras diferenciadas e mentores de vários países. Fui treinada e mentorada por *players* renomados e tive acesso a diretores de grandes empresas. Também fui Coordenadora dos Projetos Sociais do Diretório Acadêmico, com 34 mil estudantes, e todo meu conhecimento anterior foi útil.

Participava de todos os cursos, pré-estágios e matérias complementares disponíveis, aproveitando todo o tempo livre para aprender.

Promovia eventos até de carros antigos para complementar a renda. Por vezes ficava doente depois, porém, enfrentava as consequências do esforço em demasia e seguia.

Meus vizinhos constituíam uma rede de apoio importante, me auxiliaram em tudo que eu precisava, até na faxina. Assim é na minha vida: sempre surgiram anjos no caminho e depois desses, vieram outros. Muitas pessoas me estenderam as mãos, inclusive na pandemia. Talvez por isso não me preocupo tanto, confio na abundância da vida: ela sempre coloca a pessoa certa no momento certo.

Negocie com as limitações

Limites são colocados por nós, aprendi cedo: entendi que são elásticos, flexíveis, podemos aprender a lidar com eles. Seus limites podem aumentar ou diminuir, depende de como você os vê e onde coloca sua energia para potencializar seus recursos internos.

Nos estágios do curso, já era tida como profissional, pois fazia trabalhos completos e negociava receber por eles, mostrando o valor de contratar alguém que sabia o que estava fazendo: o mercado vê o valor que você enxerga.

Os professores me deram a oportunidade de ser professora-substituta, meu trabalho voluntário permitia-me dar cursos e treinamentos. Palestrava em aulas inaugurais enquanto ainda estudava, pois fui preparada muito cedo para tudo isso. Somos lapidados como diamantes com as experiências, e todas são degraus de crescimento.

Diagnóstico não é sentença!

Ter uma doença, fazer tratamentos, ir e voltar do hospital diversas vezes, trabalhar, fazer faculdade; tudo ao mesmo tempo é possível, mas não posso dizer que é fácil.

Nunca falava sobre o que tinha, até ouvir um médico dizer para minha mãe: "leva ela para casa, deixe-a confortável, ela não vai acabar a faculdade, a medicina não pode mais ajudar". Claro que essa pessoa não me conhecia, falava de um paciente x, um prontuário numerado. Mas, eu nunca fui a doença, sempre fui mais do que isso.

Diagnósticos não são sentenças e ninguém pode definir quem vive e quem morre. Estava ali, cheia de sonhos e planos. Naquele dia tomei a decisão: nunca trataria outro ser humano como um número ou com aquela falta de cuidado. Eu venceria a doença ou morreria tentando.

Foi muito difícil, chamo esses momentos de adoecimento de "pausas de vida"; lembro-me, porém, mas apenas de *flashes* doloridos. Resumindo: havia medicina fora daquele consultório que poderia me ajudar; novos tratamentos e cuidados.

Continuei o curso aos trancos e barrancos, mas não parei, nunca parei. Retornei a esse médico 20 anos depois: "Olá, lembra-se de mim? Estou viva!". Choramos, recebi um pedido de desculpas, mas nunca esqueci a lição: jamais fazer o mesmo.

Preciso dizer que quando percebi que todos haviam desistido de mim, me vi totalmente sozinha: eu não poderia desistir, era a única que não poderia desistir!

Hackeando a doença

É diferente escrever sobre uma doença no passado versus sua luta atual. Minha virada de chave foi deixar de negar e ser negligente, tendo consciência do todo. A estratégia se resumiu a alguns tópicos:

1. Anote sempre os sintomas e monitore suas ocorrências: erros, acertos, indicações, medicamentos e seus efeitos.
2. Organize os exames por ordem cronológica e por órgãos em pastas.
3. Estude, conheça os sintomas, entenda prognósticos e diagnósticos.
4. Saiba como agir, a quem procurar e não se assuste com os sintomas.
5. Busque recursos para o que você sente, vendo-os como etapas – "só por hoje" e "sempre passa".
6. Tenha consciência e se aproprie de si mesmo: não deixe atingir a piora debilitante, aja rapidamente.
7. Cuide com as sobrecargas de estresse físico ou mental.
8. Entenda a progressão e se prepare: como é no trabalho e em qualquer outra atividade, busque atividades de prevenção.
9. Lembre-se: se forem os mesmos sintomas, você saberá como lidar. se forem novos sintomas, irá aprender como superar.
10. Tudo tem um preço, calcule quanto vale a pena e quanto irá lhe custar realizar, versus se arrepender por não ter feito.
11. Faça terapia: não deixe nunca sua mente a deriva, cuide de seu mundo interno.
12. Não se omita, não tenha vergonha, não se preocupe: todos enfrentam algum desafio, o choque passa, a aceitação vem e você ainda poderá contar com o apoio – aceite-o.
13. Tenha uma reserva financeira e se permita organizar a agenda com pausas, para ter mini férias de descanso além das férias de diversão.
14. Nunca aceite o primeiro e nem o segundo diagnóstico: investigue.
15. Saiba a hora de dizer NÃO.
16. Alimentos são remédio ou veneno, dependendo da porção e sua necessidade, use-os com disciplina.
17. Atualize-se constantemente, faça como os aplicativos.
18. A morte é a única certeza na vida: não tenha medo, viva o máximo antes dessa etapa chegar.

Escolhas geram consequências, foque no que você controla: as causas. Encontre a sua régua reguladora, sem se medir pela do outro. A vida é um *continuum* de perdas e ganhos: perdemos um pouco de visão, mobilidade etc. com o envelhecimento e ganhamos rugas, marcas e cicatrizes. Faz parte de quem somos: humanos.

A vida não se resume a ganhos ou perdas, mas se estende àquilo que fazemos com nossos limites. As estratégias fazem a diferença e ajudam a minimizar perdas.

Mesmo com limitações, você pode flexibilizar e se adaptar a novas realidades. Já dei a volta ao mundo duas vezes, diz o meu Google. Fiz isso viajando sozinha, com amigas, com a família e utilizando minha lista de *hacker*. Levo tudo que preciso, peço ajuda sempre que necessário, faço valer o direito da ajuda não espontânea e sempre sorrio, pois sei que a vida sorri de volta.

Estrategista de negócios

Contra todos os diagnósticos e prognósticos: me formei! Fiz parte da comissão de formatura e me esforcei para ter tudo que mereci, criando as possibilidades. Foi um misto de vitória e *bah!* (como dizemos no Sul), e agora?

E lá vem a vida: assinei três contratos um mês antes de me formar. Passei de estudante a dona de empresa! Bora trabalhar!

Um ano depois, eu já tinha uma paciente e precisava de um lugar para atender. Vale lembrar que, normalmente, é o contrário, fui buscar! Passeando perto de casa, vi uma placa: "Psicologia e desenvolvimento humano", tinha que ser ali!

Fiz uma proposta e foi aceita: alugaria apenas por uma hora por semana para atender essa paciente. Pagaria uma sessão como aluguel e as outras três ficariam para mim. Elas aceitaram: virei sócia em menos de um ano, todos os meus horários disponíveis foram ocupados e lá permaneci por cinco anos.

Minha empresa ia muito bem! Fiz especializações, cursos, nunca parei de estudar e o empreendimento só crescia. A EUpresa precisava de mais pessoas; assim, busquei parcerias, algumas temporárias, outras duram até hoje.

Meu TCC foi sobre sucessão familiar. Os participantes da pesquisa na ocasião, hoje são empresários e se tornaram clientes em algum momento. Assim, o interesse em estudar e trabalhar com as famílias empresárias cresceu, e eu escrevi dois livros em coautoria sobre o tema.

As mentorias foram iniciadas com a avaliação e preparação de gestores de multinacionais, aproveitando a experiência obtida no intercâmbio internacional. Acompanhei os clientes – já em suas novas funções em outros países de forma remota – primeiro por telefone e depois pela internet, que facilitou muito. Ainda hoje sou mentora mundo afora.

Meus clientes sempre foram a melhor propaganda. Acabei sendo percebida por multinacionais, assim, novas e importantes parcerias surgiram. Muitos clientes viraram amigos e você não imagina quantos anjos a vida colocou em meu caminho, que generosamente me ensinaram sobre o trabalho e a própria vida.

Adentrar em conselhos administrativos e familiares, participar de forma ativa de reuniões corporativas e ter mais clientes que horários ainda é meu dia a dia. Todo conhecimento que adquiri no técnico, nas ONGs e estágios foram trampolins para chegar aonde estou hoje.

Você deve estar se perguntando sobre a doença: ela vai junto, faz parte, as pausas de vida e os tratamentos continuam. O diagnóstico preciso só veio mais tarde, eu acredito que sempre tive a mesma doença. Mas, quando iniciei o tratamento para o Lúpus, tudo ficou mais claro e melhor.

Os clientes sabem que há momentos de ausência: para viajar a trabalho, férias ou tratamentos de saúde e está tudo bem. Sempre foi muito tranquilo negociar com eles, poucos viram nisso um problema. Pelo contrário, encontro um grande apoio nas empresas e clientes.

Estrategista de vida

Tudo que fiz e faço tem um propósito, necessita negociação e estratégia.

Aprendi a criar as oportunidades e fazer escolhas que me possibilitassem continuar, independentemente das limitações. Por isso, decidi continuar on-line para me desgastar menos fisicamente e fiz um lindo escritório em casa.

Soube bem nova que não poderia ter filhos, aprendi que há uma diferença entre a condição física e as escolhas que fazemos diante delas, optei por não adotar. Tenho quatro sobrinhos lindos e já sou tia-avó, veja só!

Parte do meu legado está aqui e no meu curso on-line: *Feedback-se*. Primeiro você deve aprender a autoliderança: se ouvir, autoconhecer, parar de se sabotar, para depois aprender a liderar, se comunicar e ser gestor de outras pessoas. Nele, ensino meu jeitinho de liderar, comunicar e servir: com gentileza, humanidade e firmeza.

Aos 44 anos, estou dando voz a carreira de palestrante internacional, animada para ver como será! A cada novo desafio reaprendo a viver. Todos nós temos essa capacidade, você só precisa se permitir acessar, há caminhos que talvez nunca tenha visitado dentro de você. Eles estão esperando você, com a sua melhor versão!

A vida é movimento, aprenda a mudar, ressignificar o passado e se reconstruir, conectado consigo mesmo. Há um mundo amplo e feliz a sua espera: O SEU!

Não sei onde estaria hoje ou como seria minha vida se não tivesse a doença, mas sei quem sou e onde cheguei com ela. Eu me orgulho da menina que fui, da profissional que me tornei e da mulher que sou, em constante evolução.

11

A LIBERDADE DE SER VOCÊ

Neste capítulo, Cecília Picoloto, uma jovem estudante universitária, nascida no interior do Rio Grande do Sul, narra a jornada que percorreu até se tornar uma mulher que pensa por si própria e não segue os padrões da sociedade atual. De maneira leve, a autora revela os percalços que enfrentou para se posicionar e conquistar a liberdade de seguir seus sonhos.

CECÍLIA PICOLOTO

Cecília Picoloto

Contato
ceciliapicoloto@hotmail.com

Cecília Picoloto é uma mulher jovem, fora dos padrões da sociedade atual, que sonha em se realizar profissionalmente, mas sem abrir mão de ter uma família. Atualmente, é estudante universitária e cursa, simultaneamente, as faculdades de Direito e Psicologia. Ocupou cargo na empresa da família, atua em trabalhos voluntários e sonha em impactar o mundo ajudando pessoas a se reencontrarem e voltarem a sorrir para a vida, que é o maior presente de Deus.

A vida é mesmo um grande mistério e tem lá os seus caprichos. Acreditamos que podemos trilhar o nosso próprio caminho, construir a nossa própria jornada a partir da nossa força de vontade apenas, mas o fato é que coisas importantes, que são determinantes para a nossa identidade, não estão em nossas mãos.

Se você acha que estão, lamento destruir seus sonhos, mas, pela vivência, aprendi que não somos folhas soltas neste mundo. Temos uma raiz que é a nossa base e que sempre irá nos trazer de volta para o nosso centro. Quanto antes entendermos isso, e aceitarmos o nosso papel neste mundo, mais a vida fluirá com leveza.

Mas não me interprete mal! Definitivamente, não sou o tipo de pessoa acomodada, do tipo "deixa a vida me levar". Muito pelo contrário: sou prova viva de que é preciso fazer escolhas e lutar por tudo aquilo que desejamos conquistar. Somos livres para escolher nosso caminho, mas, no final, o destino sempre acabará sendo coerente com aquela raiz que nos dá sustentação. E aí que mora a beleza desse mistério chamado vida. Só somos livres quando somos verdadeiramente nós mesmos. A grande questão que fica é: você se conhece a fundo?

Repare que, ao nascer, a gente não escolhe o lugar, nem o nosso sexo e nem a família que vai nos acolher. Essas três áreas da vida acabam sendo, provavelmente, as mais importantes. São pontos fundamentais que influenciam o nosso caráter, as escolhas que faremos e cada passo que vamos dar em nossa jornada. No íntimo, nossa essência está diretamente ligada a esses campos, por isso devemos sempre cuidar deles. Nunca deixá-los de lado, pois exigem nossa atenção plena.

Eu não escolhi nascer mulher, assim como não escolhi ser a filha mais velha da minha família, e também não escolhi nascer em uma cidade pequena do interior do Rio Grande do Sul. Tudo isso me influenciou profundamente. Para você ter ideia, a minha cidade, Sananduva, faz parte dos municípios da microrregião do Nordeste do Estado. Abrange somente uma área de 494 km², e hoje possui uma população de pouco mais de 15 mil habitantes.

É uma cidade formada por imigrantes italianos, que chegaram ao Brasil em busca de melhores condições de vida. É uma gente com garra, de princípios nobres, que valoriza a ética, as amizades e a família. Foi nesse núcleo que a minha base foi construída. Minha escola, amigos e tudo mais que eu vivi nessa região simples e hospitaleira.

Talvez, se me perguntassem hoje se eu faria essas escolhas, com certeza diria que sim! Diria sim para a minha cidade, a qual hoje vivo distante, mas que para sempre será meu ponto de referência no mundo e o lugar onde meu coração sempre estará. Apesar de pequena, é uma região de grandes horizontes. De lá se vai longe, e até aonde a nossa imaginação permitir. O limite fica por conta do medo de ir além, mas, quando se vence essa etapa, pode-se ganhar o mundo todo.

Diria sim para meus pais, irmã, avós, primos e tios. Pessoas que me ensinaram a ser uma pessoa ética, generosa, de bom coração e boas atitudes. Devo a eles o melhor de mim e o meu alicerce. Sem eles, não teria a base necessária para voar e conquistar os sonhos que fazem hoje o meu coração pulsar.

Hoje, minha família vive uma vida confortável, mas nem sempre foi assim. Meus pais têm origem humilde, passamos por muita coisa juntos, sempre unidos, valorizando o que somos, e não o que temos, seja muito ou pouco. A vida nos desafiou, mas minha família nunca temeu as dificuldades. Juntos superamos as provas e hoje temos uma vida boa e tranquila. É claro que meu pai é o meu herói e minha mãe, a heroína! Eles são meu principal exemplo de resiliência, amor, humildade e generosidade com todos.

Eu também diria sim para o fato de nascer mulher. Porque só nós mulheres sabemos o quanto a nossa sensibilidade nos ajuda a caminhar de maneira justa e bondosa, sempre acolhedora e agregadora. Nós mulheres possuímos uma percepção mais apurada, um dom de embelezar tudo onde passamos e que vai muito além das aparências. Temos um sexto sentido que nos ajuda a tomar escolhas que beneficiam o todo, e não apenas a nós mesmas. Nossa generosidade é natural, assim como o fato de sabermos nos comunicar e agregar pessoas a nossa volta. Isso não significa que sejamos melhores do que os homens. Não compartilho esse tipo de ideia. Na minha visão, homens e mulheres são complementares. Um não é melhor do que outro, mas cada um tem seus aspectos de destaque e diferenciação. Vejo a união do meu pai e da minha mãe e o quanto uma relação saudável fortalece cada membro da família.

Enfim, tudo isso que não escolhi, mas sou extremamente grata, me fez ser quem sou, pensar como penso e agir como realmente acredito que valha a pena viver. Ter nascido mulher, no interior e numa família tradicional, me fez, desde menina, ter o sonho de montar uma família. Sempre vi meus pais unidos e felizes, um complementando o outro, apoiando nos momentos de alegria e tristeza, passando por tudo com amor e cumplicidade. Sempre cuidando de mim e da minha irmã, Sarah, da melhor maneira possível e me mostrando, por meio de suas ações, e não apenas palavras, como a família é um núcleo importante na vida de qualquer pessoa. Como é bom poder contar com essa base sólida.

O fato de ter um bom exemplo, viver num núcleo amoroso, me fez alimentar o desejo de ter a minha própria família. Sei que hoje muitas meninas nem pensam nisso, sonham com coisas bem diferentes, mas eu não sou todo mundo. Aliás, ninguém é. Cada um de nós têm a sua essência, e como já disse, é preciso que cada um conheça bem a sua para não "comprar" os sonhos que não são seus, viver uma vida que não condiz com que realmente pede a nossa essência.

Esse desejo de ter marido e filhos também surgiu por conta do meu amor pela minha irmã. Quando ela nasceu, eu tinha cinco anos de idade e passei cuidar dela como se fosse minha. Na minha inocência de criança, sem perceber, passei a imitar a minha mãe. Tudo o que ela fazia, eu imitava brincando. Dava comidinha, trocava as roupas, dava "broncas" em minha irmã, como se ela fosse o meu bebê. Precisei ser levada a um psicólogo para ajustar meu comportamento. No fundo, eu já queria ser mãe. Meu instinto maternal estava aflorando, assim como o meu desejo de ajudar as pessoas.

Numa época em que as mulheres podem ser o que quiserem, eu apenas desejava ser aquilo que eu via, aquilo que me inspirava. Meu único desejo era montar uma família. Nem pensava em trabalho, estudava com dedicação, mas sem pensar em uma carreira específica. Quando a hora de prestar vestibular foi chegando, meu pai, a quem amo e admiro e, sem dúvida, é a maior influência na minha vida, passou a me incentivar a estudar Direito. Ele dizia que a advocacia tem muitas possibilidades, muitas áreas e que eu tinha aptidão para ser advogada.

A princípio, essa ideia me seduziu, mas não me conquistou totalmente. Tinha muitas dúvidas, estava vivendo a fase de insegurança, natural da idade, e decidi fazer terapia para me encontrar e desenvolver o meu autoconhecimento.

Foi um marco na minha vida! Apaixonei-me pela psicologia, área que estuda em profundidade a essência humana, e nasceu em mim um desejo natural de saber mais sobre essa área. No fundo, desejava ajudar as pessoas a se encontrarem, a terem mais clareza sobre elas mesmas, a se entenderem como seres humanos e conseguirem ter uma vida mais equilibrada e feliz. Encontrei-me nessa profissão, mas, como minha família tinha a expectativa de que eu me tornasse uma advogada, não contei sobre essa decisão a ninguém. Amadureci essa ideia dentro de mim e descobri que era uma mulher forte, que poderia lutar por algo que realmente eu julgava importante para a minha vida.

Considero que esse foi o início da minha trajetória como um ser realmente independente. E, sejamos sinceras: não é fácil se posicionar e dizer ao mundo quem somos e o que queremos! Por criação, e principalmente pelos laços afetivos que desenvolvemos, alimentamos em nosso inconsciente o desejo de agradar nossos pais. Muita gente passa uma vida inteira sem notar isso e age, em seu íntimo, sempre em busca de aprovação. Reconhecer esse padrão e romper com ele é fundamental para a nossa própria felicidade.

Esse foi um passo importante em minha vida e, a partir daí, passei a ocupar o meu papel não mais como menina, mas como uma pessoa que sabe o que quer da sua vida e está disposta a se responsabilizar por suas escolhas. Consegui mostrar aos meus pais que essa minha decisão era importante e eles apoiaram o meu sonho. Como um fruto nunca cai longe da árvore, eles sabem que sou parte deles e que herdei a coragem e a responsabilidade deles. A reação de ambos não poderia ser diferente. Diante da minha determinação e confiança, me incentivaram a prestar vestibular na área que o meu coração dizia ser o certo.

E foi o que fiz. Prestei para psicologia, que é uma área do conhecimento que considero vital nos dias de hoje. Num mundo de relacionamentos fugazes, e que prefere a impulsividade sobre a reflexão, o autoconhecimento é essencial. Além de entender e diagnosticar os mistérios da mente humana, o psicólogo também possui um papel social muito importante. A depressão é considerada o mal do século. Cada vez um número maior de pessoas hoje vive sem valores e se desconectam da sua essência.

Por outro lado, participei por cinco anos do Leo Clube, fui secretária de campanhas, sou apaixonada pelo serviço social e voluntário. Isso me mostrou o valor de estar a serviço da humanidade. Acho muito importante fazermos o máximo para poder ajudar as pessoas e a nossa comunidade, no sentido da psicologia e também do trabalho voluntário. Meu desejo é ajudar quem precisa se reencontrar e voltar a sorrir para a vida, que é o maior presente de Deus.

Foi com esse desejo que ingressei na Universidade e, ao me ver, como aluna universitária, isso expandiu exponencialmente meus horizontes. Mudei de cidade e fui morar sozinha. Um passo e tanto na vida de uma jovem, mas que sem dúvida é um acelerador importante, que me fez amadurecer muito mais rápido.

Comecei a planejar uma carreira, uma vida acadêmica. Passei a ter novos sonhos, ampliando a minha visão de mundo e vendo as oportunidades que eu poderia ter baseadas em escolhas que priorizavam o que eu realmente gosto de fazer.

Isso foi tão libertador que, no segundo ano de psicologia, eu percebi que poderia fazer mais, desejar mais, ser mais! E foi, então, que decidi ingressar na faculdade de direito, sonho do meu pai, e também meu sonho originalmente. Então, percebi que não deixamos nunca de ser o que éramos originalmente, e que a vida escancara isso em algum momento. Nunca fugi de quem sou, mas, somente aceitando o Direito na minha vida, compreendi em plenitude quem posso ser e a força de nossas raízes.

Se está sendo fácil, digo que não, cursar duas faculdades simultaneamente exige muita disciplina e força de vontade, exatamente dois dos defeitos que mais detesto em mim mesma! E, justamente por isso, está sendo tão gratificante me impor esse desafio. Tem dias que são mais complexos, mas a felicidade de me ver no controle da minha vontade é muito gratificante.

Ao me desenvolver como ser humano, como mulher, ao valorizar as minhas origens e amar tanto a minha família, percebi que jamais abandonamos o que somos de verdade, a nossa raiz. Achamos que somos folhas soltas no mundo, mas a grande verdade é que temos raízes. São elas que sempre nos levam de volta a nossa verdadeira essência. As experiências de vida são apenas somadas, nunca esquecidas.

Apaixonei-me pela vida de psicóloga, e agora passo pelo mesmo processo com a vida de advogada. Com a maturidade, descobri que construir uma vida independente é tão importante quanto ter orgulho de nossas origens e viver por elas. Hoje, também estou aproveitando mais as oportunidades, que são coerentes com o que quero para a minha vida. Ainda quero construir uma família, pois sei que, sozinhos, não somos nada, mas sei que terei tempo para isso. O que busco agora é me formar, ser uma profissional competente e poder ajudar ao máximo de pessoas possível. Só um bom relacionamento não me fará feliz, assim como não estarei completa sem atuar nas áreas que escolhi.

Acima de tudo, quero ser realizada em todas as áreas da minha vida, ter equilíbrio e me alegrar com as pequenas vitórias do dia a dia. Gostaria que as pessoas da minha geração soubessem que ser livre não é fazer tudo o que temos vontade, mas, sim, agir sempre de acordo com a nossa verdadeira essência. Que já deixei de fazer muitas coisas pensando no futuro que desejo ter, abrindo mão de prazeres momentâneos para construir o futuro que desejo. Para mim, isso sim é liberdade, poder traçar seus próprios passos.

12

EMPREENDENDO PARA A VIDA

Ler uma boa história inspira, fortalece e nos faz ver e acreditar que também somos capazes de realizar sonhos, transformar nossas vidas e transbordar na vida de outras pessoas. Inúmeras vezes me inspirei e me espelhei em histórias de pessoas que me fizeram sair da zona de conforto e ir além; e aprendi que empreender não é apenas sobre negócios, é ter atitude, ser proativo, se movimentar, transformar pensamentos em ação e sonhos em realidade. Desejo que com esse "cadinho" da minha história de amor, superação, alegria, lutas, busca por igualdade de oportunidades e por independência financeira eu consiga fazer o mesmo por você.

CLÁUDIA AQUINO DE OLIVEIRA

Cláudia Aquino de Oliveira

Contatos
claudiaaquino@aquinoadvocacia.adv.br
Facebook: Cláudia Aquino de Oliveira
Instagram: @claudiaaquinoo

Zootecnista, pela Faculdade de Zootecnia de Uberaba (MG), bacheral em Piano e licenciatura em Artes pela Faculdade Mozarteum de São Paulo, bacharel em Direito pela Universidade de Cuiabá. Advogada, sócia-proprietária da Aquino Advocacia Sociedade de Advogados, com escritório em Cuiabá (MT), atuando em diversas áreas do direito, em especial, a trabalhista, a previdenciária e a empresarial, prestando consultoria e assessoria jurídica para associações e sindicatos patronais da cadeia produtiva do turismo. Sócia-proprietária da Tech Lex, plataforma digital sobre rotinas trabalhistas; vice-presidente da Ordem dos Advogados do Brasil, Seccional-MT (gestão 2013-2015) e presidente do SKAT – Sociedade Kuiabana dos Amigos do Turismo, pelo terceiro mandato (gestão 2021-2024).

Nasci e cresci, em Uberaba, no interior de Minas Gerais, ouvindo meus pais dizerem que a maior herança que me deixariam seria a educação e os "estudos". Eu tinha convicção de que se estudasse muito e concluísse um curso superior teria grandes chances de "vencer na vida".

A expressão é das décadas de 50 e 60, à época, o maior prêmio de uma pessoa era "vencer na vida", o que significava ter êxito, sucesso na carreira e na vida pessoal, acumular patrimônio e também o respeito da sociedade.

Comprei a ideia e aproveitei todas as oportunidades que tive para estudar e, consequentemente, vencer na vida.

Mas além de estudar, eu sabia, até então, de forma intuitiva, que também precisaria empreender para fazer dinheiro e realizar meus desejos e caprichos; e assim, aos 9 anos, comecei o meu primeiro negócio.

Nas décadas de 60/70, brincávamos com lindas bonecas feitas de papel. Você é dessa época? Elas eram vendidas em livrarias e vinham com roupas, calçados, bolsas e outros acessórios, em cartelas para destacar.

Eu amava brincar de boneca e imaginar mil e uma histórias de vida para elas. Como as opções de *look* eram poucas, passei a desenhar, colorir, recortar e produzir novas roupas e acessórios para as minhas bonecas.

As amigas e colegas da escola ficaram encantadas; então tive a ideia de começar a vender os itens criados por mim. E sim, foi um sucesso!

Hoje com a experiência que eu tenho, olhando para aquele momento, extraio duas palavras simples, mas que precisam estar presentes no dia a dia, independentemente da atividade, profissão ou vida que levamos: **criatividade** e **ousadia**. Pode não fazer sentido para você agora, mas anote essas palavras elas vão ser úteis na sua vida.

Mais do que brincar com as bonecas e fazer negócio com elas, meu hobby sempre foi estudar. Aos 9 anos, além da escola regular, ingressei no Conservatório de Música Renato Frateschi. Após quase uma década de estudos, concluí o Curso Técnico em Piano e o magistério de Educação Artística, além de ter estudado um pouco de violão, violoncelo, violino e flauta doce. E, aos 18 anos, concluí o curso básico em inglês, pelo Instituto da Língua Inglesa.

Atingi a maioridade com toda essa bagagem cultural e a consciência de que a música é capaz de transformar pessoas e desenvolver a sensibilidade para as pequenas coisas. Para essa fase, dos 9 aos 18 anos, um novo ensinamento, resumido em uma frase: aproveite todas as oportunidades.

Sim, é exatamente isso! Nunca perdi uma oportunidade de aprender. Sempre tive sede de conhecimento, de aprender mais e mais, e sobre qualquer tema.

E, neste momento, você deve estar se perguntando o que eu fiz com todos esses "canudos", não é mesmo? Com criatividade, ousadia, e aproveitando as oportunidades, transformei-os em um negócio.

Ingressei no magistério. Eu tinha outras ambições e dei continuidade aos estudos, mas sabendo que precisava "fazer dinheiro", coloquei em prática as profissões que eu já tinha naquele momento.

Comecei fazendo parte do quadro de professores do Estado de Minas Gerais, ministrando aulas de educação artística nas escolas estaduais de Uberaba (MG). E também dava aulas particulares, em casa, de piano, português e inglês.

Não bastando os "canudos" que eu já tinha, e para sacramentar minha trajetória escolar, ingressei em faculdades (sim, isso mesmo, faculdades no plural). Assim, aos 22 anos, concluí, quase que simultaneamente, três cursos superiores; sendo eles: graduação em Zootecnia pela FAZU-MG, licenciatura em Artes e bacharelado em Piano, ambos pela MOZARTEUM (SP).

E já te digo que a minha vida não era só estudar e aqui trago novas palavras chave e um novo ensinamento: com planejamento, foco e determinação, achamos tempo para tudo.

E digo isso porque, quando concluí os três cursos superiores, em 18 de dezembro de 1983, dia da colação de grau de zootecnia, fiquei noiva; e seis meses depois, mudei para Cuiabá (MT), com a família do meu noivo, para dar início à carreira profissional de zootecnista e organizar o casamento.

Mesmo após sete anos de relacionamento, entre namoro e noivado, faltando exatos 30 dias para subir ao altar, com tudo pronto – inclusive os proclamas na igreja – decidi que não queria me casar. Ele não era mais o amor da minha vida, aquela não era a vida que eu queria para mim. Enfrentei tudo e todos. E afirmo, não foi fácil! Mas, naquele momento, eu escolhi o meu difícil. Casar sem amar seria ainda mais difícil.

Por que estou contando esse capítulo da minha vida? Primeiro para reforçar que "Quem manda na minha vida sou eu" porque quando eu deito no meu travesseiro é entre mim e Deus e mais ninguém.

Segundo, porque essa fase se resume em outros dois ensinamentos: É preciso ter coragem para tomar decisões e é preciso saber o que queremos para podermos lutar pelos nossos sonhos.

Quase dois anos depois, me casei com um grande amor. E "dei certo na vida" mais uma vez. Meu casamento durou quase 10 anos e tivemos dois filhos, Thales e Talita, que são a melhor parte de mim.

Nesses anos, exerci as três profissões, em especial atuei como zootecnista, e resolvi empreender. Criei a Terrafértil – empresa produtora de húmus de minhoca. Montei uma minhocultura e fui criadora das raças Vermelha da Califórnia e Gigante Africana. Na época, a empresa foi considerada a maior produtora de húmus de minhoca do Estado de Mato Grosso, o que gerou visibilidade nacional nos programas Globo Rural, Manchete Rural e indicação para o prêmio Bamerindus - Gente que Faz.

Todos esses holofotes me renderam, também, declínio no casamento. Vivemos em um mundo ainda machista. E nessa época, entre o sucesso profissional e o casamento, eu fiz a opção pela família.

Na minha vida cometi muitos erros, mas talvez a decisão de optar naquele momento pelo casamento e pela família tenha sido o meu primeiro grande erro. A escolha foi difícil, mas foi achando que era o melhor a fazer. Essa resposta pertencia a Deus e vai ser sempre assim.

Exatos 30 dias após eu ter dado aviso prévio aos empregados, ter anunciado aos clientes e fornecedores o fechamento da Terrafértil, o meu marido pediu a separação. Meu mundo caiu, perdi o chão. A partir dali não teria mais o meu negócio e nem a minha família.

Existia, então, uma Cláudia, sem parentes em Mato Grosso, com dois filhos pequenos, sem empresa, sem emprego, sem o seu grande amor; e uma mulher que até ali acreditava ser a mais feliz do mundo.

Foi o momento mais difícil da minha vida. Como contei no começo, eu comecei a trabalhar e a fazer dinheiro muito cedo e, portanto, eu não sabia o que era dificuldade financeira. Eu não sabia o que era sentir dor de verdade.

Mas eu sabia que mandava na minha própria vida, e isso significava que eu era responsável pelo bom e pelo ruim. Dessa forma, seis meses foram suficientes para eu viver essa dor, chorar "esse luto" e virar essa página. Decidi, então, fazer o quarto curso superior, visando minha independência financeira.

Prestei vestibular e, aos 34 anos, ingressei na Faculdade de Direito, um curso que abre um leque de oportunidades. Eu planejei ser a melhor aluna da turma, prestar concurso e ser magistrada. Como Fênix, renasci das cinzas ainda mais determinada.

Trabalhei durante os cinco anos da faculdade; no início em uma imobiliária, depois em um supermercado, até que consegui um estágio em um escritório de advocacia. Logo depois, passei em um concurso e assumi o cargo de oficial de justiça do Fórum de Várzea Grande.

Na mesma época, para complementar a renda, fui vendedora externa da Livraria Janina, vendendo livros para os alunos da faculdade. Com a pensão alimentícia, eu tinha quatro fontes de renda; e ainda era estudante, mãe e dona de casa. Minha lição dessa fase? Seja humilde acima de tudo. Todo trabalho é digno.

Você pode estar se perguntando de onde vinha toda essa força? E te digo, primeiro da minha fé em Deus. E, segundo, de dentro de mim, porque eu acreditava que quase 100% do meu sucesso dependeria de mim.

Durante toda a faculdade, eu dei o meu melhor, como em tudo que eu me disponho a fazer na vida. O mais ou menos para mim não serve. O mediano nunca fez parte da minha vida. Eu não aceitava e não aceito o medíocre. E aqui reforço a minha crença na energia do pensamento positivo. Eu creio na força do universo, e ele conspira a meu favor.

Quando criança, li o livro Pollyanna, de Eleanor H. Porter , e aprendi com aquela menina órfã o "jogo do contente". Desde então, o coloquei em prática. Tudo o que acontece comigo eu vejo o lado bom e encontro força, motivação e alegria para seguir. Sim! Esse jogo funciona. As lições dessa fase, e que valem para todas as áreas da vida, são: dê sempre o seu melhor e não se permita ser medíocre. Tudo o que acontece tem sempre um lado bom. Apegue-se a ele para seguir.

Vou dar um exemplo para ajudar a ilustrar o que eu acabei de reforçar acima. Se não fosse a separação e a dor da mulher traída, lá em 2001, eu não seria Bacharel em Direito. Eu não teria recebido a placa de melhor aluna do curso de Direito da UNIC – CUIABÁ, com média geral de 9,3. Tenho orgulho em dizer que com quase 40 anos e dois filhos, no último semestre da faculdade, tirei nota 10 em todas as provas de todas as matérias. E tem mais, um mês após a colação, eu já estava aprovada no tão temido exame da Ordem.

E, enquanto muitos colegas advogados não se veem como empreendedores, mais uma vez eu empreendi. Com o estágio no escritório, eu me apaixonei pela advocacia e decidi abrir minha própria sociedade de advogados. Eu e mais dois colegas da faculdade. Mas durou pouco e logo a Dra. Iria Davensi seguiu outro caminho.

Abro aqui um parêntese para destacar um fato que a minha memória sempre refuta em lembrar. O término da sociedade com o outro sócio foi em razão de uma discussão em que ele me agrediu fisicamente e me manteve em cárcere privado por algumas horas. Nem tudo são flores; nós, mulheres, ainda sofremos muitas violências e discriminações no mercado de trabalho, e são das mais variadas formas. Sinto muito por isso.

Mas esse terrível episódio não foi capaz de me intimidar. Imediatamente, eu abri a Aquino Advocacia, que é a minha empresa; e estamos há 20 anos no mercado. Meus filhos, dr. Thales e dra. Talita Oliveira, caminham ao meu lado, o que enche o meu coração de alegria. Hoje já somos 12 profissionais.

Desde o meu ingresso nos quadros da OAB-MT, sempre colaborei com a instituição: fui membro do Tribunal de Ética e Disciplina, Presidente da Comissão do Direito do Trabalho e Vice-Presidente da OAB Mato Grosso, (gestão 2013-2015), sendo que à época, em 80 anos de existência da Ordem, eu fui a segunda mulher a ocupar o cargo de vice-presidente.

Nós, mulheres e homens, precisamos acreditar em mulheres. Somos capazes, temos competência e capital intelectual para ocuparmos toda e qualquer posição. Eu acredito no *he for she* – campanha lançada pela ONU. Eles por elas!!!

Precisamos de igualdade no mercado de trabalho. Precisamos combater a violência contra as mulheres para alcançarmos uma sociedade mais pacífica e feliz.

E esse problema não é só das mulheres. Ele é meu, ele é seu, ele é nosso. Ele é um problema da sociedade, que precisa abandonar a retórica do patriarcado e banir o machismo do mundo.

Hoje, com a absoluta certeza de que "quem manda na minha vida sou eu", considero-me realizada profissionalmente, reconhecida pela advocacia mato-grossense e até pela advocacia nacional. E não paro por aí.

Em 2022, realizei um sonho participando da Bienal São Paulo, já com três obras publicadas, em coautoria.

E também, no final do ano, juntamente com uma juíza do trabalho, Dra. Graziele Cabral, lançamos a TECH LEX, uma plataforma digital, educativa, em rotinas trabalhistas. São mais de 100 videoaulas, sem juridiquês, com linguagem clara e fácil de entender; com modelos úteis, jurisprudências e legislação atualizada. O meu mais novo projeto na era digital.

Como já disse, com planejamento, foco e determinação, achamos tempo para tudo. Além do escritório, do negócio no digital, das ações junto à Ordem dos Advogados, sou mãe, amiga e "sofro" da Síndrome de Wanderlust, ou seja, sinto uma paixão por viajar, descobrir novos lugares e culturas diferentes.

Até agora, abril de 2023, já estive em mais de 50 países e não pretendo parar por aí. Sim, não podemos parar e aqui já não estou falando sobre viajar.

Não pare de estudar, de evoluir. Acompanhe a evolução do mercado de trabalho e do mundo ao seu redor.

Acredite em você, saiba onde quer chegar e vá!!! Se essa história impactar e servir de inspiração para uma pessoa que seja, já terá valido a pena contá-la neste livro.

13

QUEM É VERDADEIRAMENTE O "EU" QUE MANDA NA MINHA VIDA

Quem tem o controle real da sua vida? Essa é uma pergunta crucial, independentemente do momento em que você se encontra. A liberdade às vezes pode parecer estar vinculada ao dinheiro e ao trabalho. No entanto, ser livre vai muito mais além da busca pela autonomia, independência financeira, emocional e mental. É somente ao abraçarmos essa perspectiva que conquistamos a liberdade genuína e nos tornamos verdadeiras protagonistas de nossas vidas. É o eu que desejo a você!

CLÁUDIA SANTANA

Cláudia Santana

Contatos
claudiasantana.com.br
Instagram: @aclaudia.santana

Especialista em comunicação e marketing e mentora de empreendedores. Formada pela PUC-SP, tem especialização em Comunicação Empresarial pela Fundação Cásper Líbero e em Marketing pela ESPM. Trabalhou na Rádio CBN, Sistema Globo, SBT, revistas e veículos de moda e *lifestyle*. Há 17 anos, CEO da agência Gava Comunicação e Marketing. Faz parte do grupo CNV em Rede, que pratica a Comunicação Não Violenta e propõe diálogos mais autênticos e empáticos. Como mentora de empreendedores, oferece programas de treinamento com foco em comunicação e marketing digital.

Quem manda na sua vida? Todo ser humano deveria se fazer essa pergunta ao longo da sua jornada. Assim como todas as questões relacionadas ao que há de mais profundo dentro de nós; ao buscar as respostas além da superfície temos a oportunidade de encontrar chaves importantes para o nosso desenvolvimento. Dependendo da fase em que você se encontra, verá que as respostas serão todas bem diferentes.

Posso dizer que essa sempre foi uma das questões que busquei resposta. Foi na adolescência que tomei consciência dessa pergunta. Descobri que quem mandava em mim eram meus pais, e não a minha vontade. E pais são pais... Veem risco e perigo ao menor sinal de que o filho quer bater asas.

Foi nessa época que a questão da liberdade se tornou para mim uma questão importante, mas, desde criança, eu já associava independência a dinheiro. A minha volta, percebi que era livre quem tinha seus próprios recursos financeiros. Minha avó, apesar de ser dona de casa e nunca ter trabalhado fora, gostava de fazer crochê e vender algumas peças para não depender do dinheiro do meu avô. Já minha mãe, que sempre trabalhou fora, teve uma vida bem diferente. Sócia do meu pai, ela comandava a produção, enquanto ele geria a parte administrativa. Trabalhava muito e, quando bem queria, comprava o que queria na hora que bem entendesse. Não pedia autorização. Amanhecia com uma ideia na cabeça e realizava o projeto com seu próprio dinheiro.

Percebi que trabalhar era o grande poder que dava liberdade, mas que muitas mulheres abriam mão da sua autonomia quando ficavam em casa. Não por acaso, desenvolvi um verdadeiro ranço às questões domésticas. Meu sonho era morar num hotel só para não precisar cuidar de uma casa. Precisei baixar muitas barreiras e preconceitos para me permitir viver pequenos prazeres do lar – o lugar mais importante do nosso mundo – como cuidar de plantas e bordar. Só quando aprendi a equilibrar a energia feminina e masculina, que todas nós temos dentro de nós, pude desfazer a prisão de alguns conceitos e libertar a minha verdadeira essência.

Entre as mulheres com as quais eu convivia, havia uma vizinha, muito querida, amiga da minha avó. Eu costumava brincar com a filha dela, mas ficava ligada nos desabafos que ela fazia à minha vozinha. Era uma pessoa doce, bondosa, gentil; até mesmo com as crianças arteiras como eu era. Seu marido era exatamente o oposto. Um homem grosseiro, rude, de poucas palavras e amigos, mas de "algumas" mulheres. Era notório no bairro que ele tinha algumas "amigas" com quem saia para se divertir. Chegava em casa de madrugada, bêbado, e não fazia questão de esconder essa vida dupla: homem sério em casa e farreador na rua. Todo mundo sabia e comentava.

Esse era o motivo da vizinha estar sempre com ar tristonho. Eu não entendia como uma mulher tão bondosa era traída e, pior, aceitava viver essa situação triste e humilhante. Achava aquilo chocante, na minha cabeça de menina. A situação dela me revoltava, tinha vontade de brigar com o marido. Como é que ela suportava tudo aquilo? Ela dizia para a minha avó que tinha vontade de largar o infeliz. Suspirava triste e dizia que se tivesse "condições" largaria. Só fui entender o que ela queria dizer com isso anos mais tarde.

Dinheiro x liberdade

Meu pai nunca foi do tipo que me dizia não diretamente. Deixava que minha mãe ocupasse o papel de chata, enquanto ele bancava o bonzinho e tentava me fazer ver um outro lado da situação. Certa vez, quando insisti em viajar com a minha turma e forcei a barra, depois de muito argumentar que eu não deveria ir, ele me disse uma frase reveladora. "Quero só ver com que dinheiro você irá, porque eu não vou dar nada a você".

Nesse momento, fiz um dos downloads que sentenciaram a minha vida. Se ele – que era um pai amoroso e um homem que verdadeiramente queria o meu bem – era capaz de usar o dinheiro para me manipular e fazer valer a sua vontade, imagine qualquer outra pessoa! Quem não tem seu próprio recurso não é verdadeiramente dona da sua vida. É obrigado a se sujeitar ao que a outra pessoa impõe, como no caso daquela vizinha da minha avó. Como ela não trabalhava, era obrigada a aceitar a vida imposta pelo marido. Naquele instante ficou claro para mim que dinheiro é sinônimo de liberdade. Afinal, quem paga a conta escolhe o cardápio.

Tratei logo de criar uma estratégia para ser obrigada a engolir qualquer prato. Decidi que eu pagaria a conta de ser dona da minha própria vida. Assim que entrei na faculdade entendi que arrumar qualquer emprego não me daria a autonomia que eu desejava. Sem experiência, não ganharia o suficiente para me manter. A solução era investir na minha formação e conquistar um cargo melhor, que ao menos me desse condições para bancar minhas próprias contas.

Não foi difícil conseguir me sustentar. Com tanta vontade de ser independente, me agarrei com paixão ao trabalho. Trabalhava com alegria, dedicação; sabia que ali estava o sustento da minha liberdade. Essa força interior fez com que eu tivesse destaque e fui galgando cargos melhores, assumindo mais responsabilidades. Em paralelo, era convidada a participar de projetos, fazer trabalho *freelancer* como jornalista; e nunca dizia não. Estava sempre disponível para ganhar dinheiro. Meu nome era trabalho e me orgulhava disso. Custei a perceber que tinha me tornado escrava não de um marido, mas do vício de trabalhar.

Aos 25 anos, já tinha meu próprio imóvel, estava casada e bancava as contas de casa praticamente sozinha. Meu companheiro ainda estava na faculdade. Associei-me a uma amiga e abrimos uma agência de comunicação. Passei a trabalhar ainda mais. Quanto mais clientes atendia, mais era indicada para outros; e eu sentia que estava voando, exatamente como queria. Não dava satisfação a ninguém, tomava todas as decisões sozinha e não percebia o quanto a minha energia masculina estava em desequilíbrio. Sem abrir espaço para o meu feminino se manifestar, me tornei o "homem" da relação e estava presa ao trabalho. Paradoxalmente, aquilo que busquei como remédio para a minha libertação acabou por me escravizar.

O que você se apega a escraviza

Vivia para o meu trabalho e colocava meu relacionamento em segundo plano. Tudo sem perceber que estava cavando um buraco fundo, no qual eu, inexoravelmente, acabei caindo.

Cair nesse abismo foi a melhor coisa que poderia acontecer comigo. A natureza é sábia e hoje eu me pauto por seus exemplos. Nada acontece a nós que não seja para corrigir nossos passos, nos trazer de volta ao que realmente é importante. Ao que somos em essência.

E foi a natureza que me resgatou desse caminho equivocado e me reconectou com a vida. Quando fui me aproximando dos 30 anos, foi nascendo em mim o desejo de ser mãe. A natureza cumpre o seu papel, e era hora do meu rio correr para o mar. Passei a sentir o desejo de expressar a vida, além de mim mesma.

Tomei a decisão de engravidar e foi um período maravilhoso, no qual pude me perceber como mulher e notar a grande sabedoria que se expressa por meio de todo ser humano. Foi ali que percebi que a nossa mente é muito limitada, mas nossa existência é sábia.

Você não acredita? Experimente mandar na sua mente parar de pensar em alguma coisa. Ou pensar na criação, por exemplo, de uma mão. Conscientemente você sabe fazer uma? Quais são os passos para formar o sistema respiratório?

Tomei a decisão de engravidar e foi um período maravilhoso, no qual pude me perceber como mulher e notar a grande sabedoria que se expressa por meio de todo ser humano. Foi ali que percebi que a nossa mente é muito limitada, mas que há uma inteligência superior que se manifesta por nós. Você não acredita? Eu também não acreditava. A arrogância de ser um ser "independente" me cegava, me fez ter a ilusão de estar no controle da vida, me fez acreditar que ser dona dos recursos financeiros bastaria para comandar a minha existência.

Foi nesse momento que vi a face do arquiteto do universo e toda sua magnífica sabedoria e bondade. Eu mal sabia cozinhar e gerei um ser humano. Como se deu esse mistério? Foi por meio da sabedoria da própria vida que se manifestou por de mim. A própria vida gerou vida. Mas lembro que, durante a gestão, fiz várias perguntas a minha médica sobre o que deveria fazer. Experiente, ela apenas me disse: "Cláudia, apenas não atrapalhe", ou seja, não tente controlar o processo.

Ela estava certa. A vida sabe o que fazer, ela se manifesta com toda a sua magnitude. E nós, pequenos que somos, não compreendemos o grande mistério que é a vida. Somos comandados por uma mente cheia de desejos, pelo nosso ego identificado na matéria que, muitas vezes, é quem tenta assumir o controle das nossas ações. Temos a tendência de preferir a ilusão do que a verdade, mas pare e pense. Se é sabido que os grandes gênios da humanidade, gente do nível de Einstein, usa apenas 10% da mente, nós somos medianos e olhe lá, seríamos capazes de criar manifestações mais perfeitas do que a do arquiteto da vida?

Quando minha filha nasceu compreendi a beleza e a grandeza de ser pequena. É libertador se descobrir uma minúscula engrenagem dentro de um projeto fabuloso. É assim que vejo a todos nós, seres humanos, nessa grande roda do mundo. Viver é muito mais do que pagar contas e comprar coisas. Não fomos criados para nos tornamos fazedores de coisas, mas, sim, para nos construirmos enquanto seres humanos, vivermos a plenitude dessa experiência.

Para que você possa ter essa vivência, experimente mandar na sua mente. Diga a ela para parar de pensar em alguma coisa. Conseguiu? Ou pensar na criação, por exemplo, de uma mão. Com seus recursos intelectuais você sabe fazer um sistema respiratório? Ou coordenar milhares de células e fazer com que todas trabalhem unidas?

Se você não controla a si mesmo, não está no comando de nada.

Liberdade de outono

Só somos "donos" daquilo que dominamos. Somos donos da nossa casa porque temos a chave que abre a porta, conseguimos colocar dentro dela o que queremos, temos autonomia para jogar fora o que não serve mais, enfim, organizar tudo do nosso jeito. E quem de nós consegue fazer isso com a própria mente ou o coração? É simples dar um comando para si mesmo e obedecer? Diga a si mesmo para parar de comer doce. Ou amar ou deixar de amar alguém?

Quem, afinal, está no comando das nossas escolhas? Segundo a psicologia, quando vivemos sem consciência, é o ego quem está no comando dos nossos veículos. O ego faz parte da natureza do ser humano. Ele alimenta os nossos pensamentos e emoções, com base nos impulsos dos sentidos que moldam as nossas posições e convicções. De maneira mais simples, podemos dizer que o ego é a nossa personalidade. Ele é aquela voz interna que indica o que é bom e o que é ruim, é quem julga as pessoas conforme nossos interesses e experiências pessoais. É também responsável por preconceitos e aceitações.

Descobri que podemos ser fortes, independentes e seguras, mas podemos viver de forma mais verdadeira quando permitimos que o véu de Maya caia para que vejamos que somos todos um. Só então estamos livres. Liberdade não significa não estar preso a nada, mas não permitir que nada – pessoa ou ideia – tenha você.

Há um conto oriental segundo o qual um homem nasceu franzino e pequeno. Um gênio, no momento da sua morte, perguntou como ele queria renascer. Ele disse que queria ser robusto e forte. Foi atendido, mas morria de fome porque precisava de muita comida para manter aquele corpanzil todo.

O gênio apareceu novamente e ele pediu para renascer rico, pois assim poderia comprar toda a comida que necessitasse. Foi atendido, mas morria solitário porque, mesmo com toda a beleza e dinheiro que tinha, não encontrou um amor. Então, o homem pediu ao gênio mais uma chance. Quis renascer sendo muito amado por uma linda mulher. Foi atendido, daí a mulher morreu jovem e ele passou a vida lamentando pela amada, e morria infeliz.

O gênio apareceu novamente e ele pediu para que a próxima companheira o amasse e vivesse muito. Foi atendido novamente. Sua mulher viveu muito, a ponto que fica idosa. Então, ele se sentiu atraído por uma moça jovem, que lhe deu um golpe e fugiu com um rapaz. Morria angustiado. O gênio apareceu novamente.

— Qual o seu desejo agora, meu bom homem?

— Basta!, disse ele.

— Não quero mais nada. Aprendi que tudo neste mundo me aprisiona, só quero me unir ao criador. Abro mão das ilusões, pois só nele encontrarei a verdadeira felicidade!

14

JORNADA DA MINHA VIDA VITORIOSA

A felicidade, no entanto, não se encontra em algum lugar distante. É algo que devemos conquistar com nossas próprias mãos, por meio de nossos esforços aqui e agora.
DAISAKU IKEDA

DILZA MIEKO MURAMOTO SHIROMA

Dilza Mieko Muramoto Shiroma

Contatos
dilza@jinzai.com.br
11 99104 3510

Casada, dois filhos. Psicóloga, *headhunter*. Empreendedora. Esteve presidente do Rotary Club São Paulo Liberdade Ano Rotário 2022/2023. Atua na ONG Soka Gakkai Internacional – SGI, faz parte da Associação Nikkey do Brasil e Nikkey Matsuri da Zona Norte de São Paulo. Faz diversos trabalhos sociais, auxiliando ONGs, Associações que cuidam de crianças carentes, jovens que fazem transplantes, terceira idade etc. Realiza palestras voluntariamente, para jovens, sobre mercado de trabalho, e diversos outros temas relacionados com o crescimento do indivíduo. A palavra que mais usa no dia a dia é "gratidão".

Filha de imigrantes japoneses que escolheram o Brasil como sua nova pátria. Da união do norte do Japão, Hokkaido, e do Sul do Japão, Kyushu, estou eu aqui, Dilza, a única sobrevivente de cinco filhos. Nasci em uma condição de extrema pobreza, no meio do mato no Mato Grosso do Sul, precisamente em Itaporã. Não tínhamos quase nada pra comer, apenas o que era possível produzir. Éramos em quatro famílias com, 18 crianças, em uma única casa de barro. Roupas e calçados nem sabíamos o que eram. As roupas eram confeccionadas pelas mães com sacos; calcinha, eu só tive aos 6 anos. Mas, apesar de tudo, havia muita alegria, muitas brincadeiras com os meus primos no meio do mato. Dessa época, eu lembro que quase me afoguei num poço de água, e hoje tenho trauma de água. Furei meu dedão do pé imitando plantio de sementes. Você já comeu cobra? Eu comi. Meu pai preparava e secava, e só podíamos comer um pedacinho a cada dia, pois ele dizia que era muito forte.

Depois, fui morar no Paraguai, em uma fazenda onde meu pai foi contratado para ensinar o plantio de café. A casa inteira só tinha um cômodo.

Aos 7 anos, meu pai me levou de volta ao Brasil para morar com a minha avó e mais todos os meus primos, em Itaporã. "É para você estudar", disse meu pai. Pois é. Fiquei dois anos sem ver meus pais. Tive vários problemas em consequência disso, um deles, o tal do sonambulismo.

Aos 9 anos, meus pais resolveram voltar para o Brasil e fomos morar em Dourados, ainda em condições precárias. E aos 11 anos, como todos os tios estavam se mudando para São Paulo na busca de melhores condições de vida, advinha qual foi a surpresa para mim? "Mieko, você vai para São Paulo e irá morar com a tia". Foi difícil, enfrentei muitos problemas inimagináveis, mas sobrevivi, pois não tinha como fugir.

Finalmente, ao voltar a morar com meus pais, tive a grata e a imensa boa sorte de conhecer o Budismo de Nichiren Daishonin, que pratico desde os meus 13 anos. Os ensinamentos da ONG Soka Gakkai Internacional (SGI) e do Mestre Daisaku Ikeda deram norte para a minha caminhada. Com eles, aprendi a não desistir, não me entregar e a me manter sempre realizando ações positivas. Continuar sempre, tentar até conseguir vencer. Desafiando a mim mesma como uma prova da vitória. Vencendo sem jamais sucumbir ao derrotismo.

E, dessa forma, comecei a trabalhar aos 15 anos, me esforcei muito para continuar os estudos; trabalhando e estudando, consegui me formar em psicologia. Foi árduo. Na época não tínhamos VT, VR, então, todo o dinheiro do trabalho era para pagar a faculdade e transportes; era marmitex todos os dias; lanche na hora do intervalo da faculdade, nem pensar. Quando não levava o almoço, comia pão com manteiga ou com mortadela; era o que podia gastar.

A vida é longa e eu tinha que continuar vencendo, a cada etapa.

Perdi meu pai muito cedo para o AVC e perdi o meu único e querido irmão quando ele tinha 21 anos. Ele foi passear na praia e, ao ver a namorada e a amiga se afogando, correu para salvá-las, salvou, mas infelizmente o esforço foi enorme e o coração não suportou. E a minha mãe – maravilhosa, poderosa, trabalhadora, um exemplo de mulher, que sofreu muito desde a sua infância e perdeu quatro filhos – infelizmente foi acometida de Alzheimer.

Apaixonei-me aos 18 anos, e essa paixão teve vários momentos complicados. Namoro, brigas e a separação que culminou com o casamento dele com outra pessoa. Mas a amizade continuou.

Depois de algum tempo, com o divórcio dele, voltamos a namorar e chegamos ao nosso casamento. Mas a vida nos prega várias surpresas. Nada foi como toda mulher sonha. Problemas financeiros, discussões de casal e outras coisas nada agradáveis que se passaram na minha vida. Em um desses momentos, cheguei a ponto de pensar em tirar a minha própria vida. Peguei o carro, fui para a Marginal Tietê, olhei para a traseira de um caminhão e pensei: "e se eu me jogar na traseira deste caminhão?", mas passou. Sou uma mulher de fibra e nada que aconteça na minha vida irá me derrotar. Não quero causar sofrimento aos meus filhos; e o meu marido, se eu morrer agora, vai acabar encontrando outra mulher. Eu já havia deixado isso acontecer antes, não podia deixar acontecer novamente. Eu havia decidido que a minha família ficaria para a eternidade. E assim, venci esse meu momento de fraqueza e me sinto uma mulher feliz.

Desta união, temos dois filhos maravilhosos: Erica Shiroma, hoje médica ginecologista e obstetra, com especialização em cirurgia por laparoscopia; e Lincoln, vice-presidente em uma empresa de fusões e aquisições. Orgulhos para essa mãe coruja.

Mas para chegar a tudo isto, passei por várias etapas na minha vida profissional como Consultora de RH; também não foi fácil para o meu marido, sempre empreendedor, mas difícil neste grandioso país. Houve momentos em que posso dizer que ganhei muito dinheiro, mas nada foi fácil nesta nossa caminhada. Nos momentos difíceis, segui as orientações do meu mestre: "O importante é vencer no final, nunca perder o espírito de luta, por mais difícil que seja a situação". E dessa forma, fui vencendo no meu dia a dia.

Na Soka Gakkai (BSGI-Brasil), no período da minha juventude, cheguei à posição de liderança das jovens do Brasil. A minha grande última realização nesse período foi a Convenção de 10 mil jovens mulheres no Ginásio do Ibirapuera; e que hoje são mães, avós, personalidades importantes na sociedade, executivas, empreendedoras etc.

No final 2005, fui surpreendida com uma grave doença. Fiz cirurgia de retirada de ovário, útero e tudo que estava me prejudicando. Na biopsia, a notícia que não gostamos de ouvir: câncer maligno. Um susto... E agora... quimioterapia. A consulta com o oncologista, as explicações sobre os efeitos colaterais da quimioterapia – uma lista enorme. Olhei, li e disse para o meu médico: "Não vou ter nenhum efeito colateral, vou continuar a ter a minha vida normal, vou continuar trabalhando". E ele disse: "não irá conseguir trabalhar". Resumindo, continuei trabalhando. Em uma das minhas sessões, almocei num restaurante por quilo e depois fui fazer uma visita a um cliente. Careca fiquei sim, mas nada me impediu de colocar uma peruca ou um lenço e levar uma vida normal. E essa minha atitude ajudou muitas pessoas a vencerem as suas dificuldades. Nunca me senti envergonhada ou quis esconder a doença. Lembrei da frase do meu mestre: "A vida é longa. Algumas vezes conseguimos ter êxito, outras, não. Não há necessidade de se sentir envergonhado por causa de reveses temporários".

Sou política, já fui candidata a vereadora, deputada, achava que sendo eleita poderia ajudar a transformar o meu Brasil num país melhor, mas descobri que não preciso ser eleita efetivamente. O mundo político é muito complicado. Temos os éticos, os que fazem algo para as comunidades; e outros simplesmente ficam sentados nas cadeiras ou sequer vão para a câmara ou assembleia.

O que faço hoje, sempre fiz e continuarei fazendo sem ser política é fazer o bem para a sociedade. Só para enumerar: ajudo os jovens dando palestras de graça; no Rotary (do qual faço parte e fui presidente ano rotário 2022/2023), fazemos projetos sociais para ajudar os mais necessitados, campanhas contra a poliomielite e projetos para jovens carentes em escolas públicas; na BSGI, faço voluntariamente um trabalho de ajuda espiritual, ajudo ONGs e associações que cuidam de famílias e jovens carentes, fiscalizo os problemas do meu bairro e faço denúncias à subprefeitura.

Apesar de tudo, sou amiga de vários políticos e acredito que o Brasil é um país de esperança. Acredito na mudança, acredito que podemos nos tornar um país de primeiro mundo.

Profissionalmente, continuo como *headhunter*, dou palestras, e desde 2020 ajudo meu marido na empresa dele; faço o financeiro, recursos humanos e cuido também dos novos negócios e investimentos.

Como diz o Presidente Ikeda: "O mais importante é expandir nossa condição interior de vida. Quando pensamos somente em nós mesmos, cada vez mais nos fechamos em nosso pequeno ego, ou o eu menor. Em contraste, quando trabalhamos por um objetivo maior e que a tudo abrange; pela Lei, pela felicidade das pessoas e pelo bem-estar da sociedade, nosso coração cresce e desenvolvemos um "eu maior" por meio das maravilhosas funções da mente. Quando mantemos um coração grandioso, usufruímos de imensa e verdadeira felicidade. Os sofrimentos que, no primeiro instante, eram um enorme fardo numa condição de vida baixa, tornam-se insignificantes e nos elevamos com serenidade acima deles. Aqueles que encontram alegria em tudo e que transformam toda circunstância em alegria são genuínos especialistas na arte de viver".

Gostaria de poder citar, além do presidente Ikeda, os grandes amigos e companheiros desta minha caminhada nesta existência, mas é impossível, pois são muitos que levarei pela eternidade, mas o que posso colocar é que: "Ter bons amigos é a maior felicidade como ser humano. É um tesouro para a vida inteira. Com bons amigos, o dia a dia se torna prazeroso".

Sinto por todos uma gratidão imensa. Pela alegria, pelo entusiasmo, pela energia que me proporcionam e por tê-los sempre ao meu lado. Desse modo, digo que as minhas vitórias na vida sempre se iniciam com gratidão.

Hoje oro o mantra todos os dias, pela minha família, pelo meu país, pelos meus amigos; para que todos tenham muita paz, saúde, muita alegria!

Agradeço a oportunidade de poder expor um pouquinho da minha vida para todos. Gratidão!

15

UMA FORTALEZA CHAMADA
MÃE DE ANJO

Minha história de vida mostra que mulher é um ser divino, dotada da maior força deste mundo. Julgadas pela aparência, somos reféns de uma sociedade que subjuga o sexo feminino como frágil, mas que prova dia a dia a sua força. O mundo tem medo de mulheres fortes e cabe a nós resgatar a nossa força interior.

EDILAINE GUISANI GAMA

Edilaine Guisani Gama

Contatos
www.ipmil.com.br
brigadistamirimoficial.com.br
diretoraedilaine@ipmil.com.br
11 93939 8274

Empresária do ramo da educação e diretora-geral do IPMIL. Fundadora e idealizadora do projeto Brigadista Mirim, com oito obras registradas na Biblioteca Nacional. Diretora do Centro de Instrução e Treinamento na Selva (CITS). Bombeira civil, guarda-vidas e técnica em segurança do trabalho. Formada pela Associação dos Diplomados da Escola Superior de Guerra (ADESG), em 2022, e membro da SOAMAR e SASDE. Agente multiplicadora no combate ao uso de drogas do DENARC de São Paulo (2014 e 2022) e instrutora de bombeiro civil. Formada em segurança em instalações e serviços de eletricidade, segurança e saúde no trabalho em espaços confinados, trabalho em altura e segurança nas atividades verticais. Cursou Stop the Bleed (controle de hemorragias), APH com DEA (atendimento pré-hospitalar com desfibrilador externo automático) e socorro tático com emergências médicas, além de diversos outros cursos. Participou também do curso de Manejo de Répteis pela associação médicos veterinários sem fronteiras.

Sou mãe, filha, irmã, esposa, amiga e empresária, das quais considero a tarefa de mãe a mais importante delas.

Nascida no ABC, em 1980, sempre tive minha mãe ao meu lado, já que seu tempo era integralmente dedicado à nossa família. Meu pai sempre se dedicou para nos dar as melhores oportunidades, sem pecar no zelo e no cuidado, e muitas vezes abdicando de momentos de descanso para estar ao nosso lado.

Sou a filha caçula de três irmãos. Na verdade, sou o que chamamos de "temporão", pois nasci 11 anos depois da minha irmã do meio e 15 anos depois do meu irmão mais velho.

Três filhos, três personalidades. Minha irmã Regiane sempre foi a mais centrada e com coração mole dos três; meu irmão Paulo, com um temperamento mais forte; e eu, sempre a mais mimada e assertiva.

Estudante de escolas públicas, comecei a trabalhar com 15 anos como estagiária em uma multinacional.

Como uma filha temporã, estava acostumada com a vida regrada que eu tinha, mas confesso que com meu temperamento intempestivo e questionador, era (e ainda sou) meio difícil de lidar.

Em 1997, conheci a pessoa com quem eu escolheria passar o resto da minha vida, Henrique, mas foi em fevereiro de 1998 que engatamos um namoro. Uma relação que, na altura, poucos julgavam duradoura, mas, contrariando as expectativas de muitos, transformou-se em um noivado em 2002 e um casamento em 16 de Julho 2004.

Ele era a pessoa que norteava a minha vida, mostrando que eu tinha alguém, e que, assim como meu pai fazia, ele cuidaria de mim. Ele me fez enxergar que poderíamos caminhar juntos e construir a nossa história.

De menina que o pai levava até o ponto de ônibus todos os dias pela manhã, comecei a trilhar meu caminho e entendi que, em vez de ser cuidada, minha função era cuidar.

Mas em meados de 1999, ao lado do meu noivo, iniciamos nossa vida de empreendedores, juntos.

Lava-rápido, fábrica de shampoo para automóveis, baralho mágico, equipe de vendas. Ufa! Todos os nossos sonhos saíram do papel, mas nem todos valeram a pena.

A vida não seria fácil para nós.

Mas não tínhamos morosidade de batalhar, pelo contrário. Isso nos uniu e nos transformou em uma bela dupla: não só como casal, mas como sócios (que dura até hoje). Dia a dia íamos construindo a nossa vida real. Dois recém-adultos (eu, com 24 e ele com 25 anos), montamos uma empresa de transporte executivo que em poucos meses já tinha mais de 45 motoristas e chegou a ser reconhecida pelo alto escalão do setor bancário do país como a principal empresa que prestava o serviço de táxi para seguradoras.

Prontos para dar mais um passo, decidimos casar em Julho de 2004.

Juntos dávamos conta do recado. Trabalhávamos 24 horas por dia atendendo ligações, porém, na tentativa de diminuir essa rotina cansativa, abrimos uma escola de cursos profissionalizantes.

Nesse momento, nossa vida de empreendedores já havia guinado para outro caminho e tínhamos agora duas empresas: a de transporte executivo e uma escola de cursos profissionalizantes e informática.

Duas empresas, e eu com 26 anos e ele com 27.

Nós dois estávamos amadurecendo, mas mantendo em nossa cabeça que nosso sonho era ter a família perfeita, aquela família de comercial de margarina.

Em Julho de 2006, planejamos aumentar a nossa família. Éramos um casal sem filhos, mas queríamos muito mudar essa condição. E, apenas dois meses depois, lá estava eu: grávida, gravidíssima, master grávida.

Parecia um sonho. E foi aí que eu descobri que eu era muito boa no trabalho, mas minha maior vocação era a maternidade. Um bebê começou a fazer falta na nossa casa.

Conciliando trabalho, casa, gravidez e família, passaram-se os nove meses e minha princesa chegou. Sophia: a loirinha, dos olhos azuis mais linda que eu já tinha visto na minha vida. A imagem do comercial de margarina começava a ser real para nós.

Durante toda a gestação, não fiz corpo mole e trabalhava duro todos os dias, inclusive um dia antes dela nascer.

Eu estava realizada. Éramos nós três: eu, meu marido e nossa filha.

Tudo estava dando certo, até que tomamos a primeira decisão difícil profissionalmente: fechamos a empresa de transporte executivo e nos dedicamos integralmente à escola.

Naquele momento era uma missão que estávamos assumindo: dar condições de adolescentes mudarem de vida, conquistando empregos mais promissores.

Mas nada seria fácil e passamos por dificuldades financeiras, mas certos de que a nossa decisão era sem dúvida a melhor naquele momento.

Desde 2008, eu e meu marido trabalhávamos com o sonho da mudança de vida dos nossos alunos e, em 2015, tivemos que tomar mais uma decisão difícil: fechamos a escola de cursos profissionalizantes e montamos uma escola preparatória para a carreira militar.

Não fazíamos ideia, mas ali estava começando o nosso verdadeiro legado.

Eu, já mãe, fui obrigada e entrar em um mundo totalmente novo para mim: Marinha, Exército, Aeronáutica, Polícia Militar e Corpo de Bombeiros. Meu Deus, o que era aquilo: "eu não sei, mas vamos ser os melhores nisso". Era isso que eu e meu marido conversávamos.

Mais um começo.

Mas se uma coisa nos faltava nesse momento, era o medo. Encaramos tudo e seguimos obstinados a sermos sempre melhores a cada dia.

Não era uma vida fácil, tampouco calma, mas a Sophia se adaptou à nossa rotina e à nossa vida.

Mas nosso castelo ainda não estava completo e mesmo fazendo uso de métodos contraceptivos... lá estava eu: grávida.

No mesmo dia em que assinamos o contrato da escola preparatória, eu pegava meu teste de positivo. "Meu Deus, que dia!"

Pronto: mais uma batalha e estávamos prontos para lutar. Era renovada a nossa missão de vida.

Mais nove meses conciliando carreira profissional, filha, casa e família. E chegamos no dia 22/12/2013, às 7h59 da manhã: quando Enrico veio ao mundo.

Pronto, nossa família de comercial de margarina estava completa: Eu, meu marido e um casal de filhos.

O bebê foi crescendo e, assim como a irmã, foi se adaptando à nossa rotina e à nossa vida.

Apaixonado pelo militarismo, Enrico já amava as Forças Armadas desde muito cedo; e a Sophia já falava: "Mamãe, eu quero ser policial militar".

Em setembro de 2016, eu tive um dos meus maiores pesadelos. Enrico foi internado com meningite viral. Foram os piores dias da minha vida, até então. Eu fiquei com ele no hospital, em isolamento.

Foram dias de angústia, que tive que ser forte. Mas lembrava que tinha que resistir pelo Enrico, pela Sophia, pelos meus pais.

Nesses momentos, descobrimos que somos fortes, porque arrancamos forças de onde não imaginamos para fazer por quem amamos.

Graças a Deus ele teve alta hospitalar, oito dias depois de ter dado entrada no hospital. Eu respirava aliviada, mas minha tranquilidade durou pouco.

Em 20 de dezembro de 2016, fizemos uma viagem para o interior de São Paulo para comemorar o aniversário de dois anos do Enrico e passar uns dias de férias em família.

No primeiro dia, curtimos o nosso dia tranquilos. No dia seguinte, era dia 22, aniversário do Enrico, planejamos um bolo para ele, mas logo no começo do dia, ele estava indisposto e enjoado. Não queria o colo de ninguém, exceto o meu.

Rapidamente o levamos ao hospital próximo e diagnosticaram como virose. Ele foi medicado e voltamos. Era por volta das 15 horas do dia 22/12/2016.

Às 21 horas do mesmo dia, troquei a fralda dele e nada de anormal havia. Às 22 horas, ao levá-lo para o banho, notei manchas enraizadas pelo seu corpinho.

Imediatamente corremos novamente para o pronto-socorro, mas, nesse momento, a única coisa que eu fazia era pedir a Deus que me ajudasse a passar por aquilo novamente.

Chegando lá, a situação dele piorou, rápida e drasticamente, e em menos de 10 minutos não conseguiam mais pegar a veia para aplicar medicações ou realizar exames.

O diagnostico não era bom: meningite bacteriana. Orientados pelo médico do pronto-socorro, o Enrico foi de ambulância para a UTI do hospital da cidade vizinha, que possuía um centro médico de referência. E assim o fizemos.

Esperando a ambulância para a transferência, a piora era constante. E por mais que a equipe inteira estivesse empenhada em ajudar, era em vão.

Perto das 23h50 conseguimos a ambulância e ele foi transferido. Mas o hospital ficava quase uma hora de onde estávamos, e a condição clínica dele foi piorando. Enrico teve uma convulsão bem na minha frente. No caminho para o hospital, foram mais duas.

Quando chegamos, ele foi prontamente atendido. Mas a situação estava pior.

Assim, foram passando os minutos, até que recebemos a notícia que ele havia tido quatro paradas cardiorrespiratórias e que os pediatras haviam conseguido reanimá-lo, mas que ele estava com uma quinta parada. O estado era muito crítico.

Eu não podia acreditar, mas lá estávamos: eu e o Henrique, na sala de espera, aguardando notícias.

E, 40 minutos depois, a porta da UTI onde ele estava se abriu. Eu senti o mundo parando, fiquei em pé esperando que a pediatra saísse com um sorriso no rosto e dizendo que haviam conseguido, mas o olhar triste e até sombrio dela não conseguiu alcançar o meu. E com os olhos ainda baixos, ela mexia a cabeça de um lado para o outro, representando um sonoro NÃO.

Foi o não mais silencioso e ao mesmo tempo o mais ensurdecedor que nós ouvimos: o nosso bebê havia ido embora.

Ali acabava a nossa história de família de comercial de margarina, ali acabavam nossos sonhos e nossa fantasia de "felizes para sempre".

Um grito saiu da minha boca. O pior da minha vida. Eu não podia acreditar que era verdade. Imediatamente, senti meu mundo acabando ali.

Meu Deus, porque isso estava acontecendo? Por que eu? Por que o meu filho?

Como se não bastasse a dor que sentíamos, eu precisava organizar a vinda dele para São Paulo. E quando recebemos a papelada do hospital, vi o horário que ele se foi: 23 de dezembro de 2015, às 7h59.

Entre pensamentos de questionamentos e indagações eu notei: eu tive o prazer de ser a mãe daquele anjo por exatamente 2 anos e 24 horas, e nem um minuto a mais.

Dali em diante eu precisava reordenar a minha vida. Minha filha era meu motivo de continuar. Por várias vezes, vi o esforço dela em me animar, mas, na verdade, o que mais me ajudou foi saber que eu teria uma confidente com quem eu poderia contar para o resto da minha vida.

Hoje, o projeto que meu filho tanto amava está muito maior, e em memória dele, desenvolvemos trabalhos junto às comunidades civis e militares, compactuando com os sonhos dos nossos alunos e familiares.

Criamos um projeto de bombeiro mirim para crianças a partir de 6 anos de idade, fui me formar bombeira, TST e guarda-vidas. Minha vida não parou graças à minha família, aos meus Pais, meu marido e minha filha, que é a minha vida.

Após isso, tive outras gestações não evolutivas. Um total de quatro abortos espontâneos, sendo um deles com curetagem e uma gestação ectópica (nas trombas). Mas não era a tentativa de substituir o Enrico, porque sabemos que nunca seria possível, mas a tentativa de trazer um pouco de cor para nossas vidas

O tempo passou e, junto com meu marido, fizemos um propósito: "Pelo nosso filho não podemos fazer mais nada, mas temos a obrigação de fazer por nossos alunos, pelo amor que nosso bebê tinha pelo IPMIL."

Enrico, você me tornou Mãe de Anjo, mas é e sempre será a nossa guia. Sophia, minha força e minha vida, é por você minha luta. Meus Pais, vocês são meu exemplo de vida e meu porto seguro. Meus irmãos, vocês são o que me completa. Henrique, juntos passamos por tanto e construímos nossa linda história. Aos alunos e colaboradores do IPMIL vamos juntos levar nossa missão para os quatro cantos do país.

Não precisa perder um filho para ser forte, basta ter a empatia e resgatar de você todo o amor guardado, e faça por quem você realmente ama.

A dor não passa, o tempo não a faz diminuir. O vazio do quarto, o cheiro agora, só na lembrança. Eu sinto a pele dele, o carinho e o toque daquela mãozinha de 2 anos de idade.

O som da voz dele ecoa quase que diariamente na minha mente e não se passa um dia sequer que eu não pense no meu filho.

Hoje falo com Mães de Anjos, porque temos uma dor em comum. Nunca mais parou de doer, desde aquele dia, mas somos tão fortes que somos capazes de sorrir, mesmo sangrando por dentro.

Somos fortes por ter entregue à Deus o nosso bem maior: nossos filhos.

Nossa dor é tão impensável que não tem nome. Uma mulher quando perde o marido, fica viúva. O filho quando perde a mãe, fica órfão. Mas quando uma mãe perde um filho, qual nome se dá?

Acordar todos os dias, vestir a farda e ir trabalhar não é fácil, mas eu descobri que por várias vezes na minha vida tive que aguentar o que achei que não aguentaria, que somos mais fortes do que imaginamos e que muitas vezes temos que ser fortes por aqueles que amamos e que estão aqui conosco.

Nós, Mães de Anjos, temos a dor encarcerada no nosso coração, mas mesmo assim somos dotadas de um amor incondicional, um amor que não precisamos ver, ouvir ou tocar para amar o nosso pedaço que partiu.

Lidar com a ordem inversa da vida é impensável. Não deveríamos ver morrer quem vimos nascer. Mas é por isso que somos as Mães de Ferro, Mães de Anjos.

16

O QUE VOCÊ FARIA NO MEU LUGAR?

Quando estamos seguindo na vida sem consciência, dando conta de tudo mas a um preço muito alto, a vida nos dá um presta atenção para nos despertar. Eu sofri um acidente no pior momento da minha vida, quando não podia nem ter uma gripe, fiquei um ano sem andar. Aí veio a escolha: fico no vitimismo ou escolho que quem manda na minha vida sou eu e assumo o comando da situação? Vem comigo! Minha história pode te libertar.

ELAINE CURIACOS

Elaine Curiacos

Contatos
Instagram: @elainecuriacos
Youtube: Elaine Curiacos
Linkedyn: Elaine Curiacos
Facebook: Elaine Curiacos

Atua como palestrante, treinadora, mentora, *coach*, terapeuta e analista comportamental. Especialista em inteligência atitudinal e criadora dos métodos Mulher Mil Volts e Cura pelo Inconsciente. Empresária, professora universitária e convidada do curso de MBA em Gestão de Pessoas. É autora de *Stress: tire proveito dele!*, coautora do livro *Práticas de coaching e mentoring*, e autora de *Inteligência atitudinal: o estado de presença aplicado a resultados*.

Muitas vezes, estamos seguindo pela vida desnorteadas, sonhamos e não conseguimos realizar; outras vezes, já nem sonhamos mais, só vamos sobrevivendo. E sabe o que é pior, a gente se acostuma, achamos que a vida é isso e pronto. Não fazemos nada para mudar. Mas eu lhe digo que a vida pode ser vivida de maneira leve e feliz, eu descobri isso em uma longa caminhada. Deus nos deu vida em abundância, pois somos a imagem e semelhança Dele. O cérebro não consegue distinguir o real do imaginário, para ele é tudo real o que pensamos e sentimos. Quando desejamos algo, estamos colapsando, porém nem sempre os desejos são materializados, pois carregam ansiedade, medo, culpa, tristeza, raiva e vibrações de baixa frequência que impedem a sua realização.

No meu livro *Inteligência atitudinal*, eu falo sobre a vibração de cada emoção e o quanto essa vibração comanda seus resultados.

Hoje, vivo uma vida mais leve e realizada. Já fui fisioterapeuta, consultora em ergonomia e, aos poucos, fui migrando para terapia, criei o método Cura pelo Inconsciente, que amplia a consciência e ressignifica o passado; também criei o método Mulher Mil Volts, aplicado on-line para desenvolvimento pessoal e profissional. Sou palestrante internacional e amo ministrar palestras, treinamentos, mentorias e tantas outras coisas que faço com amor e leveza. Sou casada há 34 anos, tenho uma filha e um genro maravilhosos, uma família que amo muito. Mas nem sempre foi assim, vivi uma longa estrada para chegar até aqui.

Honre sua história, afinal ela trouxe você até aqui

Eu nasci em uma família humilde, tínhamos amor, muitas dificuldades, mas eu imaginava ser uma família Doriana, perfeita. Aos nove anos, já ia atrás de vender algo para ganhar meu dinheiro e comprar o que eu queria, sempre independente, alegre e falante.

Porém no meu íntimo havia um complexo de inferioridade que só percebi bem mais tarde, mas isso não me impedia de seguir rumo aos meus objetivos. Sempre muito destemida, eu buscava oportunidades e ouvia com frequência dos meus pais: "Pare de inventar moda, você não sossega!".

Sou uma buscadora, e tudo foi acontecendo na minha vida muito rápido. Eu aprendi, com minha mãe, a sempre ficar pensando naquilo que quero até acontecer. Isso me faz lembrar de uma passagem da Bíblia em Mateus 9, 28-30, em que Jesus disse: "Vocês acreditam que eu posso fazer isso?".

Eles disseram: "Sim". Então Jesus disse: "Vão que estão curados". Ou seja, o milagre somos nós que fazemos quando acreditamos.

Formei-me na faculdade de Fisioterapia com 20 anos. Aos 21, montei a primeira clínica de estética da cidade; aos 22 anos, prestei concurso na universidade que estudei e virei colega de trabalho dos meus professores, fui docente, supervisora de estágio. Aos 27 anos, tornei-me chefe do departamento, ou seja, líder dos meus ex-professores. Casei-me nesse ano também. Depois de 8 anos, tivemos nossa filha; depois de 10 anos, pedi demissão e fui ser empresária. Quebrei, levantei e levantei de novo e segui sempre em frente buscando fazer o que me realiza até hoje. Se não gosto, mudo, recomeço e sempre acabo encontrando meu caminho.

Lembro-me que, quando criança, eu era a única em casa que gostava do novo, de desafios. Vejo, hoje, que toda família tem uma pessoa diferente e essa era eu na minha. Falante e sempre animada para o que desse e viesse. Meu pai era sempre atencioso, mas trabalhava muito e ficávamos juntos pouco tempo. Aos 15 anos, fui para o colégio que ficava junto da faculdade de direito que meu pai cursava. E íamos juntos, eu no colégio e ele na faculdade.

Eu tinha, dentro de mim, uma alegria genuína, e mesmo as coisas não sendo fáceis em casa, eu seguia alegre e sempre otimista, porém me incomodava muito quando meus pais brigavam.

Focando no resultado e não na causa

Eu nem sabia os porquês das brigas dos meus pais, as prisões que traziam internamente, eu só sabia que queria que eles parassem. Eu tinha um pai bastante sensível, uma mãe muito guerreira, mas mais durona. Eu dizia ainda pequena: "Mãe, para de brigar com meu pai. Ele fica triste e chora. Qualquer dia ele morre de infarto".

Minha mãe, muito brava, dizia: "Você fala demais, fica quieta. Isso é entre eu e o seu pai, vai brincar".

Será intuição ou poder da palavra?

Mas meu pai, aos 58 anos de idade, sofreu um infarto fulminante... e morreu! E nem preciso dizer que culpei a minha mãe, mesmo sem dizer nada, e pior, ela se culpou, e, seis meses depois, estava sendo diagnosticada com câncer de pulmão que, ao longo de dez anos, foi indo para outros órgãos. Foram nove cirurgias e quimioterapia a cada 21 dias por dez anos. Não preciso nem dizer que me culpei pelo câncer da minha mãe e por todo o sofrimento dela. É como se minha vida parasse e eu fosse vivendo apenas as obrigações, meus deveres. Fui sobrevivendo com uma vibração baixa, pois a culpa vibra em 30 Hertz, a paz em 600 Hertz. Perdi a paz e a alegria, endureci. Eu estava casada há dois anos quando tudo isso aconteceu. Tive muita dificuldade em engravidar, que era o meu sonho, demorei oito anos para conseguir e passei a gravidez toda entre hospital, cirurgias, laboratórios, consultas e quimioterapias. Entre a vida e a morte. E sabe o que é pior? Eu não percebia que a emoção que movia minha vida era a culpa.

Não me dava conta das autossabotagens que fazia comigo. Quebrei minha empresa, quase acabei com o casamento, tive dificuldade em engravidar, engordei 30 quilos em seis meses.

Um dia, chegando em casa, percebi que eu estava dando conta de tudo, ser mãe, ser filha de mãe doente, ser esposa e profissional da saúde que cuidava muito bem dos meus clientes, mas a que custo?

O que faria no meu lugar?

Faltou dizer: "Basta!". Ter consciência e perdoar minha mãe, a mim mesma e me aceitar, ter consciência de que ninguém é responsável pela doença ou morte de ninguém, que preciso sair do passado e viver o aqui e o agora e, finalmente, preciso ser grata a tudo que tenho hoje para não perder. Precisei chegar ao fundo do poço, com muitos prejuízos, ficar sem saída para virar o jogo.

Um dia daqueles exaustivos, que eu queria só chegar em casa e tomar um banho e dormir, eu ainda tinha que dar banho na minha mãe, que não aceitava cuidadora, brincar com a filha pequena, afinal me esperou o dia todo, e dar uma atenção ao marido.... eu pensei: "Nossa, eu não posso parar um dia; não posso nem ter gripe". Então a virada de chave aconteceu na minha vida.

Uma semana após eu ter pensado isso, eu sofri um acidente e fiquei um ano sem andar. Imagine quem não podia parar um dia, parar por um ano. Foi *punk* demais, porém eu mudei muita coisa na minha vida nesse momento.

Eu parei minha correria, fiquei ali deitada na cama enquanto, para os outros da casa, a vida continuava. Minhas vizinhas, amigas do prédio que eu morava, me ajudaram muito. Fechei meu consultório e precisei mandar embora três funcionárias. Foi muito triste para mim.

Imagine a situação financeira de uma profissional autônoma, levando em conta o tempo em que fiquei na cama, sem herança, que fica sem trabalhar, sem ganhar nada; quase todas as nossas reservas tinham ido para os tratamentos da minha mãe.

A fé e a confiança foram grandes aliadas nesse momento. A aceitação era o que eu tinha que praticar todos os dias, e isso me levava ao estado de presença, pois eu vivia um dia de cada vez e claro, no final, que tudo deu certo porque, se você prestar atenção na sua vida, sempre tudo dá certo de um jeito ou de outro. A gente se preocupa e fica ansiosa desnecessariamente.

O acidente como um caminho

Eu aprendi que um precisa do outro, e olha que eu achava que controlava tudo, que tudo tinha que ser do meu jeito, que eu não precisava muito dos outros, que dava conta sozinha. Imagina, coitadinha de mim, quanto equívoco. Era uma máscara que usava para me proteger de uma rejeição profunda, que acredito ter vindo desde a barriga da minha mãe, e que depois foi sendo acentuada pela culpa. O orgulho e a arrogância sempre escondem o medo de rejeição e eu nem percebia nada disso, só seguia em frente. Apanhava da vida e nem percebia que era eu quem provocava isso para mim mesma, como uma punição interna pela culpa da doença da minha mãe.

Aprendi que tudo aquilo que eu achava que só eu fazia, outros também podem fazer. Aprender a delegar, esse é o grande segredo da vida. Deixar o outro fazer e crescer, só assim você também cresce.

Aprendi a olhar para as pessoas de outra maneira, despertei, em mim, a gratidão e, principalmente, aprendi a aceitar o outro como é e a aceitar o que o outro tem para dar, sem criar grandes expectativas.

Aprendi que se perdoar e perdoar pessoas e situações muda o jogo e faz a vida fluir. Aprendi que eu não controlo nada.

Aprendi a dar muito mais valor ao meu marido, meu irmão, minha mãe, minhas funcionárias, minha filha, minha família, minhas amigas, enfim, a todos que me ajudaram de um jeito ou de outro.

Aprendi a ter muita fé, só acreditar e pronto. Esperar em Deus a resolução dos problemas que você não pode resolver no momento, só Ele pode. Entregue-se e confie. Isso muda a nossa vibração energética e faz tudo dar mais certo.

Eu disse para mim: ou você chora todo dia e se deprime ou aproveita o tempo e vira o jogo. Faz coisas que nunca tem tempo para fazer. Aproveita o momento e vive um dia de cada vez. E foi essa minha escolha. A Nilcéia, minha vizinha amiga, uma grande artista plástica, ensinou-me a pintar tela. Colocamos um plástico na cama, a tela e eu, fomos brincando com massa e tintas, e fiz vários quadros que hoje olho com orgulho. Eu escrevi meu primeiro livro com quase 400 páginas que, assim que consegui começar a andar de muletas, publiquei e serviu para marcar minha volta ao trabalho e à vida. Eu li a Bíblia inteira duas vezes e aprendi muito com o grande mestre Jesus, para mim, o maior líder do mundo.

Como aprendi, como cresci e como mudei tudo dentro de mim! Fiz escolhas mais assertivas e tive, ao meu redor, pessoas maravilhosas que me ajudaram.

Lembro-me que entendi o acidente como um caminho para minha cura interna. Eu precisava parar, sair daquele controle imaginário e voltar a viver. Aprender a me perdoar e parar de me castigar. Deixar a vida fluir e resgatar aquela alegria genuína que perdi. Eu entendi que tem uma emoção que move nossa vida e a gente nem se dá conta disso, só vai levando. Então lhe pergunto: qual emoção move a sua vida?

Muitas vezes, você se descobrirá perfeccionista demais, cobrando muito de si mesmo, criticando-se e se julga por uma emoção de culpa ou medo, que tem um chicotinho na mão o dia todo, e você mesma não deixa nada dar certo para você.

Eu entendi que não se trata de por que eu, mas para que eu? Que se sentir vítima só paralisa a vida, mas assumir a responsabilidade leva a escolhas mais assertivas. Ser autorresponsável muda tudo e pode fazer você ir para o próximo nível. Crescer, aprender e evoluir.

Minha mãe faleceu dois meses após eu voltar a andar e nos aproximamos muito nesse ano que fiquei na cama. Foi muito profunda a passagem dela comigo. Minha filha ficou esse tempo ao meu lado. Brincamos muito, criamos vínculo de amor e confiança; isso a ajudou muito na perda da avó e no desenvolvimento emocional dela.

Meu casamento se fortaleceu muito e minha relação com meu irmão ficou ainda melhor. E tem pessoas bem pontuais que fizeram muita diferença nesse meu processo. Mas o que foi mais incrível é a parada que dei na minha vida e como eu passei a enxergar tudo depois disso. A minha consciência se ampliou muito e eu passei a ver a vida, pessoas e situações de outra maneira, assim como a mim mesma.

A partir do momento que aceitei todo o processo, enterrei o passado depois de quase dez anos e comecei a cuidar de mim e praticar o estado de presença, agradecendo muito tudo o que já é, que já se tem. Foi difícil sair da zona de conforto, mas mais difícil foi ficar me matando um pouco a cada dia, em doses homeopáticas.

Tome uma atitude agora. Dê o primeiro passo, que Deus coloca o chão.

O nosso poder sempre está na ação

A falta de atitude gera um grande estresse e é o corpo que vai pagar a conta. Vejam o preço que se paga pela falta de autoconhecimento, de autoperdão, não aceitação, viver no passado e não agradecer, só reclamar e ser vítima de si mesma. E olha que eu entregava muito, mas a que preço? E você, como tem sido sua entrega na vida pessoal e profissional?

No meu caso, aceitar a perda repentina do meu pai já era difícil, mas a maneira como eu e minha mãe encaramos isso é o que gerou muito estresse e, consequentemente, doenças físicas. Então não é sobre o que acontece na vida, pois todos nós temos desafios e perdas, mas é sobre como encaramos o que acontece.

Que peso tem dado aos acontecimentos da sua vida? Onde está seu foco hoje?

Hoje, posso dizer que eu sou dona da minha vida, portanto, quem manda na minha vida sou eu e escolho seguir em frente rumo ao sucesso. E você, o que escolhe? Ser vítima ou responsável?

Afinal quem é a dona da sua vida?

17

DISRUPTIVA QUE SOU

Talvez possa transmitir uma imagem meio egocêntrica ao me expressar assim, porém, é com toda autoridade sobre minhas ações e palavras que venho aqui contar um pouco da mulher que eu era e da mulher em que me transformei.

ELAINE GUANDALINI

Elaine Guandalini

Contato
Instagram: @elaineguandalinioficial

CEO da Vida Incrível Presentes; palestrante motivacional, empreendedora/empresária, escritora, mãe de Isabella e Murillo (18 e 15 anos). 35 anos, casada com Eriko há 20 anos. A escritora Elaine Guandalini vem conquistando cada vez mais espaço no mercado de palestras motivacionais com o tema do seu livro *Vida incrível: 86.400 segundos para alcançá-la*. Com um diferencial de dinamismo e assertividade, suas palestras duram em média uma hora e pretendem inspirar o público a alcançar seus sonhos e objetivos. Elaine se destaca por sua preparação minuciosa, estudando a fundo o público-alvo de cada palestra e suas dores. Com uma abordagem prática e objetiva, ela oferece, aos participantes, ferramentas para aplicar em suas vidas cotidianas e mudar suas realidades. Competências: liderança, planejamento estratégico, atendimento ao cliente, gestão, vendas e empreendedorismo feminino.

Muito provavelmente você não me conheça, então, vou me apresentar, Sou Elaine Guandalini, tenho atualmente 35 anos, casada há 20 anos, mãe de dois filhos (Isabella com 18 anos e Murillo com 15).

Sou escritora – tive meu primeiro livro lançado na Flip, no Rio de Janeiro – palestrante, empresária, mãe, esposa, mulher, cristã.

Talvez muita coisa, mas isso ainda não é nem o começo do que há por vir na minha vida e história. Mas... Quer saber a verdade? Nem sempre foi assim.

Fui mãe com 16 anos, e não me orgulho muito disso. Mas me orgulho do que a maternidade me tornou quando descobri que, no auge da minha melhor idade, estaria carregando, no meu ventre, o maior motivo que me faria mudar completamente de vida.

Para melhor? Não sabia de momento, pois quando descobri a tamanha estupidez que eu havia feito, me passaram muitas coisas pela cabeça.

E uma delas você já pode imaginar, afinal, com que maturidade eu iria cuidar de uma criança, já que eu nem mesmo sabia cuidar de mim mesma?

E foi aí que eu tive um choque de realidade. Eu teria que arcar com essas consequências de qualquer jeito. Não poderia de forma alguma infringir os ensinamentos, princípios e valores que recebi.

Então, com a cara e a coragem, enfrentei todos os desafios que passaram por mim naquela época.

Uma mudança de vida radical, onde eu teria que deixar de estudar e curtir minha juventude para passar a ser mãe, dona de casa e esposa.

Não é fácil quando não se tem um manual de instruções. Erros, consequências, decisões erradas, decisões precipitadas, avanços de etapas.

Existe um provérbio chinês que eu gosto muito. Ao ler sem prestar atenção parece meio bobo, mas faz muito sentido.

Ele diz assim:

"Se seu problema tem solução, não se preocupe, pois tem solução.

Se seu problema não tem solução, não se preocupe, pois não tem solução."

Parece um pouco clichê, mas a verdade é que muitos de nós nos preocupamos tanto com os problemas da vida, problemas e não conseguimos pensar com sabedoria para resolvê-los.

A falta de sabedoria aliada à ansiedade faz com que avancemos em muitas etapas. E assim eu fiz, avancei, cresci, amadureci muito precocemente; até chegar em uma fase da minha vida em que eu estava tão desestruturada que meu casamento já estava se deteriorando. E minha vida como mãe já não era mais a mesma.

Sem um emprego bom, consequência de não ter estudado, não me restava muitas opções.

Comecei a trabalhar em fábricas como auxiliar de produção, nada contra, mas eu não me sentia feliz, eu queria mais. Eu via pessoas evoluindo e queria ser como elas.

Se seu problema tem solução...

Tomei uma decisão para a minha vida naquele momento, "Eu, Elaine, não aceito menos do que mereço". Afinal de contas, eu merecia estar onde eu queria estar, e ia fazer isso acontecer. Foi onde tudo começou.

Entre um avanço e um retrocesso, eu vivia dando murro em ponta de faca. Tentei por meus próprios meios, mas não tive êxito.

Coisas grandiosas requerem ações grandiosas. Comecei a estudar pessoas que passaram pelo mesmo processo que eu. O que as motivou? O que as inspirou? Qual era o segredo delas? Comecei a estudar o livro *O segredo*, um dos maiores best-sellers que eu já li na minha vida.

Mudança de mente.
Mudança de rumo.
Mudança de ambiente.
Mudança de ações.

O que você quer? Onde quer chegar? O que é necessário para que isso aconteça?

Descobri que precisaria mudar e eliminar muitas coisas na minha vida. Entre elas, pessoas tóxicas e pessoas aproveitadoras, que só queriam a minha amizade por interesse ou por algo que eu poderia oferecer.

Se quer saber por onde começar, está aí uma dica.

Depois de muito tempo, eu consegui chegar às minhas primeiras conquistas: restauração financeira, um bom emprego, carro do ano, celular do ano, lancei meu primeiro livro, as coisas estavam fluindo demais.

Mas eu não queria parar por ali, eu queria mais, queria que meus resultados fossem além de resultados significativos, queria que os meus resultados fossem algo espiritual. Depois de tantas dúvidas, entendi a minha identidade. Minha identidade era transformar a vida de mulheres que, assim como eu, passaram por situações de falta de sabedoria e avanço de etapas.

Esse era o meu propósito.

Tudo veio ao meu encontro como uma grande luz cintilante e brilhante como o sol, eu sabia o que eu finalmente queria.

Queria ser alguém disruptiva, que fizesse a diferença nessa terra.

No meu primeiro livro, *Vida incrível: 86.400 segundos para alcançá-la*, escrevi o passo a passo para você aprender na íntegra como ter uma vida incrível.

Nesse livro, eu mostro como você pode alcançar essa vida em todas as áreas que você precisa. Financeira, casamento, social, profissional e, principalmente, amor-próprio. Ali tem técnicas práticas que eu mesma usei e adaptei a minha rotina.

E agora vou te confessar um segredo, eu não poderia vir aqui se eu não aceitasse mais um desafio na minha vida.

Nesse exato momento em que estou escrevendo, estou cumprindo aviso prévio da empresa em que atuo há 12 anos. Talvez um dos maiores desafios que eu tenha enfrentado foi o de tomar a decisão de sair da CLT para o tão sonhado empreendedorismo.

Preparei-me para abrir a minha primeira loja de presentes personalizados – que já está há seis meses em atividade – porém, ainda me faltava tomar essa decisão. Sair da vida dupla e assumir o meu papel de empreendedora.

Não é fácil, dizem que para se conquistar algo grandioso é preciso muita sorte. Mas sou obrigada a corrigir e ir mais além: "sorte é quando a oportunidade encontra você preparado".

Para essa preparação, muitas vezes você terá que assumir riscos e desafios que não serão fáceis.

Vou contar um risco que eu assumi para que você possa entender um pouco mais.

No meu primeiro livro eu decidi que não queria ser apenas mais uma escritora, não queria que as minhas leitoras abrissem mais uma página sem fundamento, mais uma promessa de mudança sem sucesso. Eu queria que elas pudessem entender que correr riscos pode mudar quem nós somos para nos transformar em quem queremos ser.

Esse meu livro ficou tão disruptivo, que precisei mostrar na íntegra que quem manda na minha vida realmente sou eu.

No livro coloquei três segredos, que somente vocês que estão aqui agora terão acesso.

Por três motivos específicos, em todos os capítulos – exceto o capítulo 11 (que é mais prático para as mulheres, eu não quis tirar a atenção desse detalhe) – coloquei propositalmente três erros de português.

Talvez você esteja confusa, mas irei explicar.

Eu ministro palestras para mulheres que querem e devem se tornar disruptivas. Então, eu assumi alguns riscos para ser exemplo para elas.

Por três motivos:

1. Porque eu sou a escritora e posso escrever o que eu quiser, não o que o padrão de leitores pede.
2. Para as pessoas verem que por trás dessas letras existe uma pessoa falha, e que escrever um livro não é coisa de outro mundo. Qualquer pessoa que se permita sair da zona de conforto pode escrever.
3. Último e mais importante: eu não aceito conselhos e julgamentos de pessoas que fazem ou fizeram menos que eu.

Exemplo: eu não posso chegar e ensinar você a vender seguro se eu não domino essa área, agora, se vier alguém acima de você que queira ensinar você para agregar valor ao seu produto, com toda certeza você estará de mente aberta para aprender.

Se alguém chegar e falar: Elaine, eu li o seu livro e achei "bacaninha, até", porém, encontrei vários erros de português.

Então, eu posso com toda autoridade perguntar para essa pessoa: Quantos livros você escreveu? Quantas pessoas você ajudou? Para quantas pessoas você falou do reino de Deus?

Você entendeu o que é ser disruptiva? Entendeu agora o que é você mandar na sua própria vida, sem se importar com a opinião das pessoas?

Eu não sei em qual estado você se encontra nesse momento, eu não sei como tem sido suas noites, eu não sei quais suas dores; mas preciso dizer a você, pela autoridade que tenho no assunto, que: A dor também é necessária! Ninguém gosta de sentir dor, não é mesmo?

Ela machuca tanto fisicamente quanto espiritualmente.

Uma perda dói.
Uma discussão dói.
Um tombo dói.

Uma decepção dói.
Amar dói.

Mesmo que você não aceite, a dor é necessária.

Existem dois tipos de DORES, a dor que machuca e a dor que modifica. A DOR que machuca é aquela que você tem prazer em guardar para você. Você fica chorando, se lamentando pelos cantos, muitas vezes, se vitimizando. Está doendo, mas você não faz nada para mudar a situação.

A dor que modifica é incrível, de verdade, entenda que sem dor não há transformação.

Sem dor não há metanoia.

Certamente, você já ouviu o ditado de que a maioria das pessoas vão para Deus por amor ou pela dor. Isso acontece porque é quando está tudo ruim que entendemos que algo precisa ser feito para mudar. Quando está tudo bem, dificilmente queremos uma mudança. Mas quando aprendemos que essa é a chave para uma grande transformação, passamos a acreditar no processo.

É quando sentimos dores que procuramos um médico, e com esse alerta descobrimos doenças antes de atingirem um estado mais grave.

Identificar a sua dor ajudará a aceitar o seu estado e, então, buscar alternativas para uma evolução positiva.

Você tem que escolher:

Deixar ela machucar ou deixe ela modificar você. O que vai ser?

Quer se tornar uma mulher incrível e disruptiva? Então, me acompanhe. Tenho certeza que se fizer o passo a passo você vai não só se tornar incrível, mas sim disruptiva.

E vai poder gritar aos quatro cantos do mundo: "Quem manda na minha vida sou eu".

Deus nos dá 86.400 segundos por dia para viver da melhor maneira possível, ou seja 24 horas por dia, e não sabemos se teremos outros 86.400 segundos.

Então, faça valer a pena, viva por você, ame mais, se ame mais, viva intensamente, pare de se preocupar com a opinião das pessoas, afaste-se de pessoas tóxicas, ande com pessoas que só querem progredir na vida e não com pessoas que só querem afundar você, livre-se de pessoas sanguessugas.

18

DO PATINHO FEIO
AO CISNE

Nasci ruiva numa época que quase não se sabia da existência de ruivos, portanto, mais que uma mutação genética, eu era uma mosca branca. Se somos 2% da população mundial, na coletividade a qual pertencia, eu era 0,0000001%. Não ajudava em nada meu pai ser mulato. Não me sabia diferente, era tratada diferente, apelidos de toda ordem; interessante que nunca os revidei, por isso nenhum colou. Sinto-me a personalização humana da história do Patinho Feio. Sou CISNE.

**FRANCIS MARGARET
AFONSO PIOVANI**

Francis Margaret Afonso Piovani

Contatos
tuga.fafonso@gmail.com
Instagram: @francispio55 e @marquespiovani

Advogada graduada em 2006 pela Universidade São Marcos (SP), com pós-graduação em Direito do Trabalho, especialista em Direitos Homoafetivos, técnica em Mediação de Arbitragem pela Escola de Magistratura Paulista, exercendo advocacia nas áreas de família, civil e trabalhista, atuando em consultoria para nacionalidades italiana e portuguesa. Antes disso, foi técnica em contabilidade pela Escola D. Pedro II de Jaboticabal. Aposentada por tempo de contribuição e de serviço, pelo Banespa, onde trabalhei, por 24 anos, como chefe de serviço, tendo atuado como gerente de agência em substituições do cargo.

Para muitos eu sou um portento, mas Tu és o meu refúgio.
Salmos 71:17

Sou caçula de três filhos, sendo a diferença de nove anos do mais próximo e de 14 anos da mais velha. Minha mãe não queria mais filhos, face às dificuldades que já tinha que suportar, tanto de ordem financeira quanto de ordem emocional.

Meu pai, sr. Nestor, tinha o que se costumava chamar de manias, ou como diziam, era sistemático – hoje o diagnóstico seria TOC. Como não havia tratamento adequado na época, o quadro foi se agravando. Ele sofria e nos enlouquecia com suas manias. Mas foi um homem honrado e trabalhador, nunca bebeu e tão pouco havia briga em casa. Porém, lidar com os desmandos dele foi torturante.

Quando nasci, já fazia anos que ele não cortava os cabelos e tão pouco a barba, mas esse era meu pai. Até que minha mãe decidiu interná-lo num sanatório, e eis que vejo meu pai ser levado por policiais e pedindo para minha mãe não deixar.

Minha mãe foi junto para interná-lo, como responsável que era; e me levou junto com eles. Tenho nítido ele implorando:"Não deixe que eles me deem choques elétricos". Tal pedido foi reforçado porque ele já havia passado por isso. Se eu fosse contar os fatos que levaram minha mãe a pedir a internação, este texto teria centenas de páginas. Quando fomos visitá-lo pela primeira vez, eis que me apresentam um homem sem barba e de cabelos cortados. Recordo-me que eu chorava, dizendo que mataram meu pai. E meu pai chorava do outro lado dizendo:"Vejam o que vocês fizeram, minha menina não me reconhece!".

Depois dessa vez, nunca mais foi internado, mas viveu sempre com a pecha de louco, até agosto de 1988, quando veio a falecer. Fui eu que providenciei toda a papelada para o velório – embora minha irmã e meu irmão fossem mais velhos, desde os 15 anos, de alguma forma, me tornei a filha mais velha.

Ressalto que se eu tivesse que escolher um pai, seria sempre o sr. Nestor mesmo. Nunca o vi bêbado, nunca agrediu minha mãe, nunca nos bateu. Trabalhou como um escravo, na enxada, por 45 anos ininterruptos.

Minha mãe, d. Sebastiana, era loira, olhos verdes azulados, bonita como só, foi até miss. Era dona de uma tenacidade e fé inabaláveis, embora de pouco estudo, lia tudo que chegasse em suas mãos. Adquirindo assim uma cultura ímpar. Gostava de oratória, de escrever.

Éramos pobres, mas tínhamos o arroz, o feijão e o que pudéssemos colher do quintal. Muito antes da farinha de banana verde virar moda, já comíamos banana verde no feijão, a necessidade é a mãe da invenção.

Minha mãe, sábia que era, tinha a consciência que só teríamos chance na vida se os filhos estudassem. Resultado: nós três fomos para a escola.

Tão logo foi possível, fui para o jardim de infância e, na idade correta, entrei no primeiro ano, ambos da esfera pública, chamado Grupo Escolar. Embora eu fosse diferente por ser ruiva, dentro dessa comunidade estudantil, tínhamos mais ou menos as mesmas vidas, ninguém se sobressaía em demasia. Havia diferenças sim, mas não chegavam a ser alarmantes. O mesmo posso dizer sobre o dia a dia no bairro. Tínhamos mais ou menos as mesmas roupas, sapatos; comíamos mais ou menos as mesmas coisas. O que diferenciava – e muito – era meu pai ser mulato e eu ser ruiva.

Quando estava no quarto ano, fiz o curso preparatório concomitantemente, curso esse obrigatório, chamado de Admissão; seguindo o que parecia ser a ordem natural das coisas. Porém, na hora de me matricular na primeira série, onde eu queria e pensava que iria estudar, não tinha vaga. Então, minha mãe soube que havia vaga no Colégio Santo André. Não havia hipótese nenhuma de que eu ficasse sem estudar.

O Colégio Santo André merece um parágrafo próprio. Colégio de origem belga, que até então era só internato, onde as filhas dos detentores das maiores fortunas do Brasil eram enviadas para adquirir não só conhecimento acadêmico, mas também práticas de boas maneiras, postura, bordar, tricô etc. Foi nesse ano que o Colégio Santo André passou a ser externato e abriu vagas. Para mim só havia uma chance: se eu conseguisse uma bolsa de estudo. Fiz a prova e consegui.

Esse foi, sem sombra de dúvida, o primeiro grande divisor de águas da minha vida. Descobri que havia um mundo que eu ignorava, onde as meninas chegavam de carro e motoristas, tinham estojos importados, caixas de lápis de cor com 24 e até 36 cores. A minha, quando foi boa, tinha apenas 12 cores, mas do tamanho pequeno. Nunca havia tido contato com tamanha opulência.

Mas foi aí que vi que eu tinha que mexer meu doce para não embolar, pois elas já tinham tudo e eu tinha que ir buscar. Foi assim que perdi o medo do NÃO. Para poder estudar, todo começo de ano, a madre me dava o nome das alunas que haviam passado de ano e eu ia de porta em porta perguntando se tinham livro ou livros que pudessem me doar. Quando relato isso, vejo o quanto aquela menina queria vencer, pois, aos 12 anos, aprendeu a lidar com os olhares – às vezes piedosos, outros, de total desprezo – mas se saísse com um livro embaixo do braço teria valido a pena.

Foi assim que também aprendi a bater na porta, mas nunca deixar de entrar.

Após o término da quarta série ginasial, fui cursar o colegial; e paralelamente me inscrevi na escola Técnica em Contabilidade, que foi minha primeira graduação técnica. Diploma esse que me assegurava o direito a inscrever-me em alguns concursos públicos. Prestei os concursos para o Banco do Brasil e para o Banco do Estado de São Paulo no ano de 1973, passei em ambos. Assumi uma posição no Banespa, em 1 de agosto de 1974, na agência matriz, na cidade de São Paulo, deixando para trás toda minha história, família, amigos; até mesmo a universidade que estava cursando, pois precisei abandonar. Sim, com 17 anos prestei e passei.

Quando comecei a trabalhar tinha 18 anos, olhar inocente, nada sabia da vida. O que sabia era só o que havia na Barsa e na Delta Larousse.

A fé da minha mãe lhe dava paz suficiente para não ter que se preocupar comigo. Então, fui para São Paulo sozinha. A partir daí, era eu e Deus, e assim tem sido.

Passei frio, chorei noites inteiras, mas sobrevivi para poder contar a história.

Em 1975, nas minhas primeiras férias, fui para a casa de meus pais. Voltei a me relacionar com o namorado que ali deixara e fiquei grávida da minha primeira filha.

Grávida, faço o que a sociedade esperava que eu fizesse: caso-me em março de 1976, e assim passamos a dividir nada. Minha filha nasceu em agosto de 1976. Foi assim que, aos 21 anos de idade, me vi com uma criança nos braços que dependia totalmente de mim.

Com tantas adversidades, entre elas a de não ter com quem deixar a menina pequena, o casamento começou a ir de mal a pior. Numa tentativa desesperada de reverter o desastre iminente da separação, pedi transferência de agência e saí de São Paulo. Fui para o interior do estado com fé que a vida seria mais fácil. Tal decisão foi a gota d'água: separo-me e, com 22 anos, fico numa cidade estranha, onde não conheço ninguém, com uma filha de um ano e meio para cuidar, educar e sustentar. Fiquei nessa cidade até o final de 1978.

A frase de incentivo que ouvi do pai biológico da minha filha foi: "Vou ver você na sarjeta, com cachorros a lamber sua boca!".

Meu foco continuou a ser me aproximar da minha terra natal, onde teria a família por perto. Depois de alguns meses, consegui nova transferência para outra agência numa cidade mais próxima, onde estavam os meus familiares e amigos. Mais uma vez, fomos nós três de mudança: Deus, eu e minha filha; para recomeçar tudo em outro lugar.

Poderia desistir, talvez até tivesse motivos e justificativas, mas além de obstinada, sou teimosa. Então, não fiquei lamentando, segui em frente, a duras penas, mas segui.

O genitor sumiu no mundo, sem manter contato e sem colaborar no sustento da filha. Era como se tivesse morrido.

No dia 9 de fevereiro de 1979, conheço o rapaz que passaria a ser o meu marido ao longo destas mais de quatro décadas juntos. E de três que éramos, passamos a quatro: Deus, ele, eu e minha filha. A vida continuava difícil, mas, a partir daquele momento, minha filha passou a ter um pai amoroso e comprometido.

Em março de 1981, nasceu o que foi a coroação da nossa convivência: nosso filho biológico. A benção divina que veio para nos encher de orgulho, como até hoje assim é.

Com a promulgação da lei do divórcio, o Promotor Público passou a exigir que fosse debitado, direto na folha de pagamento, o valor devido a título de pensão alimentícia para minha filha, porque, até então, o genitor nunca havia colaborado com um único grão de arroz.

Ao se dar conta de que com o Ministério Público não se brinca – e que o empregador passa a cumprir a ordem de retirada de parte de seus proventos e os envia para custear as despesas da filha – ele impetra uma ação de pedido de destituição de paternidade; pois assim não precisaria pagar nada. Se não é pai, não tem que sustentar.

Embora seja chocante e medonho, temos certeza que foi a melhor coisa que poderia ter acontecido, principalmente para ela, que desde que aprendeu a escrever já colocava o sobrenome que agora passaria a ser o seu de fato e de direito.

Sendo, portanto, esse o segundo grande divisor de águas na minha vida: ao abrir mão da paternidade, ele a dá em adoção. E aí começa nossa saga para conseguir regularizar a situação civil dela.

As exigências para adoção eram três: termos mais de 30 anos de idade; sermos casados há mais de cinco anos e possuir casa própria (não podendo ser financiada). Não tínhamos nenhuma das três, porém, focamos em agir de maneira tal que logo conseguimos ter os três quesitos devidamente cumpridos. Assim, começamos o processo de adoção, que se mostrou um misto do inferno de Dante com o samba do crioulo doido – que seria cômico se não fosse trágico. Detalhar os absurdos a que fomos submetidos é história para minissérie de Netflix ou um best-seller, quiçá os dois.

Minha filha sempre disse que nasceu para ser PIOVANI, que foi o melhor presente que o genitor dela poderia lhe dar, pois ter sido criada pelo pai e ter o sobrenome PIOVANI estava escrito nas estrelas.

O processo foi dispendioso e desgastante, mas logramos êxito e hoje usufruímos da paz que a certeza de termos feito o nosso melhor nos dá.

Em 1998, me aposentei por tempo de contribuição; em 2001, venci um câncer de tireoide; tive um câncer de pele, que também descartei; em 2002, comecei a faculdade de Direito, que terminei em 2006; em 2007, deixo de ser bacharel e passo a ser advogada, pois passei no exame da OAB-SP.

Administro a empresa da minha filha desde o início de sua carreira, mesmo porque ela começou a trabalhar aos 13 anos, como modelo.

Minha filha casou-se em 2011. Em 2012, nasceu o meu neto primogênito. Em 2015, tivemos bênçãos em dobro, pois nos foi dado um casal de gêmeos de netos.

Em 2019, minha filha se mudou para Portugal com a família e eu a sigo. Passei a morar entre o Brasil e Portugal, sendo esse o terceiro divisor de águas na minha vida.

Meu filho, que me encheu de orgulho ao passar no concurso da Receita Federal, é casado; mas não tem filhos.

E eu sigo casada há 44 anos com o mesmo homem. Somos pais orgulhos de um casal de filhos e três netos. Continuo advogando. Faço *patchwork* como *hobby*. Comecei, junto com um amigo, um novo empreendimento laboral, onde damos consultoria sobre processo de aquisição das nacionalidades italiana e portuguesa.

Às vésperas dos 68 anos, chego à conclusão que: nada foi em vão; que sou mais forte do que imaginava; que viver um dia de cada vez fez com que eu conseguisse seguir em frente; ignorar o futuro é uma benção. Se tivessem me dito tudo que eu teria que passar, eu teria desistido. Um dia de cada vez, considero dose homeopática.

O plantio é opcional, a colheita é obrigatória: está o meu marido para provar. Ele colhe o que plantou: amor incondicional dos netos. Ah! O genitor e ex-marido se mostrou ruim de lançar pragas e um péssimo profeta, pois nunca estive na sarjeta, com ou sem cachorros para lamber a minha boca!

19

MINHA VIDA, MEU TEMPO

Neste capítulo, olho ao redor e reconheço as portas que possuo e sei que não sei qual atravessar, fechar, deixar as frestas abertas ou abrir de vez! Este é um momento pessoal de introspecção e avaliação de crescimento, oportunidades, escolhas, tomadas de decisão; regado de saudades, muitas saudades!

INÊS RESTIER

Inês Restier

Contatos
www.micr.com.br
ines@micr.com.br
Instagram: @restierines

Consultora em treinamento e desenvolvimento empresarial e diretora da MICR – Consultoria e Treinamento Empresarial Ltda. Formada em Matemática e Administração de Empresas e com MBA em Políticas Estratégicas Empresariais. Coautora dos livros: *Ser + com T&D*; *Ser + em comunicação*; *Manual das múltiplas inteligências*; *Excelência no secretariado* (Editora SER+) e *Prospectiva Brasil 2035*. Conferencista internacional, conselheira fiscal e membro do Comitê RH de Apoio Legislativo da Associação Brasileira de Recursos Humanos (ABRH-SP) e membro da Sociedade Amigos da Marinha (SOAMAR-SP).

Vida... como definir "a vida" de algo ou alguém? E quanto a mandar? Palavra forte!
Mandar na minha vida até onde o tempo me permitir, sim. Diante do que está acima de mim, definitivamente não!
Então, da minha vida... por onde começar? De quando nasci? Não! Isso foi igual a qualquer pessoa, ou seja, nem mais nem menos difícil, pelo menos neste planeta. Meu crescimento? Físico, intelectual, espiritual? Aí já fica mais complicado definir, são tempos em separado.
"Meu tempo, minha vida!". Tempo de aprender, absorver, contestar, me apaixonar, aceitar! Aceitar... êta coisa difícil também! Meu tempo de realizar e amar.
Realizações cobram sempre muito esforço, persistência, tolerância (coisa que nunca tive muita). Elas exigiram e continuam a exigir muito estudo, experiência e prática. Esse percurso sempre foi prazeroso, pelos desafios, pela necessidade de ouvir pessoas e de analisar erros e acertos; meus e dos outros. Entretanto, apesar desse caminho ter sido sempre interessante e instigador, nem sempre foi suave.
Expectativas, ter um propósito de vida, conseguir ter clareza de ideias e tomar as melhores decisões possíveis. Como ter certeza? Não temos. A vida se apresenta e apenas observa o que vamos fazer, depois, abre a cortina e nos mostra os resultados.
Amar... ah! Esse tempo foi e é o melhor de mim! O encontro com o outro, a identificação de que, acontecesse o que acontecesse, estaríamos juntos! Apesar das interferências que incomodavam, continuaríamos o caminho...
Como explicar um amor que não morreu, apesar de você já ter partido? Continuar... outro desafio nesse tempo de minha vida.
Quanto tempo a vida precisa? Quanto do meu tempo eu tenho dedicado à minha vida? Verdade seja dita, consta em nosso DNA a mania de cuidar da vida dos outros e isso consome muito do tempo de nossas vidas.

Pertenço a uma geração onde o tempo fez e ainda faz com que atravessemos as maiores transformações. Profissões, tecnologias, gênero, crenças, políticas, territórios, o espaço infinito!

Inteligência artificial

Os *bots* que talvez reescrevam este meu texto de uma forma muito melhor. Neste momento, olho o céu e as estrelas, mas não mais com aquele romantismo de adolescente. Procuro alternativas, respostas para uma possível outra transformação. Procuro portas que se abram para outros espaços, para mais perto de onde você está.

Sigo sentindo, com intensidade, tudo o que consegui e o amor que ainda conservo.

Chegam as lembranças de como tudo começou. Quais foram os nossos primeiros passos? Como conseguimos conciliar nossas expectativas. Como conseguimos vencer os vários obstáculos que apareceram? Falo no passado, pois você embarcou em uma viagem que eu não pude acompanhar. Foi uma viagem sem volta e eu só conseguirei encontrá-lo quando o meu navio atracar, e essa data ainda não foi confirmada.

Enquanto escrevo, a chuva forte começa a cair. É como se o céu chorasse agora, junto comigo, da saudade que sinto, e aí o tempo pesa, dói!

São nesses momentos que temos a consciência do tempo, da vida, do elo entre eles e de nossas escolhas. Fatos que não controlamos, portanto, não "mandamos", apenas administramos.

E a felicidade? Ela mora na casa da vida e é mais ou menos intensa, dependendo do tempo.

A minha morou comigo muito tempo. Que sorte! Mas ela esqueceu de combinar com o tempo, ou pelo menos ajustar, até quando ficaria. Ela foi embora quando o meu amor embarcou...

Quanto tempo ainda tenho? O que minha vida me diz que eu faça já que não a controlo? O que eu realmente quero fazer? Não sei! Milhões de coisas dançam na minha mente, mas não existe uma que brilhe mais e me mostre o provável retorno ou visita da felicidade. E aí a vida se torna um pouco sem graça. Fico contente, muito contente, mas nunca feliz.

Hoje, minha vida e meu tempo estão direcionados à realizações profissionais, à consolidação e manutenção de amizades, de estar presente junto aos familiares e fazer o possível para ser um diferencial positivo para outras pessoas, coisa nem sempre fáceis de se conseguir.

Continuo vendo o sol nascer, brilhar e se pôr. Amanhece, respiro e sigo adiante; pois não existe retorno, apenas novos caminhos a percorrer, então, a única coisa que consigo "mandar" é: caminhe, siga em frente, erga a cabeça e vença seus obstáculos!

Agora o vento é forte e a força dele parece atravessar e limpar minha alma. Respiro fundo, oxigenando o cérebro. Abro bem os olhos, coisas e pessoas se mostram de maneira diferentes, mais frágeis, mais submissas perante a massa de água que desce do céu. O que será que estão sentindo?

São vidas que talvez não percebam o seu tempo e a real importância de mensurá-lo, entendê-lo, para que seja claro o seu papel.

Não sei se a tentativa de "mandar" que a vida seja da maneira que quero, seja a melhor; pois eu posso não querer passar por sofrimentos que talvez façam com que eu cresça e olhe com outros olhos o colorido das coisas ou a falta dele.

Pois é! Esta sou eu, neste momento, tentando "comandar" minha vida; tentando "mandar", mas ela pode simplesmente não obedecer.

20

VOCÊ PODE TUDO

Uma mulher autoconfiante é destemida, segura de si e exala determinação. Quanto mais você se conhece, mais se torna autêntica e confiante na realização dos seus sonhos.

JANA CATHARINA

Jana Catharina

Contatos
www.janacatharina.com
janainaandrades@hotmail.com
Instagram: @janacatharina1
13 99702 5556

Autora do livro *O despertar da realeza*. Professora e mentora de mulheres; pós-graduada em Neuropsicopedagogia, especialista em Habilidades Socioemocionais. Seus ensinamentos influenciam mulheres que estão em busca de autoconfiança, independência emocional para superação de suas vivências para, assim, ativarem o protagonismo de suas vidas.

Em algum momento da nossa vida, já sentimos o medo de fracassar ou o sentimento de inferioridade. Muitas vezes isso acontece por insegurança.

A insegurança é um questionamento em relação a si. Há momentos que nos sentimos inseguras por vários motivos, desde lidar com o emocional, social ou financeiro.

Geralmente, ocorre quando não nos sentimos capazes de realizar algo, ou quando não nos sentimos aceitas ou amadas. É um sentimento de não merecimento.

Essa sensação nos paralisa e faz com que tenhamos dificuldades em colocar nossas ações em andamento. Sendo assim, ficamos estagnadas e sem ação.

É importante olhar para dentro. Trabalhe esses anseios internos, viva um dia de cada vez e procure ser uma mulher mais sábia, diariamente.

Os momentos de desespero, desordem e caos não são o fim, são momentos importantes para encontrar ideias novas. Cada desafio que você supera, você se fortalece e adquire mais força para seguir em frente.

A perfeição não existe. Essa crença é sustentada por seu temor de acometer uma culpa e isso pode impedir você de caminhar pelos melhores caminhos.

Veja quantas oportunidades deixou de realizar até hoje, por insegurança, por não se considerar competente.

Pense: quais foram os pensamentos que delimitaram você? Como essas crenças vieram? Quem disse a você essas palavras que ficam martelando na sua mente?

Anote os momentos em que você venceu seus medos e quebre cada uma dessas crenças que enfraquecem sua vida.

A insegurança pode ser meramente uma perspectiva de uma situação vivenciada no passado; e que pode ser trocada por crenças efetivamente positivas e realizadoras.

Ela existe porque queremos ser perfeitas e perfeição não existe, fuja do perfeccionismo. Aceite suas imperfeições, não deixe o pensamento negativo limitar você.

Somos preciosas! Tire toda a mágoa e ressentimento de dentro de você, não deixe espaço para nada que for negativo no seu coração.

Cultivar pensamento bom é importante.

Sabemos que nosso pensamento permeia nossa realidade, na realidade do dia a dia nem sempre ocorre 100% de acontecimentos bons.

Esses padrões de pensamentos ruins são cruéis na nossa vida e impactam negativamente no nosso dia a dia, no nosso trabalho, na nossa saúde e nos relacionamentos de um modo geral.

Durante o processo de se atingir um objetivo, pode acontecer de ter angústias, anseios, questionamentos. É preciso saber administrar o que pensamos, pois isso acaba influenciando no nosso comportamento, logo, em consequências negativas ou positivas.

Pensamentos negativos devem ser evitados, devemos nos atentar e saber trabalhar internamente nossas emoções.

Depois de superar a depressão, eu aprendi a administrar e governar minhas emoções. Assim como eu, você também é capaz de mudar.

Não fuja dos problemas, aprenda e encarar os desafios diários. Ame superar obstáculos. O problema é resolvido com ação e superação!

Devemos ocupar nossa mente com novas aprendizagens constantes e estar em busca do enriquecimento de novos saberes. Procure fazer um curso, ler um livro, conversar com pessoas inteligentes; isso irá agregar valor na sua vida.

A vida é feita de testes, então, não tenha medo de testar suas ideias e seus projetos. Tire do pensamento e realize. E se não der certo? Não fique remoendo o que não deu certo, pois tudo que ocorre na nossa vida é uma sabedoria adquirida do que fazer ou do que não fazer. Tenha certeza que nós aprendemos com nossos erros.

Cerque-se de pensamentos positivos. Não seja o tipo de pessoa que foca no lado negativo das coisas, foque no que for positivo. Há muitas coisas positivas acontecendo pelo mundo, mas a maioria das pessoas foca no negativo. Porém, você é governante da sua vida, não deve absorver coisas negativas, deve direcionar seus pensamentos para o que for do bem.

Devemos compreender que o autoconhecimento é necessário para adquirirmos conhecimento. Quando adquirimos novos saberes, através do autoconhecimento, evoluímos e assim conseguimos ressignificar crenças.

Sem conhecimento não há autoconhecimento, pois temos o mundo interior e o mundo exterior.

Diante do que ocorre no mundo exterior, devemos direcionar o nosso mundo interior com sabedoria diante das adversidades.

Eu comecei a compreender meu mundo interior quando busquei novos conhecimentos, com isso aprendi a trabalhar as minhas batalhas internas.

Já parou e analisou a sua história e a influência do mundo exterior no seu mundo interior? Quais efeitos isso causou ou tem causado na sua mente?

O autoconhecimento faz você administrar, entender e, caso necessário, modificar tudo isso.

Saber identificar o que faz bem e o que não faz bem, o que gosta e o que não gosta é saber compreender-se e se aceitar.

Então, quando tiver dificuldade em identificar os motivos que levam à determinadas sensações, faça perguntas para você. Uma mulher bem resolvida não se importa com as opiniões alheias, não segue padrões impostos pela sociedade, pois ela não veio a esse mundo para agradar os outros. Ela tem o controle da sua vida e faz as suas vontades.

Diariamente, vá em frente ao espelho e faça um elogio para você. Diga: "Eu sou uma joia rara, dona dos meus gostos e das minhas decisões. Eu me amo e quem manda na minha vida sou eu!".

Referências

DISPENZA, J. *Você é o placebo*. Porto Alegre: Citadel, 2020.

MACPHERSON, C. *O poder da mudança*. Rio de Janeiro: Ubook, 2021.

VIEIRA, P. *O poder da autorresponsabilidade*. São Paulo: Editora Gente, 2018.

21

NAVEGANDO RUMO À MINHA ANCESTRALIDADE E SENDO A COMANDANTE DO MEU DESTINO

Este monólogo retrata o ponto de inflexão pessoal e profissional que me permitiu transmutar o medo – que por anos anulou minha confiança e sabotou meus sonhos – na bússola chamada coragem, a qual tem comandado a nau da minha vida, por vezes, em mares revoltos, mas sempre guiada pelos ventos da esperança.

JANAINA MICHELETTO

Janaina Micheletto

Contatos
www.nostrastoriacidadania.com.br
micheletto.adv@gmail.com
Instagram: @nostrastoria_cidadania
21 98009 3737

Advogada graduada pela UNIVALI (2002); pós-graduada em *Shipping* e Direito Internacional Privado pela Universidade Veiga de Almeida (UVA); especialista em Direito Marítimo pela Universidade do Estado do Rio de Janeiro (UERJ); membro da Sociedade Amigos da Marinha (SOAMAR) de São Paulo e Voluntária Cisne Branco (Seccional São Paulo). Atua como advogada em processos de retificação, suprimento, restauração de assentos civis; bem como na assessoria em pedidos de reconhecimento das cidadanias italiana e portuguesa. Possui formação profissional em pesquisa de genealogia de documentos (civis e religiosos) no Brasil, em Portugal e na Itália. Seu diferencial está em contribuir, profissionalmente, para que todo aquele que tem o sonho de se tornar um cidadão italiano ou português conjugue o verbo: conseguir!

> *Sejam fortes e corajosos. Não tenham medo nem fiquem apavorados por causa deles, pois o Senhor, o seu Deus, vai com vocês; nunca os deixará, nunca os abandonará.*
> Deuteronômio 31:6

Um oceano de incertezas. Assim começou a minha travessia rumo à descoberta de minha ancestralidade e da carreira profissional, que hoje eu desempenho com profícuo comprometimento e entusiasmo.

Estas páginas retratam a singradura percorrida até a origem do meu patronímico (sobrenome paterno Micheletto e dos meus ancestrais na Itália) e de como transmutei o medo – que insistia em paralisar os meus sonhos e aprisionar as minhas ações – na bússola chamada coragem!

Desde pequenina, um "toco de gente", por assim dizer, eu já sabia que era descendente de italianos. Mas vamos aos fatos, propriamente ditos, que justificam essa minha precoce constatação.

Faço tal afirmação porque foi o meu amado pai, Moacir, quem sinalizou que algo de "estranho" – e de certo modo, "intrigante" para mim – tinha no pronunciar do sobrenome da minha família, Micheletto.

Por sua vez, quem me incursionou pela primeira vez no fascinante mundo das letras foi a minha amada mãe, Irene. E do entrelaçar de cada letra, com seus formatos variados e sons inebriantes, as primeiras palavras passaram não só a povoar a minha mente, mas a se materializarem nas primeiras linhas escritas.

E da junção dessas – em variadas palavras, que na minha tenra idade eu não tinha a menor compreensão das suas semânticas – uma, em particular, passou a reger a minha vida por longos anos: o MEDO.

Um substantivo de extensão morfológica tão diminuto (formado por apenas duas consoantes e duas vogais), mas de grande dominância e poder que tolheu, literalmente, os meus sonhos; paralisando minhas ações por um considerável lapso de tempo e anulando, por quase duas décadas, a minha confiança.

Ouso dizer que da contumaz e divertida ação de desenhar meu nome e sobrenome, pois aprender o alfabeto – com seus respectivos sons e desdobramentos, juntando vogais com as consoantes para formar sílabas – só foi, de fato, ao ingressar na pré-escola nos idos de 1982, no diminuto município de Bela Vista da Caroba, atualmente com 3.404 habitantes, conforme levantamento do IBGE/2021. Abrindo um parêntese, a origem do nome deste município se deve, em detrimento da região, à época de seu povoamento ter tido extensas áreas da árvore nativa, da espécie carobeira.

Foi nesse lugar tranquilo, no coração do sudoeste do Estado do Paraná, que tive uma infância memorável entre os anos de 1981 a 1988. Naquela época, assemelhava-se a um pedacinho do Rio Grande do Sul "encravado" em meio a uma vasta imensidão de lavouras de soja, trigo, milho e feijão. Praticamente mais da metade dos seus habitantes eram descendentes de imigrantes italianos, outrora vindos dos Estados de Santa Catarina e do Rio Grande do Sul. Que o digam minhas saudosas e inesquecíveis amigas de infância, que descendem das famílias Ferrari, Galvan e Cenci, as quais carrego vivamente em minhas lembranças!

Mas, voltando à "estranheza" da pronúncia do meu sobrenome, foi meu pai quem efetivamente me ensinou que eu me chamava Janaina MiQUeletto.

Você, caro Leitor, deve estar se questionando: "Mas tenho certeza de que li, em linhas pretéritas, que o sobrenome é Micheletto, grafado com o dígrafo CH e não com o dígrafo consonantal QU. Pois bem, você não leu errado! Eu o grafei propositadamente com o dígrafo consonantal "QU" porque foi assim que aprendi, em tenra idade, com o meu pai e avô paterno, Jovino Micheletto (*in memoriam*), que meu sobrenome ao ser falado tinha o som de MI-QUE-LE-TTO!

No mesmo sentido, você deve estar imaginando a imensa confusão linguística gerada em minha cabeça com apenas 5 anos de idade e da imensa dificuldade em entender que o dígrafo consonantal "CH", que compõe a grafia do sobrenome (Micheletto), na verdade, não tinha o som de "X", mas sim do fonema "Q", a exemplo da palavra queijo!

Claro que, por eu ser uma criança que carregava um cabedal de perguntas aonde quer que fosse, não pude me conter e prontamente questionei o meu pai do porquê ter esse som de "Q". Meu Pai, rapidamente, para não ficar em um "bico de sinuca", respondeu-me de uma forma simples, porém contundente: "Minha filha, foi assim que eu aprendi com seu avô Jovino, o qual aprendeu com seu bisavô Victorio e assim por diante. Aceite e não questione mais seu pai quanto a isso, pois para o que não tem explicação, explicado está, *caspita*[1]!".

Mal sabia o meu pai, naquele momento, que ele havia acabado de adquirir mais uma titulação para mim: a de filósofo! E como uma boa filha obediente ao pai, eu não mais o questionei. E a pronúncia do meu sobrenome com o fonema "Q" passou a ser uma verdade absoluta para mim. E pensar que eu só fui ter a compreensão do porquê do CH + E ter o fonema de "Q" ao estudar italiano, após quase duas décadas!

Mas, imagine você, o quão dificílimo foi a compreensão disso, sobretudo porque minha mãe reiteradamente se utilizava do substantivo "chinelo" – que ela, a todo tempo, falava com "X", é claro – para me tolher das minhas inúmeras sapequices, ínsitas de toda criança feliz e saudável.

Vida que segue! (risos).

E foi chegada a hora de eu ser efetivamente alfabetizada em uma rede de ensino público. Na pré-escola, como é de praxe, aprendíamos a identificar as letras do alfabeto, seus sons (fonemas), a brincar com a junção das consoantes para formarmos as primeiras sílabas. E em uma dessas divertidas aulas, lembro cristalinamente que minha professora escreveu na lousa e em letras garrafais para que todos pudessem avistar:

CH + A = CHA
CH + E = CHE
CH + I = CHI
CH + O = CHO
CH + U = CHU

A fim de instigar seus alunos rebentos para que perdessem a timidez, a professora perguntou se alguém gostaria de se voluntariar para vir ao quadro-negro e pronunciar o que havia sido colocado na lousa.

Eu, sem titubear e motivada pela simples e inquestionável explicação proferida pelo meu pai filósofo sobre a pronúncia da junção CH+E do nosso sobrenome, que tem o som de "QUE", apresentei-me e comecei a pronunciar em bom tom e alta voz para todos os meus coleguinhas, convicta de que o meu pai não teria me colocado em uma enrascada, ou teria?

Ao final da pronúncia, só sei que colecionei uma explosão de risos, gargalhadas e uma calorosa salva de palmas sobre a minha brilhante e inesquecível atuação. Até porque, naquele momento, eu não passava de uma garotinha

---

[1] Expressão em italiano que tem o sentido de "caramba", "meu Deus", funcionando como uma interjeição.

com licença poética e que transpirava a pureza de uma simples criança que não via maldade em suas ações!

Caro Leitor, essa menininha que acabou de lhe ser apresentada e que nasceu no município de Laranjeiras do Sul – localizado na região centro-oeste do Estado do Paraná, com 32.167 habitantes (conforme levantamento do IBGE/2021) – nem sempre foi impulsionada pela inocência pueril a ser corajosa e solícita para o desempenhar de qualquer atividade; por mais simples que fosse. Pelo contrário. Como descrito no início deste monólogo, o medo, por quase duas décadas, me impediu de tomar importantes decisões na vida, como, por exemplo, de realizar provas em concursos públicos, nos quais eu já estava inscrita. E se não fosse pelo "empurrão" literal de dois grandes amigos de faculdade, Reinaldo e Sérgio, eu jamais teria feito a prova da Ordem dos Advogados do Brasil (OAB), seccional Santa Catarina, em janeiro de 2003, e logrando êxito na primeira tentativa.

Essa situação peculiar aqui reportada foi a primeira "guinada de rumo" na singradura da nau da minha vida, pois, afortunadamente, eu estava cercada de amigos valorosos, os quais foram determinantes para o exercer da minha militância jurídica desde o ano de 2003.

Mas voltemos à descrição da trajetória da minha história para que você, possa compreender quando foi a "virada de chave" para que o medo não mais fosse o regente da história da minha existência.

O ponto de inflexão pessoal e, consequentemente, profissional ocorreu no dia 26 de agosto de 2018: data na qual eu "icei a âncora" e parti rumo à Itália para reconhecer a minha cidadania. E o maior incentivador dessa aventura foi o meu amadíssimo marido, Alexandre, ao qual rendo a minha gratidão por ser o combustível que me move.

Nessa mesma data, exatos 127 anos, 2 meses e 20 dias, perfaziam o hiato entre um pobre camponês – meu tataravô Angelo Micheletto, acompanhado da sua esposa e de quatro filhos –, que, à beira do cais do porto de Gênova, embarcou rumo ao Brasil e o meu embarque no Aeroporto do Galeão.

Eu estava sozinha naquele avião, mas *piena di coraggio*[2] para transpor um imenso oceano de desafios durante os três meses que permaneci na Itália. Não obstante, quatro outras gerações embarcaram comigo naquela desafiante travessia rumo à realização de um longínquo sonho: o do reconhecimento de que meus trisavós, meus bisavós, meus avós e meus pais, não só corriam

---

[2] Expressão em italiano que traduzida para o vernáculo significa: "cheia de coragem".

em minhas veias, mas que faziam morada em meu coração aonde quer que eu estivesse.

Esse dia indelével, no qual releguei a menininha medrosa e assumi a mulher corajosa que sempre fez morada em mim, fez-me rememorar a história de um dos sete sábios da Grécia antiga: Bias de Priene. Quando a cidade onde vivia foi invadida e iniciou-se o saque, todos corriam desesperados para salvar algum bem. Bias, impassível, só observava a correria daquela gente, quando alguém lhe perguntou: "Por que estás tão tranquilo diante dos saques?". Ao que Bias respondeu: "Não me preocupo, porque o que tenho trago comigo".

Referências

CERULLO, M. *Batalha espiritual e vitória financeira.* São Paulo: Central Gospel, 2018.

FILOSOFIA NO AR. *O supremo bem.* Disponível em: <https://www.filosofianoar.com.br/site/conteudo.php?id=217&idioma=1>. Acesso em: 15 fev. de 2023.

IBGE. Instituto Brasileiro de Geografia e Estatística. *Bela Vista da Caroba – população estimada.* Disponível em: <https://www.ibge.gov.br/cidades-e-estados/pr/bela-vista-da-caroba.html>. Acesso em: 4 fev. de 2023.

IBGE. Instituto Brasileiro de Geografia e Estatística. *Laranjeiras do Sul – população estimada.* Disponível em: <https://www.ibge.gov.br/cidades-e-estados/pr/laranjeiras-do-sul.html>. Acesso em: 7 fev. de 2023.

22

NÃO ESPERE UM CÉU PARA BRILHAR, SEJA ESTRELA DA SUA VIDA

Em algum lugar já ouvira falar dela. Ela carrega consigo o nome e a lenda da rainha do mar. Diziam que ela era jovem e tinha dado a volta por cima. Sua única alternativa era recomeçar. Passaram-se quatro anos e, caminhando pelas ruas de Portugal, conheceu uma mulher maravilhosa que lhe perguntou: "Tem coragem de contar a sua história? E com coragem…"

JANAÍNA PRADO

Janaína Prado

Contatos
www.janainaprado.com.br
janainapradomentoria@gmail.com
Instagram: @janainapradomentoria
Facebook: @janainaprado
31 99577 7178

Estrategista da vida e da comunicação. Fonoaudióloga. Escritora e palestrante internacional, com certificação ODS-2030. Especialista em comunicação e expressividade. Psicodramatista, *coach*, *practitioner* em PNL, terapeuta integrativa sistêmica e analista corporal. Sócia e consultora da Reinventar Negócios. Já realizou várias palestras e treinamentos nas áreas de desenvolvimento humano, comunicação e oratória para empresários, políticos e empreendedores.

> *Falar é ato de amor, expressão e de libertação.*
> WILLIAM MATOS

Falar bem é decisão. Esse é o slogan do meu trabalho, entretanto, quando a decisão é falar, o amor deve ser a causa. Hoje tomei a decisão de falar do amor-próprio. Como fonoaudióloga, falar nunca foi um problema para mim. Entretanto, para escrever este capítulo, me faltaram palavras. Sintetizar o que sufocou o melhor de mim, trouxe de volta as mãos que me calavam. Mas também trouxe a coragem que me transformou na Janaína Prado. E é essa versão que uso para contar para vocês a minha história. Era uma vez, uma menina que recebeu de presente, desse imenso universo, um dos nomes da rainha do mar. Quando nasceu, ainda pequenina, embalada no colo, sua mamãe cantava:

— Oh Janaína, princesa d'água, solte os cabelos, Janaína, e caia n'água...

Ao som das cantigas de Iemanjá, eu conhecia a lenda de uma mulher forte, que, sem perder a beleza e delicadeza, tinha um jeito especial e único de tocar em frente a vida. Iemanjá se casou e teve filhos. Infeliz, irritada e triste com o casamento, resolveu ir embora para ser feliz. Ela saiu em direção ao oeste e conheceu um rei, por quem se apaixonou. Um dia, o marido de Iemanjá embriagou-se e começou a ofender a esposa. Como o marido a maltratava, ela, entristecida, resolveu fugir. O marido mandou um exército atrás dela. Durante a fuga, Iemanjá transformou-se num rio cujo leito seguia em direção ao mar. Mais adiante, o marido a alcançou e pediu que voltasse; como Iemanjá não atendeu, ele se transformou numa montanha para barrar o curso das águas. Iemanjá pediu ajuda ao filho Xangô e esse, com um raio, partiu a montanha no meio. O rio seguiu para o oceano e, dessa forma, Iemanjá tornou-se a rainha do mar. Toda mulher sonha com seu reino, seu palácio, seu príncipe, e claro, com o seu "feliz para sempre". Na lenda de Iemanjá, a busca pelo amor a fez fugir, buscar o oeste e dar aos seus filhos uma mãe feliz.

Tal como ela, sempre busquei um final feliz. Mas hoje sei que mereço, um início, um meio e um todo feliz. Por mim, pelos meus filhos e por todo o meu reino. Mal sabia eu que não teria apenas o nome de Iemanjá, mas que minha história também se assemelharia a dela. Assim como a lenda de Iemanjá, eu tive uma filha, terminei meu relacionamento e parti em busca da minha felicidade. Após um tempo, me casei novamente e gerei mais um filho. Mudei de cidade, e minha filha primogênita mudou-se para a casa de seu pai. Mesmo sabendo que minha filha tinha um ótimo pai, um pedaço meu havia ficado para trás.

Não ter levado minha filha, abriu em meu coração uma lacuna, um vazio, que cerceou o direito de sentir-me mãe. No entanto, mãe é algo tão forte e intenso que o nosso instinto nos leva para o caminho que permitirá que as nossas crias estejam mais protegidas. Com o passar do tempo, percebi que, naquele momento, foi o melhor que eu pude fazer. De alguma maneira, protegi minha filha de um futuro sofrido e trágico que estava por vir.

Naquela época, não se falava em relacionamento tóxico e abusivo. Eu acreditava que tudo era normal e, com o tempo, tudo iria melhorar. Na maioria dos relacionamentos abusivos, o homem parece ter duas personalidades; uma personalidade em casa e outra para a sociedade. Eu não sabia explicar como me sentia, mas minha sogra na época dizia: Janaína você vai direto para o céu, não sei como você aguenta meu filho. Nessa época, surgiu a oportunidade de trabalhar, de continuar estudando e retomar os meus sonhos. Tinha uma vida intensa, de muito trabalho, estudo, ser mãe, esposa e dona de casa.

Eu era determinada e dedicada, me esforçava muito. Nem o cansaço e a exaustão de um dia de trabalho me desanimavam ou me impediam de estudar. Eu morava na zona rural do interior de Minas Gerais e, para chegar ao centro da cidade, eu tinha que dirigir numa estrada de terra muito precária. Para chegar à capital eu dirigia na rodovia à noite e aos fins de semana. Eu sabia a importância do meu esforço na realização dos meus objetivos, então, eu persistia.

Eu era admirada pela minha garra e força de vontade. Ainda assim, eu não era feliz. Com frequência, me sentia amargurada, triste e, principalmente, mal amada. Não me sentia compreendida, valorizada e reconhecida pelo meu companheiro. Ele me incentivava e apoiava, ao mesmo tempo que desmotivava e humilhava. Eu sentia um misto de emoções e sensações. Eu jogava a minha dor no mar e pedia para Iemanjá levar. Por um momento, fui em busca do meu sol, queria sentir que a Janaína existia, não aguentava mais ouvir tantos xingamentos e desamor. Aonde estava a Janaína bonita? Cheia de vida? Alegre? Em que estrela ela estava escondida?

Eu descobri que estava enterrada como uma estrela-do-mar. Eu a peguei cuidadosamente e a joguei carinhosamente nas águas profundas do meu ser. Redescobri-me, me permiti e emergi, do fundo do mar para a vida. Para brilhar como estrela no céu, e não enterrada no fundo das águas. Minha estrela de cinco braços me deu forças para enfrentar tanto desamor e tristeza. Eu trai, e não tem como deixar isso bonito. Eu me perguntava, eu trai quem? Trai meu companheiro e, mais ainda, eu trai a mim mesma. E dói muito, assumi isso. É quase insuportável ter a lucidez de trair a si própria.

Eu estava na lona, desrespeitada, subjugada, me sentia um lixo. Queria receber amor e me sentir viva. A carência e o desamor são inimigos ocultos que precisam ser vigiados e cuidados. Pois, ao menor sinal de afeto, carinho e cuidado, eles podem trair a nossa razão, a nossa vontade e nosso livre arbítrio. A violência, verbal e psicológica, já fazia parte do meu cotidiano, mas eis que um dia a violência física bateu à minha porta. Eu havia decidido me separar e recomeçar a minha vida, meu companheiro não havia aceitado muito bem. E dias antes de me mudar, ele quebrou várias coisas em nossa casa. Justificava tal conduta dizendo que quebraria a casa para não me quebrar.

Após muita pressão e questionamentos, eu contei que o trai. Revoltado e sofrido, ele veio em minha direção. Eu tentei me defender das agressões no rosto e na cabeça, mas não tinha força física para tanto e me joguei no chão, mas não adiantou, comecei a sentir os chutes pelo meu corpo. Xangô abriu a montanha com um raio para sua mãe e eu fui salva pelo grito de meu filho.

Proibida de me despedir do meu filho, não me deixaram nem ao menos agradecê-lo por tanto. Levaram-me para a UPA e fui deixada no passeio, como um saco de lixo esperando ser recolhido. Todo tipo de violência dói, machuca, fere, incomoda; mas a violência física, além da dor e dos hematomas, deixa a mulher exposta perante a sociedade.

No atendimento médico, eu contei o que havia acontecido, inclusive da traição e me disseram que "essas coisas a gente não conta". Ao preencher o boletim de ocorrência, eles também disseram "essas coisas a gente não conta". Mesmo assim continuei contando a verdade e assumindo o que fiz. Eu não voltei mais para casa, abri mão, em troca da minha paz.

No início foi muito difícil. Na primeira semana, eu não tinha onde morar. Uma amiga gentilmente ofereceu um sofá em sua loja e por lá fiquei um tempo, até consegui alugar uma casa para morar. Minha nova casa não tinha praticamente nada. Não tinha fogão, nem geladeira, cama, sofá ou cadeira. Eu saía para comprar lanche. O almoço e o jantar era em marmitex; e eu comia com o meu filho, sentava no chão. Iemanjá é água. E água se molda a qualquer recipiente.

Eu sofri mais preconceito das mulheres do que dos homens; mas as poucas mulheres fortes que se solidarizaram comigo me reergueram e me ajudaram a retomar a minha vida; e sou imensamente grata à todas elas. Eu acreditei que deixar tudo para trás seria o preço da minha paz e liberdade, no entanto, eu recebia muitas ameaças e torturas emocionais, dizendo que seria decapitada, teria meu corpo esquartejado.

Eu não compreendia como um áudio do WhatsApp podia conter tanta crueldade e maldade. Ele manipulava as pessoas que me amavam, e algumas ficaram contra mim. Ele dizia que eu era mentirosa, logo eu, que havia contado toda a verdade. Chamava-me de palavras que me faltam forças agora para escrever, contava para todo mundo e a notícia se espalhou pela cidade. Eu estava exposta, me sentia desprotegida e julgada diante do olhar das pessoas. Eu tinha medo de morrer, tinha medo de dormir, tinha medo de sair para trabalhar, tinha medo de levar e buscar meu filho na escola.

Eu sobrevivia com um medo assustador e inexplicável. Eu pedia ajuda, gritava por socorro, pedia para que ajudassem meu ex-companheiro a seguir a vida dele, mas a cada dia a situação piorava e a ajuda não chegava. Diante do julgamento social, eu era culpada e merecia sofrer.

Um dia, ao chegar no trabalho, recebi um arranjo de flores. Nesse dia, meu ex-companheiro queria me convidar para almoçar. Como eu poderia? E se fosse uma armadilha? Diante do meu não, ele disse que aquelas flores seriam para o meu enterro. Eu chorava, chorava lágrimas salgadas como as águas do mar. Eu relutei, mas, diante do cenário ameaçador, procurei a justiça. Alguém tinha que me ajudar.

Chegando lá, apresentei as provas, contei a verdade e mais uma vez me disseram "essas coisas a gente não conta". A partir daquele dia, já havia sido alertada várias vezes, a não mentir, mas omitir, então, parei de contar. Após analisarem, fizeram a pergunta mais difícil da minha vida:

— Qual mãe irá chorar, a sua ou a dele?

A minha mãe iria chorar por enterrar a filha e a mãe dele iria chorar por ele ser proibido de me matar. A mãe dele chorou. E eu também chorei, chorei muito. De alguma maneira eu sentia que uma parte de mim tinha morrido. Chorei muito. Chorava e me culpava. Eu não queria que ele perdesse a sua liberdade, não queria isso para ele, nem para o meu filho. Mas eu queria viver. E, diante de tanto choro, percebi que minha vida não valia nada. Muitas pessoas me culpavam.

Não fazia diferença se depois de dois dias eu estaria viva ou morta. Poucas pessoas sentiriam a minha falta. Somente aquelas que me amavam profundamente queriam que eu me mantivesse viva. Eu estava viva, no meio de uma sociedade hipócrita e assassina. Fui discriminada e subjugada por querer exercer o meu direto de viver. Nada justificava uma pessoa ser ameaçada de morte, nada justificava a tortura física e emocional, nada justificava a violência, nada...

Perdida, eu chorava por horas, rios de lágrimas. Eu pedia à Iemanjá que levasse para o fundo do mar todos os meus problemas e confidências, e trouxesse de volta, sobre as ondas, a esperança de um futuro melhor. Então, em posse do meu amor-próprio, ergui a força do meu mar e deixei ir embora, na maior onda, os medos, as incertezas, as inseguranças. A dor transformou-se em coragem. Decidi deixar para trás a cidade, meu trabalho, meus amigos, um pedaço de mim. Uma versão que, de alguma maneira, morreu junto comigo e deixou de existir.

Eu sou das ondas de Iemanjá, onde o amor, o perdão e a compaixão reinam e sentimento ruim não faz morada. Eu recomecei em outra cidade, sendo a protagonista da minha história e a dona dos meus sonhos!

Meus primeiros projetos, na época, foram o Mulheres de Fibra e o Coragem Feminina. Foram trabalhos fantásticos, que tive a oportunidade de realizar junto à outras mulheres. Antes de terminar esta história, quero deixar aqui uma mensagem para as mulheres mais importantes da minha vida. Mamãe, hoje eu entendo você e a sua trajetória, eu honro a sua história. Obrigada pelo seu sim, pela minha vida e pelo meu nome.

Filha, como disse, os caminhos do instinto levaram você para um local mais protegido naquele momento da minha vida; mas hoje, eu tenho a plena certeza que nenhum murro, pontapé, tapa ou ameaça doeu tanto quanto o remorso de ter deixado você para trás.

Querida filha, no mar da vida, mergulhe com profundidade sem medo, pois no fundo das águas, a coroa de Janaína sempre guardará a oração mais profunda pela sua vida.

Queridos filhos, viveria tudo novamente só para tê-los em minha vida. Vocês foram a âncora que me segurou nos momentos em que a tempestade se fez mais forte. E, por vocês, construo um reino próspero e desejo deixar um legado de amor, paz e liberdade.

A todas as mulheres que leram este capítulo, saibam que não há nada de sábio em se encolher, esconder e se calar. Nosso maior medo é de sermos poderosas além da conta. É a nossa luz e não a nossa sombra que nos apavora. Todas nós fomos feitas para brilhar e, quando assumimos o nosso brilho, damos a permissão para que outras mulheres brilhem também.

Seja estrela em qualquer céu.

23

SOU EU QUEM MANDO NA MINHA VIDA

O capítulo, com abordagem baseada na psicologia positiva, pretende responder a pergunta: "Sou eu quem manda na minha vida?".

JUDITH PINHEIRO SILVEIRA BORBA

Judith Pinheiro Silveira Borba

Contato
jupisibo@gmail.com

Bacharela em Direito pela Universidade Federal de Pernambuco (UFPE), com especializações em Psicologia Jurídica pela Faculdade Frassinetti do Recife (Fafire); e Direitos Humanos pela Universidade Católica de Pernambuco. Formação em Psicologia Positiva pelo Instituto de Pós-graduação e Graduação – IPOG/PB. Certificada em *Professional & Self Coaching* e *Leader Coach* pelo Instituto Brasileiro de Coaching (IBC), formações, essas, reconhecidas internacionalmente pela Global Coaching Community (GCC), European Coaching Association (ECA), International Association of Coaching (IAC) e pelo Behavioral Coaching Institute (BCI). Curso de extensão acadêmica em *Professional Self Coaching* pela Faculdade Monteiro Lobato em Goiânia/GO. Na área de *storytelling*, tem formação como contadora de histórias pelo Grupo Zambiar e treinamento como voluntária e associada das Associações Empreendeler e Viva e Deixe Viver. Contoterapeuta pelo antigo Instituto de Desenvolvimento Humano Ipê Roxo (atual Raízes Instituto – Constelação Familiar). Como membro do Ministério Público e por ter atuado como Promotora de Justiça do Idoso, tem várias teses aprovadas em congressos nacionais e estaduais do Ministério Público e atuação como palestrante em direitos humanos, tudo na perspectiva de valorização da pessoa na conquista de sua cidadania. Voluntária do Instituto de Pesquisas e Estudos da Terceira Idade e conselheira do Conselho Municipal da Pessoa Idosa do Recife.

Para realmente sermos donos de nós mesmos e concretizarmos nossos sonhos, precisamos nos conhecer, ir além do aparente, utilizar o tempo como aliado... ser feliz.

Assim, principalmente quando a gente se torna adulto, há a influência das outras pessoas e da dimensão espiritual, mas há a prevalência dos nossos pensamentos e ações.

Faço a seguinte analogia: damos tiros (como a representação da arma que fazemos com a mão) em relação a tudo que nos acontece, o sofrimento e a infelicidade que nos abate: três vezes (representados pelos dedos mínimo, anelar e médio apontados para nós mesmos) damos força a tudo que nos acontece; um irá em direção do outro (dedo indicador) e o polegar apontado, independentemente do credo que se tenha, para o plano superior, a espiritualidade maior (que respeita o nosso livre arbítrio).

A felicidade

Não é um fim em si mesmo, pois ela se constitui de momentos felizes.

Dessa forma, para Ben-Shatar "a felicidade é a experiência de prazer e significado" e se encontra nas experiências positivas; uma vida de sentido cria uma noção de propósito existencial, com uma meta individual específica e um querer viver e permanecer vivo.

Ou seja, vivemos alguns mitos errados, como: é inatingível, algo a ser perseguido, está na fama ou na aquisição de bens materiais.

Ela está na jornada (em cada momento) e uma forma de encontrá-la é criar metas: possíveis; que estejam dentro da nossa convicção profunda ou de fortes interesses pessoais; agradáveis e significativas; que nos movem e alimentam o nosso ânimo de prosseguir; mostrem para todos (inclusive para nós mesmos) que somos capazes; e tragam a sensação de prazer e bem-estar, proporcionando uma jornada agradável, então florescemos.

Nesse contexto, acrescenta Ben-Shatar em sua outra obra, que "pessoas felizes vivem seguras, sabendo que atividades que lhes trazem contentamento no presente também guardam satisfações no futuro".

Assim, não se encontra a felicidade duradoura apenas vivendo e buscando o prazer no presente, ou pior, alimentando atitudes pessimistas.

Em outras palavras, para se encontrar a verdadeira felicidade é necessário apreciarmos o nosso caminhar; realizarmos ações que nos deem prazer, tenham significado e estejam dentro de nossas aptidões; e vermos o bom e o bem a cada momento (tirando aprendizados de tudo, até nos pontos que precisamos melhorar).

Neste contexto, precisamos lembrar que temos a dimensão física, mental, emocional e espiritual; e uma interfere na outra. E como bem lembra Tepperwein "a doença e a desgraça são consequências de diversas desordens". Ele acrescenta ainda que "a vida é o melhor terapeuta", no sentido de que nascemos para aprender, para evoluir e para cumprir um legado.

Caso não faça a lição direito, o corpo, em qualquer uma das suas dimensões, perece além do envelhecimento natural.

Lembra o mesmo autor que temos três formas de enfrentar o sintoma de algo que nos adoece (acrescento, o que nos padece): 1 – o confronto inconsciente (que resulta em um mal crescente, até surgir a doença ou o agravamento da situação); 2 – o confronto consciente: olhamos o que nos aflige de frente e, muitas vezes, nos vitimizamos; 3 – o entendimento: vemos o que nos aconteceu como algo que serve para o nosso aprendizado e crescimento.

A necessidade do autoconhecimento

Na analogia mencionada acima, as três formas são de nossa responsabilidade. E, para suplantar os desafios, precisamos saber quem somos; e essa busca pode levar uma vida.

Inicialmente, é bom descobrir qual é o nosso sistema representacional – como interagimos, aprendemos e percebemos o mundo – e qual o sentido que prevalece nesse caminhar.

Ou seja, o que comunicamos e compreendemos não é assimilado da mesma forma pelas pessoas; e quando conhecemos o nosso sistema representacional dominante, entendemos melhor a nós e aos outros:

1. Visuais: têm a chamada memória fotográfica, memorizando dados e qualquer som os distrai.

2. Auditivos: são estimulados pela audição, pelos sons, pela voz, por áudios; e muitas vezes a visão atrapalha a percepção de mundo.
3. Sinestésicos: apreendem pelo tato, pelo fazer, pelo construir (e não apenas ouvir ou ver algo).

Também devemos cuidar com carinho e respeito da nossa criança interior, que guardamos dentro de nós, muitas vezes desconhecida e cheias de dores que ocultamos dentro de nosso subconsciente mais profundo. Olhar de frente esses machucados emocionais faz com que fique mais fácil enfrentar os obstáculos que surgem e torna a jornada mais feliz.

Já as forças de caráter, definido por Niemec, são "características/capacidades positivas que são pessoalmente enriquecedoras, não diminuem os outros, são universais e valorizadas em todas as culturas e alinhadas nos diversos resultados positivos, para si mesmo ou para os outros".

As 24 forças de caráter descrevem o que há de melhor em nós: criatividade, curiosidade, senso crítico, amor ao aprendizado, perspectiva, honestidade, bravura, perseverança, entusiasmo, bondade, amor, inteligência social, imparcialidade, liderança, trabalho em equipe, perdão, humildade, prudência, autocontrole, apreciação da beleza e excelência, gratidão, esperança, humor e espiritualidade.

Já o tempo é o grande aliado para as nossas realizações; e tem dois significados representados pelas palavras gregas *Kairós* e *Chronos*.

A última significa o tempo físico e cronológico dos homens (compreendido como anos, meses, dias, horas, minutos e segundos), com os seus prazos e limites. Ou seja, o que se mede é a quantidade.

Nesse tempo, o *Chronos*, podemos programar os compromissos importantes para não se transformarem em urgentes e gastar pouco com os compromissos circunstanciais (aqueles que fazemos sem muita vontade, por não querermos gastar nosso precioso tempo).

Já em *Kairós*, o que se observa é a qualidade do momento oportuno, a ocasião certa, a oportunidade. Mesmo sendo uma experiência temporal, na qual percebemos o momento oportuno, não tem qualquer mensuração cronológica com relação a determinado objeto, processo ou contexto; temos alto desempenho e motivação no que estamos fazendo. Em resumo, não sentimos o tempo passar.

Interrelacionamento humano

Não estamos sozinhos no mundo. As nossas ações interferem na harmonia e felicidade da humanidade e o que fazemos de ruim ou de bom primeiro interfere, como vimos, triplamente em nós e no outro (principalmente no outro mais perto).

Ou seja, ao apontarmos (pela prática de ações, omissões, julgamentos, qualquer tipo de pensamentos) para outra pessoa, estamos três vezes apontando para nós mesmos.

Também precisamos olhar além do aparente, ver as questões da alma, usando as lentes das leis sistêmicas do pertencimento (pertencemos a um sistema), hierarquia (precisamos honrar quem vem antes) e da compensação (precisamos tomar e receber na mesma proporção).

Nesse contexto, não podemos esquecer que a nossa ancestralidade interfere diretamente em quem somos e como agimos, pois fala da nossa essência e origem.

Assim, a negação dessas leis (estudadas inicialmente por Bert Hellinger) nos coloca em conflito, reflete no nosso corpo e/ou na mente e, quando as descortinamos, olhamos de frente onde as estamos desobedecendo, há a cura, inclusive do sistema a que estamos incluídos.

Devemos lembrar que a doença surge para mostrar aonde tais normas foram desrespeitadas.

A outra questão é que devemos respeitar a forma como as outras pessoas são, inclusive como demonstram e gostam de receber amor; como bem apresenta Chapman. Esse autor classifica como linguagens de amor: 1 – palavras de afirmação; 2 – qualidade do tempo; 3 – receber presentes; 4 – formas de servir; 5 – toque físico.

Então, uma criança pode gostar de receber e fazer carinho ou abraçar a quem gosta (sinestésico), mas a mãe, visual, se preocupa em manter esse filho sinestésico arrumado. O cuidado de observar o que a outra pessoa deseja ou precisa é importante, porque a criança do exemplo pode achar que não é amada.

Dimensão espiritual

Por fim, para mim, na analogia da mão com três dedos apontando para si, um apontando para outra pessoa e o polegar para alto, entendo que, neste último, independentemente da crença religiosa ou não que sigamos, somos seres espirituais em aprendizado na escola chamada Terra e que a dimensão superior respeita o nosso livre-arbítrio e as designações que foram programadas antes de nascermos.

Ou seja, para ter interferência do divino é necessária que haja a vontade humana de alguma forma ou em virtude de nossas ações.

Uma história

> Era uma vez...
> Um casal de primos que esperava o seu segundo filho e
> desejava uma menina (pois já tinham um filhinho).
> Vamos chamar os papais de Dil e Lena.
> Ele era formado em Direito (mas estava conformado em
> seu emprego de nível médio dos correios), ela era dona de
> casa (pois na época era vergonhoso mulher trabalhar).
> Então, nasceu Juju, de parto normal, uma linda bebê.
> Mas quando o líquido amniótico secou, a pele dela
> começou a sangrar no corpo todo e os olhos,
> a ficarem esbugalhados.
> Como os médicos no hospital não sabiam do que
> se tratava, logo disseram que não se apegassem a
> nascitura, pois ela iria morrer. Os pais, de início, foram
> para casa tristes.
> Mas Lena foi todos os dias ver sua filha na maternidade e
> descobriu que não estavam alimentando a Juju.
> Então, ela voltou para casa e chamou o marido
> para buscarem a filha e as suas coisas, pois "de fome
> ela não morreria".
> A partir daí, assumiram integralmente a pequena Juju e
> foram uma família feliz.

Já deu para notar que esse é o início de minha vida, que eu conto no livro de minha autoria, *O véu cai...*

Nasci com uma doença rara e crônica, chamada ictiose lamelar. Os médicos achavam, quando nasci, que eu não iria sobreviver até o final do primeiro mês de nascida, pela gravidade da patologia. No início da minha vida, meus pais se revezavam para colocar colírio nos meus olhos para eu não ficar cega. Até hoje sinto muita dor depois de alguns dias sem o colírio, principalmente quando vou dormir.

Tive como exemplo a força de minha mãe, aprendemos a conviver com os nossos erros e acertos.

Hoje, sou aposentada como procuradora de justiça e estou em transição de carreira como consteladora e contoterapeuta. Continuo sendo militante de Direitos Humanos e me especializando cada vez mais nas questões relacionadas ao envelhecimento.

Sei que para minha mãe não foi fácil. Os meus genitores tinham tudo para ter me deixado na Maternidade da Encruzilhada, mas não o fizeram.

Fui uma criança feliz e amada.

Mudei o rumo da história de minha família, pois, como precisavam comprar remédios caros, meu pai mudou sua vida. Impulsionado por minha mãe, deixou sua vida acomodada de funcionário público – que trabalhava apenas seis horas por dia e não levava serviço para casa – para se submeter ao concurso de juiz de direito e, em consequência disso, morar no interior (mesmo ele não gostando).

Quanto à nossa forma de ser, toda minha família (exceto eu) é visual e gostam das coisas bastante arrumadas.

Quanto a mim, sou sinestésica, minhas principais forças de caráter são perspectiva (habilidade de dar conselhos ao próximo e de observar o mundo a partir de um ponto de vista que faz sentido) e inteligência social. O que tenho maior déficit é da apreciação da beleza e excelência. Então, aprendemos muito juntos.

Honrando minha ancestralidade (meu avô paterno, meu pai e meu irmão), estou cada vez mais me especializando em contar história para pessoas idosas.

Hoje, meu pai é falecido e a minha mãe mora comigo (que está com início do quadro de Alzheimer), e é a minha principal "escola".

Conclusão

Assim, entendo que quem principalmente manda na minha vida sou eu, porém, para isto acontecer de forma efetiva, se faz necessário buscar o autoconhecer, ver os acontecimentos da vida como aprendizado e perceber a felicidade em todo momento, sempre buscando estar em conformidade com a sabedoria superior.

Referências

ARANTES, P. C. *Kairós e Chronos: significado e uso*. Disponível em: <http://revistapandorabrasil.com/revista_pandora/kronos_kairos_69/paulo.pdf>. Acesso em: 17 fev. de 2023.

BARBOSA, C. *A tríade do tempo*. São Paulo: Buzz Editora, 2018.

BEN-SHATAR, T. *Aprenda a ser feliz – o curso de felicidade de Harvard*. Lisboa: Lua de Papel, 2008.

BEN-SHATAR, T. *Seja mais feliz*. São Paulo: Planeta do Brasil, 2019.

BORBA, J. P. S. *O véu cai...* Curitiba: CRV Editora, 2020.

CHAPMAN, G. *As cinco linguagens do amor*. 3. ed. São Paulo: Editora Mundo Cristão, 2020.

GUEDES, O. *Além do aparente – um livro sobre constelações familiares*. Curitiba: Appris Editora, 2015.

MALUF, D. *Sistemas representacionais: visual, auditivo ou cinestésico, qual é o seu?* Disponível em: <https://www.douglasmaluf.com.br/sistemas-representacionais-visual-auditivo-ou-cinestesico-qual-e-o-seu/>. Acesso em: 23 fev. de 2023.

NIEMEC, R. *Intervenções com força de caráter*. 3. ed. Lisboa: Editora Hografe, 2019.

TEPPERWEIN, K. *O que a doença quer dizer – a linguagem dos sintomas*. São Paulo: Editora Glound. 1977.

24

QUEM MANDA NA MINHA VIDA SOU EU, MAS... AI DE MIM SE NÃO FOSSE DEUS

Este capítulo aborda a experiência vivida por uma enfermeira que buscou, e busca, tocar respeitosamente o coração e a alma dos seus pacientes. Conta sobre a criação de um grupo que tem como abordagem principal a fé de pessoas com câncer, com o intuito de oferecer uma assistência integral. Mas como surgiu e se concretizou essa abordagem? Essas respostas, você, querido leitor, encontrará neste texto.

KARYNNE PRADO

Karynne Prado

Contatos
karynneprado@yahoo.com.br
Instagram: @karynneprado

Graduada em Enfermagem pela PUC (2009), mestre em Biotecnologia e Gestão da Inovação pelo UNIFEMM (2020) e pós-graduada em Psico-oncologia pela Ciências Médicas Virtual (2014) e em Auriculoterapia Neurofisiológica pela FOCUS (2023). Idealizadora do grupo "Viver com alma". Coautora do capítulo "A abordagem da espiritualidade na assistência a pacientes oncológicos", do livro *Psico-oncologia: caminhos de cuidado*. Possui experiência em assistência de enfermagem em oncologia, atuação na docência, em cursos presenciais e EaD. Oferece cuidado integral por meio das Práticas Integrativas e Complementares em Saúde (PICS).

Prazer sou Karynne, enfermeira, esposa do André e filha do sr. Nadinho e sra. Felipa! Nasci em uma família de numerosos filhos, tenho quinze irmãos. Sinto honra em dizer que os meus pais me educaram com ética e muito amor, e é uma alegria compartilhar com você uma experiência de cuidado e fé.

Desde a infância, tinha o desejo de cuidar de pessoas com câncer. Cresci tendo um carinho pelos enfermos e, ao mesmo tempo que tinha interesse em cuidar do outro, buscava cuidar da minha vida espiritual.

Uma grande conquista que tive foi a minha graduação em Enfermagem. E ouso dizer que é uma história de milagres, mas os detalhes terei que contar em outros capítulos. Tudo que posso garantir é que era um propósito de Deus para minha vida.

Colei grau e comecei a lecionar em cursos técnicos. Gostava da experiência, mas desejava atuar na assistência. O contato que tinha com os pacientes acontecia apenas quando acompanhava alunos em estágios, por isso estava insatisfeita.

E aqui, relato algumas experiências com Deus... Era dezembro de 2011, e eu estava pesquisando cursos de pós-graduação. Tinha em mente que, ao iniciar um curso, trabalharia na assistência. Achava interessante a atuação em atenção primária e encontrei uma pós-graduação na área, mas continuei pesquisando e achei outro curso que me chamou a atenção. Era uma pós-graduação em Psico-oncologia e veio à tona todo o desejo de atuar com paciente oncológico.

Fiquei sem saber qual seria a melhor opção. Precisava de um curso que realmente contribuísse para uma oportunidade de emprego. Não podia errar nessa escolha, e o prazo para decidir era curto.

Naquela noite, orei a Deus e pedi um direcionamento. Disse a Ele que se me indicasse o curso Psico-oncologia, faria o meu trabalho de conclusão de curso (TCC) abordando o tema da espiritualidade dos pacientes com câncer, como no TCC da graduação.

No outro dia, visitei a casa de um irmão. Em um canto da casa havia vários DVDs e comecei a olhar os filmes. A minha cunhada chegou perto e indicou que eu assistisse ao filme *Cartas para Deus*.

Chegando em casa, assisti ao filme e nele obtive absoluta certeza de que Deus estava me direcionando para a pós-graduação em Psico-oncologia. Não contarei o filme, mas aborda a fé e sua importância na vida da pessoa com câncer. Dormi emocionada por tamanho zelo de Deus para com a minha vida e com os Seus propósitos em minha profissão.

Iniciei o curso em fevereiro de 2012 e, um mês após iniciar a pós-graduação, soube de uma vaga para o cargo de enfermeira, em uma organização não governamental (ONG) que oferecia assistência aos pacientes oncológicos, em Belo Horizonte. Candidatei-me à vaga e fui chamada para a entrevista. Lembro que na entrevista comentei sobre o meu TCC da graduação, mas foi-me dito que eu não poderia abordar esse tema naquela instituição.

Dias depois recebi uma ligação da ONG informando que eles estavam interessados em me contratar e comunicaram o salário. Antes de aceitar o emprego precisava fazer umas contas, afinal, mudaria de cidade e viriam outras responsabilidades.

Percebi que não compensava aceitar o emprego, devido ao salário. Mas havia tantas expectativas... era a oportunidade de trabalhar na assistência e, melhor ainda, com pacientes oncológicos. Orei a Deus e decidi fazer uma contraproposta com um salário acima do valor oferecido. Se a ONG aceitasse e me contratasse, era um sinal de que era algo que Ele tinha preparado para mim.

E assim aconteceu. Apresentei outra sugestão de salário, após explicar toda a situação, e transbordei de alegria ao ouvir que o gerente aceitou a minha proposta.

Agora estava feliz, trabalhando na assistência aos pacientes com câncer e realizando a pós-graduação em Psico-oncologia. Tive a oportunidade de oferecer aos pacientes os cuidados aprendidos no curso, de modo humanizado.

Sempre tive carinho por meus pacientes, os via com um olhar de amor, de modo particular e integral. Quantas histórias e experiências de vida, quanta oportunidade de compartilhar o cuidado, quanto aprendizado com o paciente e sua família. Era uma verdadeira escola!

Na consulta de enfermagem, percebia, constantemente, o milagre da vida; e os pacientes sempre destacaram a importância da fé na condução do tratamento e na esperança de bons resultados. Nas pesquisas, encontrava os diversos benefícios da espiritualidade em todo o processo oncológico.

Aumentava, assim, o meu desejo de abordar a espiritualidade com esses pacientes. Mas, na entrevista, já havia recebido um não. Contudo, tinha um propósito com Deus que precisava ser cumprido na conclusão da pós-graduação.

Juntamente com a minha orientadora, criei um projeto que propunha uma entrevista com participantes de um grupo, coordenado por mim, cuja abordagem era a fé do paciente oncológico.

Orei e apresentei o projeto ao gerente da ONG. Expliquei que, para realizar a entrevista e saber a opinião dos pacientes sobre essa abordagem, seria necessária a criação de um grupo na instituição.

A proposta foi criar um grupo temporário, que se reuniria semanalmente no período de três meses. Todos os encontros teriam como abordagem o tema espiritualidade e fé. Confesso que temia a resposta do gerente, mas, para a minha alegria e andamento de um belo trabalho, ele disse sim.

Li muito sobre o assunto. Encontrava vários artigos destacando a importância da espiritualidade no tratamento oncológico, mas, poucos textos com profissionais da saúde abordando a fé dos pacientes – e muito menos sugestões de abordagem em grupo. Busquei por dinâmicas, para adequar ao tema, que seriam abordadas nos 12 encontros que viriam.

Ao mesmo tempo que buscava conhecimento científico e técnico, buscava, por meio da minha fé, ser instrumento para realizar um trabalho que ajudasse, verdadeiramente, todos aqueles que participassem.

Percebi, por causa das condutas e comentários, que alguns profissionais da ONG não viam o grupo como algo interessante. Entendo essa opinião, uma vez que era algo novo na área da saúde e na instituição. Talvez seja, também, por eu ser uma nova funcionária e não ter dificuldade em expressar a importância da fé em minha vida.

Uma pessoa, muito querida, posicionava-se à margem do grupo para acompanhar todas as reuniões. Com o tempo, certamente, ela se identificou com a abordagem, mas, o sentimento que tive a princípio era de que estava sendo vigiada. Recordo um encontro em que a abordagem foi muito comovente e, ao vê-la emocionada, percebi que a resistência ruiu.

O grupo tinha regras, não podia abordar religião. O mais interessante é que todos respeitavam as normas e uns aos outros. Apesar de conter pessoas de diferentes crenças, esse assunto não era comentado e nunca houve desrespeito ou discussão sobre ele.

Na apresentação do TCC – por mencionar o foco na espiritualidade e conter Deus em diferentes abordagens – fui questionada por um membro da banca. Informei que os pacientes não consideravam religiosidade mencioná-lo. Novamente ressaltei que o propósito do grupo era enfatizar o bem-estar e a fé dos pacientes a partir de uma abordagem respeitosa e acolhedora para todos.

O grupo possuía pessoas com limitações e sequelas do câncer; tínhamos, por exemplo, mais de um paciente com limitações de fala. Havia um membro que se comunicava por escrita, escrevia em seu caderninho o que gostaria de comentar e eu lia para todo o grupo. Era um dos mais comunicativos e fazia questão de compartilhar a sua experiência. Cada um tinha a sua maneira de expressar, e todos tiveram a oportunidade de contar e alimentar a sua história de vida e de fé.

Rememoro como os pacientes gostavam das abordagens. Houve uma que sempre mencionarei: os pacientes contavam experiências de milagres que viveram ou que desejavam viver. Foi edificante conhecer cada vivência e percebi o quanto, verdadeiramente, a fé deve ser considerada por profissionais da saúde. Quem tinha uma previsão de dois meses de vida, já estava completando dois anos após ouvir essa previsão. Pessoas com baixa possibilidade de sobreviver à cirurgia exerceram a sua fé e estavam ali contando a sua experiência. Outros, com importantes sequelas, mas vivendo melhor do que antes do diagnóstico (PRADO; AGUIAR, 2019).

Nunca me esquecerei de um paciente que comentou que se não fosse o câncer, já teria morrido. Como uma doença tão estigmatizada, que para muitos soa como sentença de morte, pode ser capaz de produzir em alguém uma afirmação tão marcante como essa? A resposta que recebi desse paciente é que ele tinha uma vida desregrada, inclusive os hábitos que praticava, constantemente, o expunham ao risco de morte e aumentaram a exposição ao câncer. Com o diagnóstico, voltou-se para Deus e atribuía à fé o motivo de diversas mudanças que contribuíram para o aumento de sua qualidade de vida e de sua família.

Lembro de uma paciente mencionar que se sentia feliz ao saber que não era a única do grupo que utilizava bolsa de colostomia. Ela ainda justificou que estava feliz, não pelo fato do outro paciente viver essa situação, mas, por não ser a única. Percebi que o grupo sempre terá as características e qualidades de um grupo, independentemente de sua finalidade e abordagem. Aqueles pacientes viveram fortes laços de amizade, adquiriram mais confiança ao se expressarem em público e ao contar a própria história de vida. Visivelmente, passaram a confiar mais no meu trabalho e nas minhas orientações como enfermeira. Eu sentia o carinho daquele grupo e estava sendo cuidada na demonstração de respeito de toda aquela turma.

No último encontro do grupo temporário, com o apoio do gerente da instituição, disponibilizamos aos membros um DVD com as fotos e clipes de todos os encontros. Foi muito emocionante. Em uma roda, nos despedindo enquanto grupo, um membro, com 80 anos, emocionado, solicitou que o grupo não finalizasse e os demais participantes o apoiaram nesse pedido. Isso foi um importante sinal de que não era em vão aquele trabalho tão desafiador, mas, ao mesmo tempo tão prazeroso de se realizar.

Após os 12 encontros, seguindo os critérios éticos, realizei a entrevista e concluí a pesquisa do TCC.

Quanto ao grupo, os pacientes insistiram por sua continuidade. Conversei com o gerente da ONG e, para a minha surpresa, ele permitiu que o grupo fosse uma atividade permanente na instituição. Agora, o grupo Viver com Alma era uma atividade mensal.

Porém, a coordenadora que participava das reuniões havia saído da instituição e uma outra pessoa assumiu a função. Participou brevemente de algumas reuniões do grupo temporário e constatou que a maneira como o grupo era conduzido não era benéfica para os pacientes. Interveio dizendo que os encontros aconteceriam com a participação de uma outra psicóloga da instituição. Como eu era funcionária permiti que o meu projeto tivesse mais um nome.

Meses depois, essa coordenadora foi demitida e a antiga foi readmitida. Como de costume, ela participou da reunião do grupo. Posteriormente, essa querida coordenadora me chamou e comentou que percebeu uma mudança no grupo. Informei que não era mais somente a minha marca nos encontros, já que não estava sozinha na condução das abordagens.

Confesso que me senti incomodada com essa situação, mas percebi que fui um instrumento naquele lugar para semear e regar uma semente que é rara. Essa semente germinou, cresceu e frutificou. Aquele foi o último encontro em que eu participei, pois, no mês seguinte saí da instituição e retomei a minha vida em Sete Lagoas.

A instituição deu prosseguimento ao grupo e não tive mais oportunidade de participar, devido às novas ocupações. Porém, percebi que só foi possível dar continuidade a esse trabalho porque uma nova pessoa passou também a liderá-lo. As mudanças aconteceriam, e que bom que não somos insubstituíveis.

O grupo Viver com Alma iniciou com expectativas e suposições, e os pacientes estavam ali na esperança de abordar a sua espiritualidade. Foi criando forma, brotando um laço de amizade entre os integrantes e passou a ser um compromisso. Nele, abordou-se a fé e suas maneiras de mantê-la viva. Tornou-se um lugar de aconchego e pertencimento, de falar do que fazia feliz e do que doía o coração. Esse grupo estimulou a fé e cuidou daqueles que vivem com alma.

Os meus queridos pacientes receberam a minha dedicação e amor em consultas, encontros do grupo e a cada abordagem na instituição. Mantenho contato com alguns, tenho textos e áudios tão carinhosos que guardo no coração.

Em minhas orações, falei com Deus que queria publicar aquele trabalho por ser algo valioso e por conter a opinião de alguns participantes do grupo. Em 2019, publicamos como um capítulo do livro *Psico-oncologia: caminhos de cuidado*. Que alegria propagar essa experiência! Imagino quantas pessoas necessitam dessa abordagem no tratamento.

Continuo atendendo pacientes com câncer e realizo atendimento de Enfermagem com abordagem na espiritualidade, mas, de modo individual.

Concluo dizendo que, até aqui, me ajudou o Senhor! Tudo que fiz até o momento só tem sentido se realmente consegui tocar o físico e a alma dos que tive a oportunidade de cuidar. Essas experiências me fazem pensar quão maravilhoso é cumprir a missão para a qual somos chamados.

Referências

PRADO, K.; AGUIAR, M. A. F. A abordagem da espiritualidade na assistência a pacientes oncológicos. *In*: *Psico-oncologia: caminhos de cuidado*. São Paulo: Summus, 2019.

25

A DOR NÃO
DEFINE VOCÊ

A transformação humana passa por construções e desconstruções de nós mesmos, sendo importante, no decorrer da vida, encontrar sentido único a tudo que se pensa, sente e faz. As dificuldades enfrentadas na vida são verdadeiros trampolins para um encontro com a sua iluminação consciencial, dessa forma, a dor jamais irá definir sua jornada. Afinal, quem manda na sua vida é você.

LAVYNE KHUN YIN

Lavyne Khun Yin

Contatos
lavynekhunyin9969@gmail.com
11 97550 8420

Palestrante comportamental que aborda a autoconsciência e a espiritualidade, transformando vidas por caminhos restauradores, integrando a conexão espiritual, a ciência quântica, e a fisiologia de forma plena. Médica, escritora, terapeuta integrativa, autista e mãe. Mensageira de transição da Nova Terra. Especialista em pediatria, neonatologia, nutrologia, ortomolecular e biofísica aplicada. No entanto, apesar do grande número de certificações, Lavyne afirma que o seu conhecimento maior é resultado de suas superações no decorrer da vida, além da oportunidade de exercer a medicina em Unidades de Tratamento Intensivo (UTIs) há mais de 30 anos, atendendo em torno de 150 mil famílias.

A vida é uma experiência única, por isso, para aproveitá-la precisa-se ter vontade, determinação e amor. A nossa fisiologia já demonstra o quanto somos seres superadores de nós mesmos; perceba que a gestação humana demora 40 semanas para ser concluída; vivemos nessa época dentro de uma bolha d'água, em uma fase de intenso metabolismo, chamo essa fase da primeira grande superação.

Durante a gestação, ficamos imersos no maior condutor de emoções conhecido, a água. Na bolha, durante todo processo de formação recebemos nossos códigos de origem, o DNA, que trará as características necessárias para formalizar as experiências na encarnação. Recebemos, pela da água, a captação das emoções da mãe na íntegra e, a partir daí, a formação do corpo humano começa a ser modelado.

Durante o processo, tudo o que a mãe sentir e pensar será absorvido pelo bebê, como amor, raiva, alegrias, tristezas, medo, coragem, críticas, julgamentos, inseguranças e superações. Nesse leque de possibilidades, o ser dentro dessa bolha vai conhecer o ambiente que terá de enfrentar e se desenvolver durante a vida.

Na fase seguinte, o confronto com o parto. Pelo ponto de vista materno, o parto é marcado, em sua maioria, pela força e pela dor. Porém, pelo ponto de vista do bebê, é um momento de grande superação. Afinal, ao sair do corpo da mãe, seus pulmões, que nunca funcionaram, se expandem e passam a respirar. O coração, que funcionava de uma forma dentro do útero, após o nascimento, passa a funcionar de outra maneira. Concorda que tem tudo para dar errado? Nesse momento, conseguimos ver que algo divino acontece e transforma o impossível em uma ação de superação.

Entender o processo não é simples, mas as experiências da vida tornam o processo de evolução único. Com a formação em medicina, pude entender como a superação durante a vida nos torna inigualáveis. Cada um de nós com suas peculiaridades.

Vou te contar resumidamente um pouco da minha história. Minha mãe foi "mãe solteira" nos anos 60, era uma época em que estar grávida e não casar significava aborto certo. Inclusive, ela poderia tê-lo feito, afinal, haviam imposições de todos os lados para que isso acontecesse. Em um ato de muita coragem, ela optou por enfrentar a depressão da solidão e levar em frente a gravidez. Lógico que não foi fácil, pois mesmo com muita boa vontade, meus pais enfrentaram muitos problemas, gerando dor e afastamento entre eles. Meu primeiro grande aprendizado na vida veio ainda no útero da minha mãe, sua coragem com certeza me deu muita força para enfrentar a vida; ao mesmo tempo, diante de tanta dor, suas águas internas tornaram seu útero um ambiente hostil para a minha formação. Sua falta de apetite e dificuldade de ingestão alimentar me fizeram nascer com o peso de prematuro, nasci com 1800g, na medicina chamamos esse evento de PIG, pequeno para idade gestacional.

Outro problema que ocorreu foi minha mãe ter sido sensibilizada na infância por uma transfusão errada, o que acabou gerando em mim uma reação de incompatibilidade sanguínea. Para quem não sabe, em uma situação como essa, ocorre durante a gestação, uma guerra imunológica; muitos bebês não conseguem sobreviver ou então acabam ficando com grandes sequelas. É necessário, nesse caso, uma troca de 80% do sangue do recém-nascido, esse evento chamamos de "Exsanguineotransfusão".

Quando cheguei aos braços de minha mãe, após três dias de nascida, ela estava meio abatida e ali não dava para saber o que a maternidade estava lhe reservando. Nasci em destruição emocional, com o corpo em profundo estado de revisão, não consegui ser amamentada por problemas técnicos, fiz hipoglicemia e convulsão no primeiro mês. O que me salvou na época foi o surgimento das latas de leite para bebês, e com a mamadeira, consegui ganhar peso para enfrentar a vida.

Durante meu desenvolvimento, saí de um "filhote de cruz credo" para um "bebê Johnson & Johnson", gordinha com olhos grandes, azuis e hipnotizadores. Vivia de olhos fechados e quando alguém se aproximava, todos tinham uma compulsão em agarrar aquele bebê que sofria de extrema timidez. É importante ressaltar que o desenvolvimento emocional da criança pode ser muito afetado pela relevância que a sociedade dá aos padrões estéticos, seja positivamente ou negativamente. Na época, não tive o diagnóstico de autismo, mas era nítido o quanto me fazia mal ser o foco de atenção das pessoas, principalmente por sempre focalizarem no meu rosto. Falei apenas com três anos, apesar de ter uma grande ligação telepática com minha mãe; para a sociedade isso também era motivo de apontamento e críticas. Mesmo assim pensava: para que falar e perder energia se minha mãe me entendia?

Vivi em um ambiente próspero e aparentemente amoroso, mas ainda na minha primeira infância meu castelo desmoronou. Minha mãe foi envolvida por um mal entendido na cabeça de um psicopata alcoolizado e acabou sendo baleada dentro de casa. Ela ficou internada entre a vida e a morte durante seis meses no hospital, mas sua força materna a recuperou e a fez voltar para casa.

Ali pude aprender sobre o recomeço. Durante a vida, para que possamos gerar autoconsciência, é necessário aprender a recomeçar. Lidar com grandes frustrações e traumas proporcionados pelo grupo de convívio ou por nós mesmos enaltece nossa individualidade e nos transforma ainda mais em seres únicos no caminho da evolução.

Os problemas que geram dores durante a vida não nos definem como resultados. Se isso fosse verdade Einstein jamais teria os resultados que teve, e eu muito menos. Quando criança, fui desconjurada por uma professora primária, que não acreditava na capacidade de aprendizado de uma criança tímida e extremamente pacífica; na época, fui condenada a chegar somente até a quinta série. Minha mãe quase virou do avesso ao ouvir diagnósticos tão cruéis sobre o desconhecido. Anos depois, ela pôde enviar a essa professora o convite de formatura da Universidade Federal de Medicina.

Como falei anteriormente, tive muita dificuldade de aprendizado. Fui medicada de forma inadvertida durante toda a infância, gerando esse atraso de desenvolvimento escolar. Meu mundo realmente era diferenciado, mas eu tive uma mãe incrível, que foi capaz de apoiar cada momento de dificuldade e gerar superação de forma gradual. Enquanto criança, nunca soube desses pormenores, por isso, mesmo que o mundo falasse não, minha Luz falava SIM.

Tornei-me uma mulher diferente. Beleza não me definia, inteligência não me definia. Existia algo a mais que gerou a superação em blocos da minha vida. Aproximo-me dos 60 anos e, olhando para trás, percebi que em todas as estradas tortuosas da vida, tudo se resumiu em determinação e hiperfoco. Viver dia após dia sem desistir me proporcionou excelentes resultados. Sou médica, palestrante, mãe, filha, amiga, mulher, poucos inimigos, porém, muitas oportunidades de testar a capacidade de superação.

Ser bem-sucedida e gerar sucesso são condições geradas pela autoconsciência. Nessa condição, sua relação com a vida pode demonstrar que a dor e as dificuldades jamais poderiam definir quem você é, mas podem se tornar um trampolim para sua ascensão evolutiva como consciência divina. Quando a vida se torna plena mediante as experiências na Terra de terceira dimensão, independentemente do trajeto vivido, o upgrade é inevitável à realidade de quinta dimensão e todas as demais acima desse nível de compreensão. Simplificando, o segredo do sucesso não é a busca pelo futuro perfeito que jamais chegará, e sim valorizar sua vida nesse momento, dando o seu melhor por você e por quem você ama agora. O futuro é uma grande coleção de pequenos presentes.

A autoconsciência é um processo que pode até parecer exaustivo, mas, na realidade, ao final da transição, é um alívio. Na minha percepção atual, vejo a dualidade não como ponto de escolha, mas como uma dádiva da percepção da consciência individual e coletiva. Não há problemas em sentimentos considerados negativos, mas existe uma possibilidade de percepção quando geramos perdão e amor a tudo que nos acontece. E onde a gratidão se torna uma única energia de resolução, porque você e eu jamais chegaríamos neste ponto sem as adversidades da vida. As quedas e indiferenças geradas pelo comportamento humano são possibilidades para mudar o olhar sobre tudo que chamamos de vida. Não poderíamos valorizar a alegria se não soubéssemos o peso da tristeza; a coragem, se não tivéssemos a experiência do medo e da insegurança; o perdão, se não houvesse a traição. Por isso tivemos na história da humanidade mestres que já sabiam como o processo acontecia e submeteram suas vidas como exemplo de comportamento transformador. Talvez, para que em algum momento da linha do tempo isso gerasse transformação na consciência de cada um individualmente, gerando força coletiva, seja exatamente neste ponto que estamos neste momento.

É importante entendermos que somos nós que proporcionamos a experiência no nível existencial. Percebi ao longo da vida que podemos ter a vida que sempre sonhamos, mas para isso é necessário entender que quem manda em nossa vida somos nós mesmos e individualmente escolhermos o que vai nos definir. Tudo isso é muito maior do que uma vida neste planeta e muito maior do que poderemos alcançar como alma.

Enquanto não definimos o próximo passo a seguir, ficamos em *stand-by* até um novo *start* consciencial. Talvez você tenha questionado como é que se pode fazer esse *upgrade*. Questionei por muito tempo sem saber se estaria fazendo o necessário para alcançar essa compreensão, foi quando percebi uma resistência em cima da experiência. Quando parei de contestar, reclamar e persuadir, a vibração mudou. O que resiste persiste, já dizia Carl Gustav Jung, e tenho que concordar que a resistência em mudar pessoas e situações é a melhor forma de não sair do lugar. O universo e todo contexto de existência é muito dinâmico, tornando a velocidade do tempo algo inerente a todos nós.

O mundo está em constante mudança e estamos gerando continuamente transformações necessárias a nossa evolução. Talvez tudo o que realmente faça sentido esteja num lugar ainda oculto na sua consciência silenciosa, mas o despertar está a um passo de uma decisão que somente você, em sua plenitude, pode acessar.

Durante o caminhar rumo à superação, os dias passam de forma tão gradativa que não percebia o tamanho da evolução pessoal acontecendo, talvez esse seja o grande pulo do gato no *upgrade* espiritual evolutivo. Vamos melhorando em blocos e aos poucos o entendimento surge, parece que foi rápido, mas o processo de entendimento pode ser longo. O que importa no final é essa melhoria da percepção.

Todos nós temos histórias que gerariam grandes best-sellers, a dificuldade está em perceber a evolução acontecendo. Quando o diagnóstico de autismo começou a ser cogitado na minha família e vida, tudo que vivi passou a fazer sentido, mas como já conversamos, tudo vai acontecendo gradualmente e as superações também. Hoje é tranquilo pensar que após 30 anos de formada, e depois de conseguir equilibrar minha vida em algumas áreas do desenvolvimento humano, fica mais fácil visualizar, mas nem sempre foi assim.

Percebi que são quatro chaves para alcançar resultados favoráveis: **aceitar, silenciar, acreditar e encontrar o segredo** que valida a experiência. As três primeiras são unidas o tempo todo, até porque, em estado de ansiedade, tudo que é dito fica vago.

Aceitar a verdade dos fatos. Aceitar quem é você no contexto da experiência que vive, e olhar para isso tudo com olhar benevolente. A aceitação gera mudança de atitude e tira a vida da resistência.

Silenciar. Penso ser o mais difícil de realizar, por causa de um mundo onde a ansiedade invade os lares e serviços prestados em nossa sociedade. Coração acelerado, pensamentos que atropelam etapas e corpo adoecido; onde muitos se deparam com síndrome de pânico. Sim, silenciar é uma chave que gera autoconsciência em níveis muito profundos e capacita nossas ações em um movimento de real sabedoria.

Acreditar talvez seja algo a refletir profundamente, sobre o quanto somos capazes de acreditar em nós mesmos. Percebo que, ao passar por essas histórias da vida, por muitos momentos, não acreditei em mim. Passando pela dor foi que entendi que, em mim, havia uma fortaleza capaz de vencer qualquer objeção. Acreditar em você mesmo, acima de qualquer coisa, é de fato um ato de fé incondicional. Afinal, ser o protagonista da sua história de forma verdadeira é um ato de coragem. Por isso não se bate o martelo antes que o final chegue, pode ter certeza que não chegamos ao encerramento. Acredite que tudo está caminhando na direção correta, dessa forma a superação está chamando seu nome.

Encontrar o segredo, esse sim é um caminho que dispensará maior atenção da sua parte, porque normalmente é o lugar que temos naturalmente mais negação sobre o que pensamos, sentimos e fazemos. Considero-a a parte da sujeira que empurramos para debaixo do tapete, aquilo que ocultamos de nós mesmos, porque dói, limita e gera desconforto nos relacionamentos afetivos – estejam ou não ligados à nossa intimidade ou à nossa família direta. Pode acabar rendendo tempos de terapia ou muito menos tempo, caso ajuste sua maneira pessoal de autoconhecimento. Há algum tempo orientaria algumas formas de encontro com o seu segredo, hoje percebo que essa disponibilidade é pessoal e intransferível. E entendo melhor a frase dada pelo Mestre, "Conheça a verdade e a verdade vos libertará". É com esse entendimento que as mentiras pessoais se diluem, onde o encontro com você mesmo pode tornar sua jornada intensamente mais fácil. Nessa parte da história, tenho muito respeito aos inimigos e às adversidades da vida, porque são nessas situações que impedimentos as dores se manifestam em forma de bicho-papão.

Quando o entendimento dessas chaves começa a fazer sentido, todos os portais de ascensão se abrem para que possam ir ao próximo nível de evolução. Por isso percebi que não existem meios de se esconder de você mesmo, e é assim que a sua e a minha história se coalescem e nos fazem correr atrás de tudo que nos ajuda no autoconhecimento.

Nossos resultados são respostas à mudança de atitude, e é com esse entendimento que a vida se torna mais fácil. Por mais que as dores da vida alcancem você, que as dificuldades se manifestem, jamais poderão definir quem você é e o que pode fazer no mundo. Sua mensagem ao mundo é única. Afinal, quem manda na minha vida sou EU. E para você, quem está mandando na sua? Fica aí a sua pergunta autoconsciente.

26

O ENUNCIADO
DESDOBRAMENTOS

Trata-se de um questionamento a respeito das certezas apresentadas pela pessoa ao demonstrar autonomia quanto às próprias decisões. Incluo a responsabilidade sobre os próprios atos e suas consequências. Minha experiência profissional tem por base questões que se apresentam a mim no exercício da psiquiatria e da psicanálise.

LEILA LAGONEGRO DE SOUSA

Leila Lagonegro de Sousa

Contatos
l.lagonegro.s@gmail.com
Facebook: L.Lagonegro
11 3051 6849
11 97218 4285

Médica pela Faculdade de Ciências Médicas da Santa Casa de São Paulo (1968) e psiquiatra pela ABP da AMB (1977). Professora de Psicopatologia da Faculdade de Serviço Social de Piracicaba (1976-1977) e da Unimep (1976-1981). UNICAMP - Departamento de Psiquiatria - Prof. Durval Cecchinato (1978-1981). Biblioteca Freudiana Brasileira Dr. Jorge Forbes (1985-2001). Atuou como psiquiatra na Prefeitura Municipal de Foz do Iguaçu (1991), no Centro de Referência para tratamento de Álcool e Drogas de São Paulo (2001-2002), no Hospital Dia Saúde Mental de Ermelino Matarazzo e no Ambulatório Dr. Carlos Muniz (1999), em São Paulo. Cursou módulos de psicanálise - Dr. Jorge Forbes, no Instituto da Psicanálise Lacaniana (2009 a 2019), e foi integrante da equipe do Projeto Genoma da USP - Dra. Mayana Zatz e Dr. Jorge Forbes (2013 a 2016). Psiquiatra e psicoterapeuta em consultório particular em São Paulo.

Na minha abordagem, procuro desvestir o tema escolhido tocando pontos que me fazem tratá-lo pelo avesso. Quais prós e os contras estão presentes quando a pessoa mostra excessiva segurança ao lidar com seus pares e conduzir sua vida? Aqui, enfatizo as decisões e os fatores pessoais que estão presentes na afirmação priorizando a vontade.

Vontade e ação

A vontade implica criar um ato representado mentalmente por uma ideia, ato esse que será ou não praticado. A ideia a ser transformada em realização tende a ser praticada por impulso ou por motivos ditados pela razão, atingindo assim a realização da intenção. A natureza da vontade implica o determinismo e fica pressuposta à responsabilidade.

Assim, a tomada de decisões é a habilidade para chegar a uma conclusão ou resolver algum problema com coragem e determinação.

Na referência em questão, fica apontada a segurança ao decidir o caminho a seguir em cada situação com a qual o nosso sujeito se defronta, independentemente dos obstáculos a serem ultrapassados.

No enunciado, ele aponta certeza nas escolhas, no sentido de atingir os objetivos com resultados favoráveis a si.

Como se configuram as decisões?

Vontade e autonomia

Para Kant, "autonomia é o fundamento da dignidade da natureza humana" e, ao escolher a lei moral, ele abre para si a possibilidade de participar da legislação universal; habilitando-se a ser um membro de um reino dos fins, por pertencer à natureza dos seres racionais e participa da legislação universal. Ele possui liberdade em relação à própria vontade. Está implícita a liberdade de pensar por si mesmo, além de dispor da liberdade de fazer opções que o conduzirão rumo à própria vida. Quando um ser racional escolhe seguir a lei moral, ele abre para si a possibilidade de obedecer à legislação universal por pertencer à natureza dos seres racionais.

A humanidade implica a racionalidade, o que torna possível o convívio com outros seres humanos ao serem respeitados os limites de cada um.

Dotado de liberdade em relação à própria vontade, soma-se a autonomia de pensar por si mesmo, assim como a aptidão de fazer opções que lhe assegurem dar um rumo à própria vida. Quando um ser racional escolhe seguir a lei moral, ele abre para si a possibilidade de obedecer a legislação universal porque isto faz parte da natureza dos seres racionais".

Para os seres racionais, a autonomia se estabelece em acordo com o dever.

O tema de nosso estudo é uma afirmação proferida por alguém que mostra confiança em si mesmo. Essa firmeza lhe propicia enfrentar uma situação emocional ou moralmente difícil. As ações estão sujeitas a serem exercidas, quer seja por impulso ou pela razão.

Enunciado e enunciação (Psicanálise)

"Quem manda na minha vida sou eu" é um enunciado.

O "eu" que fala é consciente. Vou fazer um paralelo com a criança. Ao começar o aprendizado da fala, ela faz referência a si mesmo na terceira pessoa.

O sujeito no estudo psicanalítico é a própria divisão entre esse o "eu" e o "ele".

Expressando-se como dono da verdade, ao fazer uso das regras do discurso, ele fica numa relação de exterioridade com respeito ao sujeito da enunciação (ele).

O sujeito do enunciado é consciente, um sujeito de identidade social que adere ao discurso universal, o lugar do código, obedece às leis comunitárias. Ele exercita as regras do código configuradas com aquilo que vivenciou, tanto no seio da família quanto no convívio social, portanto, relacionadas com o meio em que vive.

Evidencia-se uma disparidade entre aquele que enuncia e o enunciado. O sujeito é ao mesmo tempo entre esse "eu", que fala e esse "ele" que é falado.

Ao apresentar o enunciado no discurso consciente, o sujeito acredita nas próprias certezas.

Já o sujeito da enunciação é aquele que não fica expressado no discurso, mas apenas simbolizado. Faz parte daquilo que ele não sabe de si, está no inconsciente. É aquele que, no processo psicanalítico, emerge ao trabalharmos na análise pessoal dele. Ao ouvirmos a fala do analisante, ficamos atentos aos atos falhos, deslizes do discurso, sonhos etc., importantes à nossa escuta porque é por aí que tocamos algo do inconsciente, objeto da nossa intervenção durante as sessões de psicanálise.

No dia a dia, o sujeito genérico do nosso estudo se depara com situações em que deverá tomar decisões. Essas serão lúcidas ou desarrazoadas, dependendo ou não do controle da própria censura.

A certeza de seus atos, apresentada e avaliada por si mesmo como qualidade, não raro desconsidera os demais participantes daquela conjuntura e torna-se possível que ele extrapole os próprios limites no vale tudo, visando os objetivos.

O enfoque psicanalítico do enunciado em questão leva-nos a ficarmos atentos às seguintes questões:

Quando e a quem as palavras do enunciado estão sendo dirigidas?

Vejamos:

Na vida prática, o direcionamento tem como foco o outro da alteridade, em outras palavras, o seu interlocutor.

Numa segunda hipótese, ao proferir seu discurso de forma tão assertiva, o foco é o outro (o inconsciente), numa autoafirmação. Ele cria para si um manto imaginário ao revestir-se sob essa carapaça protetora. Desconsidera o contexto criando o pensamento mágico de poder.

Para Freud, o inconsciente é constituído por representações da pulsão e, portanto, movidas pelo próprio desejo.

Sob o ponto de vista moral, a natureza da vontade implica o livre arbítrio e determinismo, pressupondo a responsabilidade.

Ao apresentar aquele enunciado (quem manda na minha vida sou eu) o sujeito conscientemente acredita nas próprias certezas.

Quais os elementos que intervêm na autonomia sobre as escolhas e atitudes em questão?

Na interação entre o sujeito e o outro, fica estabelecido um limite, pois, sendo ele um integrante da humanidade, é impossível fugir da lei moral (Kant).

A certeza se apresenta no psicopata. Este ignora os limites do viver em sociedade.

Então, aquele enunciado – da certeza consciente de mandar na própria vida ao sair do discurso para a ação – encontra limites, porque respeitar os limites do semelhante faz parte da sua condição de humanidade.

O psicopata

Trata-se da extrema convicção nos próprios poderes.

Costuma-se atribuir essa qualificação a pessoas assassinas, violentas, *serial killers*, no entanto, para a psiquiatria, esses casos citados são os extremos. Os assim qualificados, os psicopatas, são aquelas pessoas que, por natureza, apresentam desvio de caráter. Predominam narcisismo e egocentrismo, em que se presentificam a frieza de conduta e a falta de sentimento de culpa pelos abusos cometidos. Acreditam-se poderosos (e às vezes realmente são). Frequentemente mostram habilidade em apresentar-se manipuladores, refratários ao sentimento alheio. Aqui, a falta de empatia prevalece. São pessoas inflexíveis nas punições e castigos impostos àqueles que se mostram refratários às suas determinações; e isso é comum quando atingem posições de comando.

No nosso cotidiano, tais pessoas estão presentes nas diferentes esferas sociais. Elas não costumam aceitar tratamentos psiquiátricos ou psicológicos, já que se consideram privilegiados na sua condição humana.

Aqueles que fazem crítica a respeito de si próprios estão no campo das neuroses, são passíveis de aceitarem orientação ou psicoterapias que podem ser dirigidas no sentido de conscientizá-los a estabelecerem com segurança os próprios limites.

Além da relação interpessoal, posso fazer alusão a outro elemento inesperado: causas ambientais também podem se tornar presentes, o que demanda adaptação e acomodação. É o caso de surpresas, tais como catástrofes ambientais, pandemias, acidentes, questões políticas ocasionais, situações que limitam o controle sobre as ações incontestavelmente.

Como podemos observar, a convicção de "mandar na própria vida" é um enunciado que tem limites na vida real. É certo que pessoas que detêm tanta confiança em si mesmas fazem sucesso em suas atividades, sendo ou não aplaudidas por seus subordinados.

Concluo que a sensação de mandar na própria vida não deixa de ser um modo ideal de viver, já que nem tudo depende apenas da vontade do nosso "sujeito".

Referências

FERREIRA, A. B. de H. *Dicionário Aurélio da língua portuguesa.* Positivo, 2010.

KAUFMANN, P. *Dicionário enciclopédico de psicanálise: o legado de Freud e Lacan.* Jorge Zahar, 1996.

LACAN, J. *O seminário* (coleção). Rio de Janeiro: Zahar, 1986.

MELO, A. L. N. de. *Psiquiatria.* Civilização Brasileira, 1979

VALLEJO, A.; CADEMA, L. *Lacan: operadores da leitura.* Perspectiva, 2019.

27

DE AMORES E DESILUSÕES A DESCOBERTAS DE RELEVÂNCIAS

Viver as relevâncias da vida é uma arte! Dispor-se a aprender e se transformar a partir das próprias experiências e novos saberes são riquezas do novo século

LEILA NAVARRO

Leila Navarro

Contatos
www.leilanavarro.com.br/blog/
atendimento@leilanavarro.com.br
LinkedIn: linkedin.com/in/leilanavarro
Instagram: @leilanavarrooficial
YouTube: Leila Navarro
Facebook: facebook.com/leilanavarro
11 98081 2000

Empresária de sucesso, palestrante motivacional e comportamental, nexialista em comportamento e gestão digital reconhecida no mercado de palestras como a empreendedora do seu próprio talento. Com 22 anos de carreira, carinhosamente apelidada de "viagra empresarial", Leila é uma "pílula" de ânimo. Integrante do Ranking dos 20 maiores palestrantes do Brasil segundo a *Veja*. Suas palestras já foram assistidas por mais de três milhões pessoas no Brasil e no exterior (Espanha, Chile, Peru, Uruguai, Paraguai, Panamá, Japão, México, Angola e Portugal). Conquistou o 23º prêmio *Top of Mind* de RH 2020 na categoria Palestrante, a maior premiação de reconhecimento da área de Recursos Humanos. Sendo sua segunda vitória neste prêmio e a única mulher! Autora de 16 livros, entre eles, *Autocoaching de carreira e de vida*, *Talento para ser feliz*, *Talento à prova de crise*, *A vida não precisa ser tão complicada*, *O poder da superação*, *Virar o jogo*, entre outros. Comprometida com a agenda 2030 cumprindo os ODS (Objetivos de Desenvolvimento Sustentável), obtendo o selo OURO ODS.
Saiba mais acessando www.leilanavarro.com.br.

No alto da maturidade septuagenária, aprendi muitas coisas e, por diversas vezes, me percebo sequestrada por reflexões que colocam a relevância em um patamar de extrema importância. Difícil traduzir em palavras, uma frase ou um contexto a real percepção que tenho dessa expressão.

Em um mundo onde tudo parece efêmero e raso, é importante encontrar algo que nos motive e nos guie em direção a algo maior do que nós mesmos. Isso pode ser alcançado por meio da busca por conhecimento, conexões mais profundas com as pessoas, contribuição para a sociedade ou simplesmente cultivando uma paixão ou *hobby* que nos traga alegria e satisfação. Onde há um verdadeiro significado, encontramos um sentido de propósito e relevância que transcende as efemeridades da vida moderna.

Fiquei espantada quando busquei no dicionário o significado de relevância e me deparei com algo pouco relevante para a relevância que, em atitude e experiência de vida, vai além do que simplesmente "ver o lado vantajoso de alguma coisa". Será que percebo dessa forma porque aprendi a extrair aprendizados até dos momentos áridos da vida? Será por que entendo que a vida não tem ensaio, é uma contínua estreia?

Relevância não se trata de vantagem, e sim de propósito. É alguma coisa ou alguém que nos desperta para algo maior num processo ou para um resultado. Na prática, nos leva para um mundo novo, com novos olhares, perspectivas e realizações.

Tive três importantes amores na vida, o que representou também três intensas transformações na minha forma de ver o mundo! Nasci no seio de uma família tradicional, educada nos moldes em que a mulher deve ser exímia esposa, companheira, dona de casa e mãe. E quando chegou o primeiro amor... Ah! Doce encanto do primeiro amor. Apaixonada, vivi as ilusões de uma princesa. Amei, casei e tive três filhos! Fui intensa na entrega, no romantismo e na expectativa de que o príncipe encantado realizaria o sonho do casamento com véu, grinalda e a felicidade eterna. Fui a Leila, filha do Vicente, e me tornei a Leila, esposa do Messias. Era como se eles validassem a minha identidade. Ser simplesmente Leila não bastava.

Mesmo com a correria peculiar de mulheres que equilibram as áreas da vida como verdadeiras malabaristas, eu me sentia realizada com a posição de esposa dedicada, mãe, profissional em ascensão, empresária dos negócios da família e do empreendimento como fisioterapeuta. Não havia enfado ou peso, pois tinha a tal da relevância envolvida, mesmo que na época eu não definisse dessa forma. Fui feliz e sabia que era, até que...

Por volta dos 40 anos de idade, com 13 anos de casada, fui surpreendida com um pedido de divórcio. Em meio às expectativas e à desilusão, sentia como se eu tivesse ensaiado dedicadamente para atuar na estreia do espetáculo Romeu e Julieta. Tudo pronto, figurinos alinhados, luzes, refletores testados, casa lotada, hora de abrir as cortinas e o ator principal diz simplesmente: "vou embora".

Aquele aviso não fazia sentido! O espetáculo só seria possível com os dois protagonistas em cena, o mundo que eu havia criado era para dois – uma sensação ruim de traição invadiu o meu ser. Projetei minha felicidade e realizações no príncipe que, alguns poucos anos, depois virou sapo. Ele pediu um tempo e isso não estava escrito no roteiro que fui orientada a viver. Literalmente me senti sem chão, tudo que havia idealizado ruiu. Aprendi rápido que só se desilude quem se ilude! Foi uma loucura: separação, cuidado com três crianças, trabalho, projetos e sonhos!

Nesse tempo, eu tinha uma Quantum e o retrovisor do carro quebrou. Não consegui solucionar o problema de imediato e fiquei seis meses nesse impasse! Certo dia, parei e pensei: o que eu preciso aprender com isso? Foi quando tive um *insight*! Não dava para seguir a inesperada nova trajetória olhando para trás, ciente de que a extensão da minha vida estava para frente. Tive que definir uma nova forma de viver sem culpas, julgamentos ou críticas. Desde então, não tenho mais retrovisor na vida! Mantenho a visão para frente e os lados. Assim, me deparo com mulheres poderosas como as que estão reunidas neste livro! Personas que decidiram viver o protagonismo da própria vida, saíram do lugar comum, realizaram sonhos, conquistaram espaço e seguem impactando vidas com suas histórias... mostrando que realizar o impossível, é possível! Isso é a expressão de relevância, movimento e vida!

Sempre existe um "até que" e isso não precisa ser necessariamente ruim. Os "até quês" da vida podem ser encarados como oportunidades para enxergar novos horizontes! Com a separação, entrei no jogo para competir e ganhar. E ganhei! Ganhei vivência, experiências, habilidades e segui desbravando espaços. De princesinha me transformei na poderosa e conquistei um nível de expressão e visibilidade nunca alcançado por uma mulher no mercado de palestras. Qual foi o segredo? Primeiro, eu me recusei a ocupar o lugar de pobrezinha rejeitada. Simplesmente segui a intuição e não tive medo do ridículo, aliás, romper as expectativas do que esperavam de mim passou a ter um novo sentido em tudo.

"Quem manda na minha vida sou eu" é, sem dúvida, um título que reflete a atitude de empoderamento e autonomia das mulheres, mas é importante lembrar que isso não significa ter controle absoluto sobre todos os aspectos da vida – existe uma jornada cheia de incertezas e desafios imprevisíveis. Cada pessoa enfrenta circunstâncias únicas que podem influenciar suas escolhas, como um pedido inesperado de separação, a condição socioeconômica, a educação, a saúde emocional, mental e física, o ambiente social e muitas outras variáveis, o que inclui fatores internos como medos, dúvidas e inseguranças, que podem interferir na tomada de decisões.

É essencial desenvolver a capacidade de decidir assertivamente, com base em valores pessoais, objetivos de vida e conhecimentos relevantes. Nem sempre o caminho escolhido será o mais fácil, mas ele pode revelar experiências enriquecedoras, que contribuirão para um crescimento pessoal e profissional. Com esse olhar, volto ao lugar da relevância. É fundamental compreender que, embora cada pessoa tenha o poder de escolha, ela não acontece no vácuo. As ações individuais também são influenciadas por contextos mais amplos, como as estruturas sociais e políticas, a cultura, a história e, inclusive, crenças e valores enraizados no inconsciente de cada um de nós.

Embora eu pensasse que estava no controle da minha vida, muitas coisas foram acontecendo fora do meu domínio – e tudo pode mudar em um instante. Somos protagonistas dos nossos talentos a partir das decisões, escolhas e nem sempre vivemos o que idealizamos. Daí a importância de praticar os atributos do *Waze* como competências de autodesenvolvimento para aumentar as chances de realizar um propósito, conquistar o que tem relevância para a vida. Assim como o aplicativo, o ser humano atento define aonde quer chegar e, quando necessário, refaz a rota sem perder o alvo. Com a separação, recalculei a minha rota e segui desbravando um novo caminho.

Chegou o segundo amor e foi bem engraçado! Aliás, hoje é mais engraçado que na época. Após ter vivido, durante anos, atrás de um homem que eu havia idealizado, passei a investir e a redescobrir uma nova maneira de viver. Ressignificando modelos que haviam me ensinado, saí da obscuridade, fui para cima do palco e passei a viver como protagonista da minha própria história. Assumi Leila Navarro e foi como se eu tivesse casado comigo mesma.

Naquela época, o modelo de sucesso feminino não tinha referências (comparado aos homens, a representatividade continua pequena), então fui me referenciando com os destaques masculinos e atingi o auge: super sucesso, super poderosa, super Yang. O meu segundo amor, um psicoterapeuta zen, contemplativo e pacífico chegou nessa maré! Vivi um amor platônico que "destruiu" minhas bases e, mesmo sem que ele tivesse noção, me levou para outro nível de experiências. Aconteceu em um tempo que eu me sentia a rainha do pedaço – fazendo acontecer um novo negócio, uma nova carreira, a concretização de uma nova trajetória.

Percebi a paixão brotando a partir de uma provocação e, por isso, nosso "romance" poderia ser chamado quebra de braço: de um lado um homem com o feminino superaflorado e do outro, eu, uma mulher com o masculino à flor da pele, praticamente um trator. Nos relacionávamos na polaridade, como se um estivesse em FM e o outro AM, não havia encontro. Vivíamos em planos e dimensões paralelas. Sem consciência disso, eu sofria, espernava, me sentia rejeitada, quando, na verdade, eu mesma criava uma relação incompatível. Isso é muito louco e mais comum do que supomos.

Só quando percebi que estava me relacionando com a idealização do homem que se encaixava apenas nos meus padrões e modelo, as coisas começaram a fazer sentido. Entendi que ele me provocava porque eu tinha a masculinidade que faltava nele e ele a feminilidade que eu havia perdido. No final do relacionamento, decidi fazer minha primeira viagem para a Índia – um mundo no universo – com o objetivo de reencontrar a sensibilidade, a doçura, a nutrição e a empatia acuadas em algum lugar no meu íntimo. O mundo moderno nos coloca em bolhas e, na inconsciência, corremos o risco de reproduzir modelos.

Com a visão empreendedora ainda mais aguçada, a partir dessa experiência, lancei o livro "Grandes egos não cabem no avião", onde desenrolei uma ficção com lances de comédia e drama, romance e reflexão, com doses de autoconhecimento para compartilhar tudo que havia aprendido e inspirar caminhos.

Hoje o termo sororidade está embutido em diversas narrativas, mas naquela época, talvez sem muita clareza, de alguma forma eu precisava fazer valer a união e a aliança entre mulheres baseadas na empatia e no companheirismo.

Num mundo que nos ensina a ser objetivas e competitivas para ter sucesso profissional, decidi trazer luz a comportamentos que privilegiam os resultados no trabalho em prejuízo dos relacionamentos e da plenitude do ser. Aguçada no meu lado feminino, passei a desejar que as mulheres descobrissem como viver o amor, a carreira, a família e o que mais quisesse com equilíbrio.

Embora a vida seja incerta, temos o poder de fazer escolhas importantes a partir de decisões conscientes e, em vez de resistir às incertezas, aprender a abraçá-las.

Chegou o terceiro amor! Inteiro e transparente, o relacionamento começou com uma amizade. Por três anos, o que mais nos atraiu foi a troca de conhecimento, de inteligências e saberes. A presença dele tinha relevância! Na verdade, nosso relacionamento foi um verdadeiro *workshop*. Quando passamos a nos relacionar intimamente, a química só aumentou. Com ele eu ainda tinha muito que trabalhar o meu lado feminino, mas estava mais leve, autêntica, consciente da presença e vivi uma relação alicerçada na afinidade, admiração, amizade, afeto e atenção.

Não havia competição no relacionamento. Aprendíamos juntos. Dividimos palco, pensamentos, reflexões, saberes. Era uma química de duas pessoas inteiras que se respeitavam e olhavam para o mesmo caminho. Um não esperava e nem completava o outro... Vivemos um amor de troca, sem cobranças. Experimentamos a alquimia da admiração, da aproximação, da paixão. Foram sete anos de um relacionamento intenso, cheio de descobertas e, com o mesmo respeito que começou, terminou. Apesar do imenso oceano que separa nossos países, ele continua acolhido no meu coração e sei que permaneço no dele. Exercitei o meu lado feminino nessa relação e tenho aprendido cada dia mais a equilibrar os sabores da vida.

Enxergo a expressão da relevância em todos os amores vividos. Com o primeiro eu deixei o motivo da minha existência na mão do "príncipe encantado" que nunca existiu, mas com a desilusão, ressurgi como Fênix e elevei à máxima potência algo que havia em mim e até então não sabia. No segundo, inconscientemente cheia de defesas, seguindo a vida como um trator, atraí alguém que me fez enxergar o desequilíbrio que havia mergulhado. No terceiro, fui lapidada, renovada, incentivada a ser autêntica. Na verdade, não foram as pessoas que fizeram isso comigo, fui eu que me permiti encarar minhas vulnerabilidades e redirecionar a rota com base no que me era relevante e me fazia acordar com sede de vida todos os dias.

Dia a dia tomamos decisões e tenho claro hoje que foi a relevância que me conduziu ao lugar que estou. Entendo relevância como aquilo que mexe com minhas vísceras e impulsiona para a realização de algo sem referências. Foi o que vivi com os três grandes amores que impulsionaram poderosas transformações na minha vida até aqui! Realizo cada passo correspondendo ao que faz sentido para mim!

Amor para ser amor não tem que ser para a vida inteira. Da mesma forma que uma carreira bem-sucedida não tem que necessariamente ter um fim, ela pode ser o impulso para um novo começo. Acho isso ótimo. Já tive três grandes amores, estou na minha quarta carreira profissional e me mantenho aberta para experienciar, viver, aprender, crescer e aproveitar as oportunidades.

"Quem manda na minha vida sou eu" pode ser uma expressão de liberdade e independência, mas, acima de tudo, deve ser vista como um convite para a autorreflexão, o autoconhecimento e a responsabilidade com a própria vida e com a sociedade que estamos inseridas! Com as lentes ampliadas, acho mais coerente afirmar que quem manda na minha vida é a relevância.

No meio de tanta concorrência, a capacidade de se destacar e ser notada é fundamental para alcançar sucesso. No entanto, essa relevância não pode ser conquistada apenas com habilidades técnicas ou conhecimento profissional, mas sim por meio de decisões, atitudes e valores que elevam e tornam mais humana a nossa existência.

Vivemos em um mundo onde a empatia, o cooperativismo, o amor-próprio e ao próximo são características cada vez mais raras. Quando alguém é capaz de adotar essas atitudes em sua vida pessoal e profissional, aportando um valor agregado que vai além do simples trabalho, ela se torna relevante no meio em que está inserida e constrói uma imagem positiva, que permite ampliar seus horizontes.

Entre ter razão e ser feliz, vale considerar que a relevância não significa apenas um conjunto de habilidades técnicas, mas também uma forma profunda de viver e conviver no mundo. Quando somos capazes de olhar para nós mesmos e descobrir quem realmente somos, sabendo valorizar nossas habilidades e construir relações mais humanas, ampliamos nossa relevância. E isso não é apenas importante para o sucesso pessoal, mas também para a construção de um mundo mais justo e solidário. Hoje, na soma das diversas experiências, percebo que sou muito melhor do que já estive e sigo no caminho de descobertas para me tornar um ser humano cada vez melhor, pois, sem dúvida, quem manda na minha vida é a relevância!

28

DO SALÁRIO MENOR QUE O MÍNIMO A FONOAUDIÓLOGA E EMPRESÁRIA

Neste capítulo, você encontrará um trecho da minha história, saberá como me tornei empresária, como tenho aprendido a empreender, o que me motiva e algumas lições que foram muito valiosas para a minha vida. Além disso, neste capítulo, você irá encontrar algumas informações bastante breves sobre a importância do feminino e da história de independência da mulher.

LETÍCIA DA SILVA SENA

Letícia da Silva Sena

Contatos
www.indigoinstituto.com.br
silva.leticiasena@gmail.com
Instagram: @fga_leticiasena
11 98670 7701

Fonoaudióloga, analista do comportamento aplicado ao transtorno do espectro do autismo (TEA) e desenvolvimento atípico pelo Paradigma Centro de Ciências e Tecnologia do Comportamento; empresária, esposa, professora e metida a escritora. Doutoranda pela Universidade Federal de São Paulo e terapeuta certificada para a realização dos métodos de terapia baseados nos métodos Prompt, PECS e PODD. Fundadora do Instituto Índigo, clínica que realiza avaliação e intervenção de crianças e adolescentes com TEA e outros transtornos do neurodesenvolvimento, da linguagem e da fala. Além disso, realiza supervisões a outros terapeutas, clínicas e orientações parentais. Seu diferencial é o engajamento intenso e precoce nessas intervenções, e o seu amor pelo desenvolvimento da comunicação infantojuvenil.

Eu desejo de todo meu coração que este livro não seja um volume na sua estante, e que esse capítulo possa encorajar você a acreditar, independente da circunstância.

Eu me chamo Letícia, tenho 26 anos e preciso dizer que nunca sonhei com tanto, nem nos meus melhores sonhos. Hoje eu sou pesquisadora, já participei de outros dois livros, já publiquei artigos em revistas internacionais, sou fundadora da Clínica Instituto Índigo – que atende crianças e adolescentes com transtornos e atrasos do neurodesenvolvimento, da fala, da linguagem, da motricidade oral, da leitura, da escrita e da alimentação. Dou aulas, sou fonoaudióloga ativa, atendo todos os dias, vou em escolas, conheço cada pequeno da Índigo, dou supervisão para outras clínicas, famílias e equipes de outros estados do Brasil e fora do Brasil, gravo vídeos, produzo alguns conteúdos das mídias sociais da Índigo; e ainda dá tempo de ser mulher – casada com o amor da minha vida – de fazer minhas aulas de Zouk, tocar o violão, cantarolar e jogar um videogame.

Eu só me dei conta de que tudo isso pode ser muita coisa agora que estou escrevendo, porque geralmente eu só vou trabalhando e fazendo sem olhar para trás. É claro que não se pode romantizar tanta correria. E é claro que, às vezes, alguns pratos que eu estou equilibrando caem, mas o que é mais importante é o que você faz quando os pratos caem e não o fato dos pratos terem caído no chão.

Vou compartilhar um pouco da minha história, com um misto das principais mensagens que a vida já deixou para mim e que quero dividir com vocês.

Tudo começou quando eu nasci em uma família pobre e dizia que eu queria ser médica. Trabalhando com meu pai, desde criança entendi que essa "não era profissão para alguém como eu". Não sem renunciar a muita coisa, como os anos estudando para passar no vestibular, não sem sobrecarregar meus pais por precisar estudar mais e trabalhar menos, sem poder ajudar em casa; e sem contar que eu não queria despender de tantos anos para a prática de ajudar pessoas, sendo que eu poderia ajudar as pessoas, ser útil para a sociedade, sem necessariamente fazer medicina. Então, eu fui muito prática e mantive a ideia principal, que era ajudar as pessoas com alguma coisa. Ingressei no trabalho voluntário, prestei vestibular, peguei um FIES (Fundo de Financiamento Estudantil) e comecei a cursar psicologia. Mas mesmo trabalhando, eu ainda onerava a minha família, porque a universidade era particular. Além do mais, eu não estava apaixonada por psicologia. Larguei a faculdade em 11 meses. Meus pais ficaram decepcionados, mas eu estava obstinada a entrar em uma universidade pública e não onerar mais ninguém com os meus estudos. E fui estudando, trabalhando, brigando com meus pais todos os dias, conhecendo gente diferente que me inspirava, desafiava; e que meus pais aprovavam ou odiavam. E aqui vai a primeira lição: a única pessoa que pode realmente fazer algo para mudar sua vida é você mesmo, então, é normal por vezes você se ver ou se sentir sozinho. E está tudo bem; estar sozinho não é errado e não precisa ser solitário, afinal, é a melhor das companhias: a sua.

Foi muito dolorido aprender isso, porque geralmente aprendemos a lição com a falta de quem a gente ama nos momentos difíceis; quando essas pessoas não estão com a gente por alguma razão ou quando não concordam com a gente.

No fim, eu prestei vestibular para os cursos de fonoaudiologia e fisioterapia e só passei em uma única opção que "era perto da minha casa", ou seja, que não exigiria uma mudança e, consequentemente, não oneraria meus pais financeiramente. Então, larguei meu emprego e parti para ela: fonoaudiologia na Unifesp. Sem rodeios, foi uma graduação muito difícil, intensa, estressante, desgastante fisicamente e mentalmente e eu fiquei completamente apaixonada pela fonoaudiologia. Tão apaixonada, que fiz três pesquisas lá, saia da faculdade mais de 23 horas para ainda fazer um trecho a pé e pegar metrô e trem para voltar para casa. E, consequentemente, por essas escolhas, meus melhores amigos são professores e pós-graduandos de lá, gente com muito mais idade que essa "pirralha" que vos fala, e não as minhas colegas de sala. Até hoje trocamos mensagem, nos vemos e saímos vez ou outra para almoçar. Nessa época, eu derrubei muitos pratos. Aprendi, de forma muito dura, o quanto o nosso próprio medo e o medo das pessoas podem machucar de diversas formas. Desenvolvi enxaqueca e tive minhas primeiras crises. Aqui vai outra lição: tente pegar mais leve com você e com os outros; muitas vezes o que a gente tem certeza de que é inveja, raiva ou egoísmo, é apenas medo. Medo de dizer, de sentir, de entender, de fazer algo diferente do que já conhece, de se aproximar. E quando a gente consegue nomear isso, tudo fica mais fácil de resolver. O medo é perigoso e é capaz de corroer; e o jeito mais assertivo de acabar com o medo é percebendo-o.

Vamos adiantar a história sem muitos floreios sentimentais: eu me formei; trabalhei em algumas clínicas que desvalorizaram muito meu trabalho, que desgastaram a minha saúde física e mental; e posso afirmar que só trabalhei em um lugar que realmente ficaria se não almejasse mais na vida. Então, eu já estava muito esgotada quando decidi começar a trabalhar para mim. Nessa fase, eu me desdobrei em muitas Letícias e os pratos que caíram foram o eu mulher e o eu namorada. Deixei também cair a Letícia. E lá vai outra lição: a gente não quer se perder, mas é inevitável; um dia vai acontecer. E quando a gente se reencontra, já expandiu de um jeito, já mudou e não será mais como era antes. Aceite isso, abrace isso e tente entender, não lute contra e não desista; porque só vai tornar tudo mais difícil do que já é.

Seguindo a história, eu comecei a trabalhar para mim e atendia todos os pequenos em suas casas. No fim, decidi abrir um consultório com uma colega, porque tinha certeza que trabalharia menos e me cansaria menos com um consultório, mas estava completamente enganada. Ter um consultório me fazia empresária, e empresário tem que pagar contas, tem que prestar contas, tem que limpar, planejar, inovar, divulgar, lidar com as pessoas de jeitos que eu não conhecia – como cobrar – tem que se distorcer, contorcer e por aí vai. Eu já não tinha mais finais de semana, passei a dormir menos; e é claro que muitos pratos caíram. E os pratos mais caros que quebraram fora o da confiança e o dos meus sonhos. A minha sociedade com essa colega não deu certo e eu teria que seguir sozinha com a clínica. E aqui vai outra lição: o que as pessoas escolhem fazer não tem relação nenhuma com você ou com o que você é. Não se sinta pressionado, mal, triste, incapaz pelas escolhas dos outros. Cada um tem o seu caminho e isso precisa ser respeitado. Portanto, faça suas escolhas, isso sim diz respeito a você e ao que você é.

E foi isso que eu fiz. Eu estava morrendo de medo, era uma crise de ansiedade atrás da outra, mas segui em frente e mais uma vez fiz minhas escolhas: Noites em claro, obras, empréstimo bancário, trabalhar em sábados e feriados para pagar contas, não tirar férias, continuar estudando, ignorar fofocas e tentativas de conselho horrorosos, melhorar processos a cada queixa e sugestão das famílias atendidas na clínica, manter a minha equipe motivada. A querida Índigo, minha clínica, não é o que eu sonhei, é muito maior e melhor do que essas preocupações e problemas para resolver e também me dá muito mais trabalho do que eu achava que daria.

É revigorante e "bagunçante" acompanhar essas famílias e crianças que têm o poder de fazer eu me sentir única, importante, insignificante e impotente – numa mesma conversa. E é revolucionário poder falar sobre isso sem romantizar a minha vida e ter um espaço de fala neste livro tão significativo, principalmente como mulher.

E por falar em mulher... Se estamos num livro tão feminino e cheio de mulheres incríveis, acho importante lembrar aqui o quanto as coisas já mudaram para todas nós: saímos de uma vida de "submissão", em que um Código Civil, que data de 1916, impedia a mulher de decidir trabalhar, ter seu próprio negócio, ter uma conta no banco, ter uma propriedade e até de se separar, sem a assinatura e autorização de um homem. Foi apenas em 1988 que ficou expressa a igualdade de direitos entre homens e mulheres. E hoje nós estamos aqui, escrevendo um livro juntas sobre as nossas histórias, estamos empreendendo, estamos comprando propriedades, provendo lares, muitas vezes, sozinhas; sem deixar a feminilidade de lado e sem deixar de contar com parcerias, parceiros e parceiras.

Eu sou muito grata por estar rodeada de tantas mulheres incríveis no meu trabalho. Na minha equipe de fonoaudiólogas só tem mulheres e elas são incríveis. Interessantemente, a fonoaudiologia é uma área que envolve cuidado e tem predominância feminina no Estado de São Paulo (Kacelnikas *et al.*, 2018). Além das profissionais serem todas mulheres, na maioria dos casos, são sempre as mães, ou seja, mulheres incríveis, que também acompanham mais de perto seus filhos nas terapias e atividades e são mais frequentemente responsabilizadas por tudo o que envolve o cuidado das crianças e adolescentes que atendemos. E essa realidade não acontece só no Brasil, em outros países também ocorre a predominância e a sobrecarga materna no cuidado de crianças com autismo e outros transtornos do neurodesenvolvimento e de aprendizagem (GOMES, LIMA, BUENO, ARAÚJO, & SOUZA, 2015; MACEDO, SILVA, PAIVA, & RAMOS, 2015; MEIMES *et al.*, 2015), ou seja, mais uma vez o cuidado associado às mulheres, desta vez, não sob a ótica da minha percepção, mas comprovado por pesquisas científicas.

Sou muito grata também as outras mulheres da minha vida que estão nas minhas raízes. Sou grata a mulher que me deu à luz e sempre foi um exemplo de perseverança, inteligência, assertividade e feminilidade. Minha mãe tinha por vezes três empregos, visto que trabalhava fora para prover no lar, como o meu pai, depois limpava a casa da minha tia-avó que cuidava de mim e da minha irmã nas tardes, depois que eu e ela voltávamos da escola e ainda lidava com os afazeres da nossa própria casa, quando voltava desses dois turnos de trabalho, sem deixar de colocar seu brinco, usar seu perfume e me apoiar a estudar e trabalhar para ser completamente independente, quando tivesse idade. Minha mãe nem sempre acreditou nos meus sonhos, principalmente porque ela queria me proteger, mas sempre garantiu o principal que era o apoio incondicional e o respeito às minhas escolhas. E sou grata pela minha avó materna, que também sempre foi um exemplo de força, resistência e cuidado. Cuidado é a palavra mais predominante na minha querida avó que trabalhou duro desde os 4 anos de idade para ajudar a criar os outros 10 irmãos dela. Ela também tinha dupla e tripla jornada de trabalho, mesmo antes de se casar e ter três filhos e viveu na pele os maiores paradigmas do machismo na sociedade dos anos 60. Com muita delicadeza, amor e respeito, ela cuida e entende de bom grado que o papel dela no cuidado foi fundamental para o desenvolvimento e liberdade da minha mãe, minha liberdade, na liberdade da minha irmã e na liberdade de outras mulheres na nossa família. E no fim, essas mulheres que me ajudaram a me desenvolver e a conquistar liberdade, estão completamente certas: é essa a alegria de participar desse livro e compartilhar um pedaço de nossas histórias; é poder ver e ter a certeza do quanto estamos nos desenvolvendo e conquistando e do quanto somos sempre muito importantes umas para as outras. As coisas mudaram e mudaram para melhor.

Somos o feminino, somos o cuidado, somos a resistência. E isso jamais pode ser esquecido ou deixado de lado, em nenhum momento e em nenhuma organização. São necessárias essas habilidades para fazer qualquer coisa funcionar e elas estão em você. Eu me orgulho da minha história e de ser mulher ao lado de vocês e quero muito que possam encontrar a força disso e se orgulhar também: da força de ser mulher para fazerem tudo o que acreditam e dá sentido para a vida de vocês.

Referências

GOMES, P. T. M.; LIMA, L. H. L.; BUENO, M. K. G.; ARAÚJO, L. A.; SOUZA, N. M. (2015). Autism in Brazil: A systematic review of family challenges and coping strategies. *Jornal de Pediatria* (Rio J), 91(2), 111-121.

KACELNIKAS, R. *et al*. 2018. Disponível em: <https://www.fonosp.org.br/images/noticias-fono-sp/EstudoDIEESE.pdf>. Acesso em: 2 maio de 2023.

MEIMES, M. A.; SALDANHA, H. C.; BOSA, C. A. (2015). Adaptação materna ao transtorno do espectro do autismo: relações entre crenças, sentimentos e fatores psicossociais. *Psico*, 46(4), 412-422.

29

A VIDA ACONTECE AONDE QUER QUE VOCÊ VÁ

A vida é feita de escolhas e pode-se escolher ficar onde estamos ou retomar o nosso poder. E o ponto de poder está onde a vida acontece, no momento presente. Nestas linhas, compartilho minha história, uma menina que cresceu acreditando que era possível escolher quem ela quisesse ser, sem jamais desistir, cultivando uma relação saudável com ela mesma e com os outros.

LIGIA SILVA

Ligia Silva

Contatos
ligia.m.silva81@gmail.com
Instagram: ligia.silva81
17 99601 6618

Psicóloga (2007), especialista em Gestão Empresarial pela FGV (2009) e mestre (2019) em Psicologia e Saúde pela FAMERP (Faculdade de Medicina de São José do Rio Preto/SP). Instrutora de Programa de Redução de Estresse Baseado em *Mindfulness* (MBSR), certificada (2022) pela Unifesp (Universidade Federal de São Paulo). Atuo como coordenadora de projetos educacionais e facilitadora de programas de redução de estresse.

> *Você não pode parar as ondas,*
> *mas você pode aprender a surfar.*
> JON KABAT-ZINN

Ao assumir o desafio de escrever este capítulo, entreguei-me totalmente às minhas memórias e também me peguei refletindo sobre as histórias de vida das mulheres que conheço, das amigas próximas, das conhecidas, daquelas que só vejo à distância, mas ainda não tive a honra de conhecê-las pessoalmente, das mulheres da minha família, que com tantas lutas encurtaram o caminho para que eu chegasse até aqui. Acredito que nunca fiz este exercício de olhar com admiração para suas vidas, desafios e conquistas. Quantas coisas já conquistamos juntas e, mesmo fisicamente separadas, o quanto ainda lutamos pela igualdade e por um lugar de admiração por ser tão somente quem somos.

Vejo pela minha história e pelas histórias contadas por muitas dessas mulheres, quantos desafios ainda temos para sobreviver neste mundo ainda dominado pelo masculino.

Você já parou e pensou quantas vezes precisou encontrar formas de lidar com situações desconfortáveis, simplesmente pelo fato de ser mulher? Quantas vezes planejou e replanejou seus dias para conciliar tantas tarefas: mãe, profissional, "dona de casa", filha, amiga, namorada, esposa?

Em meio a algumas dessas versões ou papéis que tenho como mulher, aprendi na prática que não consigo controlar tudo, mas que tenho uma imensa capacidade de estar consciente de quem sou, dos meus limites, das minhas ações e sentimentos.

E quero aqui compartilhar um pouco com você o que aprendi sobre o poder que existe em viver o único momento que realmente temos, o presente, o aqui e agora. A ideia não é fazer juízo de valor entre o masculino e o feminino, mas trazer luz ao que podemos ser se treinarmos nossa mente e o quanto isso contribui para a nossa felicidade e bem-estar.

O poder da consciência nas nossas escolhas de vida

O poder de estar presente e consciente no que estou vivendo a cada momento da vida mostrou que talvez a minha história não se resuma nas lutas para escolher quem eu quisesse ser, mas como eu lido diante das coisas que me acontecem.

Nascida no interior de São Paulo, em uma cidade de 7 mil habitantes, sou a segunda filha de quatro irmãos homens. Éramos uma família simples, morando em uma pequena casa, mas que abrigava muitos sonhos. A família seguia o molde tradicional da época, ao meu pai cabia o sustento e todas as decisões da casa; e à minha mãe, o cuidado do lar, a educação dos filhos, a submissão ao marido e o majestoso papel de mediadora do lar.

Lembro-me que na infância sentia vontade de fazer tudo o que meus irmãos faziam, mas, como menina, ficava restrita a um universo cheio de limitações, pois precisava ajudar nos afazeres domésticos, afinal, éramos criadas para o casamento. Ajudar nas tarefas de casa não era um problema para mim, mas viver com tanto controle, sendo impedida de estar com meus irmãos nas brincadeiras porque era menina, despertava sentimentos que eu não conseguia nomear.

Meu pai, o homem mais honesto e trabalhador que conheci, deixou os estudos quando criança, pois precisava trabalhar. Quando adolescente, veio sozinho para o interior de São Paulo tentar uma vida melhor. Trabalhava em uma usina de açúcar e álcool e nas horas de folga complementava a renda como serralheiro em uma oficina montada no quintal de casa. O descanso para ele eram as poucas horas de sono entre um trabalho e outro. Tenho vagas lembranças dos momentos que reuníamos toda a família, pois meu pai precisava se organizar nos horários para fazer a dupla jornada. Já a minha mãe, que sonhou durante toda a infância em ser professora, teve seu sonho interrompido uma vez que para seu pai, a mulher só precisava arrumar um marido para formar uma família.

Tratam-se de histórias que também tiveram suas limitações. Lembro com gratidão o esforço que faziam com as condições que tinham para que nós pudéssemos "ser alguém", por meio dos estudos. Minha mãe não faltava às reuniões da escola e, mesmo sem uma base que a permitisse nos apoiar com os estudos, exigia que cumpríssemos todos os deveres escolares.

Mesmo criança, eu crescia com um incômodo por não ter a mesma rotina dos meus irmãos, simplesmente por ser menina. Recordo que sempre tive medo de altura, mas aprendi a subir em árvores para brincar com os meninos e mostrar que também era capaz, uma constante luta pela igualdade.

Cresci ouvindo que mulher é diferente de homem; na minha cabecinha de criança, entendia que tínhamos algumas diferenças visíveis, mas não aceitava que isso anulasse o meu desejo de ser quem eu quisesse ser e fazer o que eu sonhava.

Meus pais tinham por hábito pagar um carnê de mercadorias, que concorria a sorteios mensais. Depois de um prazo, o cliente trocaria o valor pago por produtos disponíveis em loja física, era o momento de festa em casa, sabíamos que estava chegando brinquedos. Pelo menos uma vez ao ano íamos em família a uma dessas lojas que ficava no município vizinho, uma cidade com grande movimento, shoppings, empresas e restaurantes. De dentro do carro, admirava aquela cidade, imaginava como poderia ser diferente se eu morasse ali, que talvez diminuiria as restrições e teria o mesmo universo de possibilidades que os meninos.

Não tinha clareza sobre quem me tornaria, mas tinha uma certeza: queria escolher quem eu poderia ser, e isso incluía não interromper os estudos e não me casar jovem. Ansiava por mais, queria conhecer pessoas, outros lugares, outras formas de vida. Mas os desafios seguiram e em diversas áreas da vida. Não podia usar determinadas roupas para não ser julgada, não podia ficar sozinha com um homem para não ser malvista, não podia passear de carro sozinha com algum homem para não ter a imagem de "boa mulher para casar" comprometida.

Dentre tantas limitações, tive a oportunidade de estudar, porque essa era a única situação em que eu era vista pelos meus pais em condição de igualdade aos meus irmãos. E foi pelos estudos que tudo se transformou.

Comecei a trabalhar informalmente aos 12 anos. Depois de alguns trabalhos informais, consegui um emprego que me permitiu perceber o quanto era apaixonada por ajudar pessoas e isso me motivou a escolher pela formação em psicologia. Aos 21 anos, ao ser demitida de uma empresa, decidi que era hora de escrever a parte da história que pulsava desde a infância, escolher quem eu quisesse ser e fazer o que eu sonhava.

Consegui um estágio na cidade que admirava quando criança, deixei tudo para trás e segui para o novo e desconhecido. Conheci pessoas, culturas, muitas histórias, mulheres que compartilhavam das mesmas lutas e sonhos. Não foram apenas momentos de alegria; vivenciei muitos desafios, medos, inseguranças, mas desejava na alma fazer dar certo essa nova história.

E assim segui, durante anos trabalhando entre uma empresa e outra para pagar os estudos, anos de busca por ferramentas que me ajudasse a lidar com as inseguranças e medos que vieram pelo caminho. Em alguns momentos, transitei entre adoecimentos, que não dividia com a família pelo medo de precisar desistir e voltar.

Embora estivesse vivendo meu sonho, ouvia sempre que estava envelhecendo para o casamento e que não era preciso tantos estudos.

Apesar dos adoecimentos e momentos de insegurança, me percebia como uma mulher forte, sempre ajudando e quase nunca precisando de ajuda.

Nesse período, passei pelo término de um namoro de nove anos, relacionamento este que me apegava quando as cobranças sobre o casamento chegavam. Foi então que tomei consciência que não tinha mais segurança sobre o caminho que escolhi. Os meus pensamentos estavam muito aprisionados ao futuro, me sentia vulnerável emocionalmente. Relutei à princípio, mas aceitei que era hora de procurar ajuda médica. Foi quando recebi o diagnóstico de síndrome do pânico.

Vivia em constante estado de alerta, sem saber quando e onde teria uma crise. Apesar de tantos estudos, me encontrava vivendo um dos piores momentos: questionando minhas escolhas. Foi então que decidi colocar em prática um dos assuntos que estudava na época, as práticas de *Mindfulness* (atenção plena).

Mindfulness: a atenção plena

Já havia lido muito sobre o tema, que *Mindfulness* se resumia a trazer a atenção para o que acontece naquele momento, no aqui e agora, aceitando as coisas como são, sem brigar com a realidade. Mas achava que treinar a mente para estar presente nas coisas que fazia exigia muito tempo, só daria certo se a pessoa já fosse calma, paciente e menos acelerada que eu.

Fui buscando compreender o que de fato era na prática: treinar a mente para estar no presente e o que isso contribuiria para as crises de pânico. E então, percebi que a única coisa que precisava ter para treinar minha mente era um corpo e estar respirando.

Bom, os resultados não foram do dia para a noite, precisei manter práticas constantes para sentir os benefícios, assim como quando treinamos o músculo na atividade física. Ele não aumenta de uma hora para outra, é preciso manter uma rotina de treino, assim é quando exercitamos a mente.

Iniciei trazendo a atenção para as atividades do dia a dia. Durante o dia, praticava estar consciente lavando uma louça, por exemplo. Prestava atenção no contato com a água, trazia a atenção para cada movimento, notando cada sensação dos músculos em movimento. Quando percebia que o pensamento se afastava da atividade, apenas trazia de volta.

Durante as refeições, dedicava os primeiros minutos para prestar atenção no que estava comendo, trazendo atenção a textura, cheiro e gosto. Isso é incrível, pois aumenta a sensibilidade à comida.

E, ao fazer essas práticas, fui percebendo que precisava dar um passo a mais para ajudar a minha mente a se manter no momento presente por mais tempo, comecei, então, a fazer algumas práticas meditativas guiadas com esse foco na atenção plena. Iniciei com práticas de dez minutos e depois fui aumentando. Confesso que foi um desafio no início, mas à medida que fui praticando, notei que foi ficando mais fácil perceber que a mente havia sido carregada por um pensamento e trazia-a de volta.

E com isso fui conseguindo prestar atenção nos gatilhos da mente, nos sinais que meu corpo indicava que poderia ter uma crise de pânico e passei a responder com mais consciência e ser menos impulsiva, me relacionei melhor com os pensamentos e emoções, reduzindo meu sofrimento mental e as próprias crises.

Segui com o acompanhamento médico até receber alta, pois as práticas não substituem o tratamento, elas se somam.

E até hoje não deixei de passar por situações que geram sofrimento, mas aprendo a cada dia como lidar com os desafios da vida, reconhecendo e aceitando as coisas como elas são, parando de lutar contra as situações que não tenho controle, fazendo escolhas mais realistas, não permitindo que o sofrimento controle meu comportamento.

Tomar consciência de cada momento da minha vida por meio das práticas de *mindfulness* transformou meu jeito de olhar as inúmeras cobranças sociais e meus questionamentos internos. Com isso, veio a mudança em relação a tudo que estava a minha volta, trouxe uma postura de compaixão comigo mesma e com os outros, restabeleceu minha saúde e a possibilidade de seguir com os meus sonhos.

Hoje, sou formada como instrutora de *Mindfulness* e ajudo pessoas a acessarem seu estado de atenção plena por meio de treinamentos.

Mindfulness não é somente uma estratégia de práticas, trata-se de um estilo de vida que precisa ser cultivado dia a dia.

Nossa luta como mulher continua e conto com a minha própria experiência para deixar uma reflexão: podemos escolher permanecer onde estamos ou retomar o nosso poder, e esse ponto de poder é estar presente no que vivemos para fazermos escolhas mais conscientes. E é nesse processo único de poder, presente e presença, que desejo uma jornada de puro amor e aceitação sobre a potência que você é.

Referências

DEMARZO, M.; CAMPAYO, J. G. *Manual prático mindfulness: curiosidade e aceitação*. São Paulo: Palas Athena, 2015.

KABAT-ZINN, J. *Atenção plena para iniciantes*. São Paulo: Sextante, 2019.

30

O PREÇO DA NOSSA LIBERDADE ESTÁ BASEADO NO DESEJO E NA ENERGIA QUE DISPOMOS PARA CONQUISTÁ-LA

Pior do que não assumirmos as nossas responsabilidades é terceirizarmos a nossa felicidade. Resgate a sua verdadeira essência, seus sonhos, seus desejos e assuma o controle da sua vida. Ela é linda, única, é sua e de mais ninguém! O meu pacto é com a felicidade, e o seu?

LILI ACEDO

Lili Acedo

Contatos
lili_acedo@hotmail.com
LinkedIn: lili-acedo-a9956326
Facebook: LiliAcedo1
Instagram: @lili_acedo_

Publicitária, administradora, palestrante e consultora em gestão de mudanças e vendas; atuando há mais de 30 anos no mercado em diferentes áreas e em grandes empresas, como Young & Rubicam, Taterka Comunicações, Warner Media, HBO, Sony Pictures e Discovery Networks. Terapeuta dos Saberes Femininos, voluntária em projetos sociais, esposa e mãe de um adolescente, Dudu, responsável por dar um propósito ainda maior na minha vida. Apaixonada por pessoas, movida por desafios e focada em resultados. Para mim, não existe "não", existe "como".

Cada ser é único, com seus desejos, valores, sonhos, medos, angústias, prazeres; e eu, não sou diferente, sou quem sou, amo o que sou, porque simplesmente essa sou eu, e longe de ser perfeita.

E ressaltando que a Lili de hoje, não será a mesma Lili de amanhã, pois temos diferentes necessidades e vontades a cada momento da nossa vida. Em resumo: somos seres em constante transformação.

Tudo o que fiz e sou foi simplesmente por acreditar que a vida é única, pelo menos considerando o plano físico. Não vou entrar na questão de espiritualidade. O que acredito sobre a vida é que devemos respeitar nossa essência e fazer valer a pena nossa existência, sem limites para amar, conquistar, sonhar, explorar, errar, levantar, superar, realizar, procriar e doar. E o meu propósito de vida é tornar essa jornada mais leve e divertida, superando os obstáculos e potencializando os momentos de felicidade, pois vejo muitas mulheres perdendo sua identidade, brilho, vontade, energia, saúde e capacidade de sonhar. Muitas delas financeiramente dependentes e emocionalmente aprisionadas em relacionamento que as consomem, seja na família, no trabalho ou qualquer outra relação tóxica. E como já me senti assim, hoje tenho vontade de gritar para o mundo: "Não tenha medo de ser feliz! Não tenha medo de ser julgada, de sonhar e ir atrás de seus sonhos". Sabemos que nem tudo está sob nosso controle, mas o que está, somos capazes de mudar, e eu sou prova viva disso.

Sei bem o preço de uma mudança, mesmo quando desejada. Muitas vezes, ela dói demais. No entanto, posso garantir que a dor de permanecer em um relacionamento que nos consome e nos apaga a cada dia é ainda maior, e pode deixar marcas que nem o tempo cura. Não permita que isso aconteça. Assuma o controle da sua vida, pois essa é a sua história, e cabe a você decidir quem, o que e quando fará parte dela.

O fato de eu ter nascido em um ambiente com recursos limitados e por crescer assistindo à minha mãe em relacionamentos marcados por dependência emocional e financeira, moldou parte do que sou hoje, ou melhor, do que não sou: uma mulher dependente. E quando avalio a minha vida pessoal e profissional, fica evidente o quanto lutei e continuo lutando pela minha liberdade e felicidade. Tudo na vida tem um preço, inclusive a felicidade.

Amo trabalhar e dediquei minha vida ao mundo corporativo, com o objetivo de conquistar minha tão sonhada liberdade financeira e, com ela, a oportunidade de realizar vários sonhos, como ter uma boa moradia, ajudar a minha família, ter uma casa de campo, acesso a bons restaurantes, cursos e proporcionar uma boa educação ao meu filho, além de poder viajar por esse "mundão", uma das coisas que mais amo fazer. Confesso que muitas vezes o preço foi alto, horas e horas de trabalho em busca de aprendizado e superação constante. Também tenho plena consciência de que minha autocrítica em busca da perfeição era o que mais me consumia. Aliás, estabelecer valores e limites é um dos grandes desafios no universo feminino, e precisamos incorporar essa prática em nossa rotina.

Sempre tive habilidades comerciais, pois lembro que, aos 11 anos, quando ia à praia com meus pais, uma das coisas que mais me divertia era ajudar os comerciantes da feirinha *hippie* a fazer e vender bijuterias.

A partir daí, comecei a vender bijuterias, rifas e bonecas de porcelana, até conseguir um estágio em um banco e ingressar no mundo corporativo. Estudei publicidade e administração e iniciei a minha carreira em mídia na Young & Rubicam, uma das maiores agências de publicidade daquela época. Também tive a oportunidade de atuar em outras áreas de veículos de comunicação, como marketing, planejamento e bons anos na área comercial, retornando às minhas raízes em vendas, com as quais me identifico profundamente.

Em mais de 30 anos de carreira, tive dois momentos de transição importantes, que exigiram grandes tomadas de decisões e não foram apenas alegrias. O primeiro foi quando me cansei da rotina de agência de publicidade, após 10 anos de atuação, e ansiava por novos desafios em veículo de comunicação. Minha vontade era trabalhar no grupo Warner Media e, para isso, tive que abrir mão do meu cargo de diretora. Apesar de meio incoerente, às vezes você precisa recuar para avançar, e foi exatamente o que fiz. Confesso que foi uma das melhores decisões, pois me destaquei nas minhas atividades, superando meus ganhos anteriores e retomando o cargo de diretora em curto espaço de tempo.

A segunda transição foi recente, no final de 2021, mas uma das mais difíceis, pois foram 12 anos na Discovery, empresa que sempre amei trabalhar por seus valores, pelas relações que construí, pelas oportunidades que tive e pelos resultados que alcancei, ocupando uma posição e salário consideráveis. Com quase dois anos de pandemia, e completando 48 anos de idade, bateu uma inquietação e uma vontade imensa de sair do mundo corporativo e buscar novas frentes de atuação com mais autonomia, flexibilidade e liberdade.

Para tal, tive que me desprender do ego e segurança financeira, e confesso que muitos não entenderam até hoje minha decisão. O que chamo de coragem, eles chamam de loucura. Até consigo compreender, pois muitas vezes achei isso também, mas sou do tipo que paga para ver, e cá estou eu, mega feliz por mais essa tomada de decisão na minha carreira.

Às vezes você pode se ver num ambiente "perfeito" na sua casa, com sua família ou no seu trabalho; e de repente você começa a se sentir incomodada como se não fizesse mais parte dele ou que ele não traz mais a alegria que já trouxe um dia. Relaxe, está tudo bem, entenda se não é apenas uma fase ou se é hora de planejar um novo caminho.

Não apenas me permiti mudanças e desafios profissionais, mas também tive que tomar decisões importantes e, às vezes, dolorosas em prol da liberdade e felicidade na minha vida pessoal. Estou no meu terceiro casamento e até agora muito feliz. Confesso que depois do primeiro casamento, entendi que o famoso "sejam felizes para sempre" é um voto de respeito e amor, inclusive quando não estiverem mais juntos. Já pensou nisso?

Tive momentos de desânimo, pois nem sempre o que planejamos é o que acontece; mas aí está a questão, é ter habilidade e coragem suficiente para mudar a rota. E quando achei que não conheceria alguém capaz de me acompanhar em todas as minhas loucuras, me vi casada novamente. Isso porque me permiti tentar, me dando uma nova chance de ser feliz.

A chegada do meu filho aconteceu com uma gestação planejada no meu segundo casamento. E esse momento foi um marco transformador na minha vida, em que descobri o verdadeiro sentido do amor incondicional do qual tanto falam. Minha vida mudou completamente com a chegada do Dudu, impactando minha rotina, meus valores, minha visão do mundo e inclusive no tamanho dos meus problemas, que ficaram tão menores diante da minha nova prioridade. Meu maior desafio foi – e ainda é – ser uma boa mãe. E já digo: não há uma fórmula, pois o que funcionou para mim não significa que funcionará para você, e vice-versa. Vivo em constante aprendizado sobre como protegê-lo sem sufocá-lo, estabelecer limites e ensinar valores, orientá-lo e deixá-lo livre para viver e aprender com suas próprias escolhas.

Também com a maternidade veio o desafio de encontrar o equilíbrio entre os diferentes papéis que assumi como esposa, mulher, mãe e profissional. Não é mole não, requer muita energia! Mas uma coisa é certa, quando vejo o sorriso naquele rostinho lindo ou sinto aquele abraço carinhoso que me aquece, imediatamente me sinto renovada para enfrentar novas batalhas, com a certeza de que tudo valeu a pena.

A vida é cíclica, e sigo explorando essas transformações e novos caminhos, aprendendo todos os dias, desafiando-me, entendendo meu potencial, arriscando e aplicando a minha bagagem de conhecimento para fazer a diferença em outros ambientes. É também muito provável que eu não estivesse aqui se não me permitisse abrir essa nova porta.

Nascemos com nossa essência moldada por anos de influência de uma sociedade com valores que nos limitam. O desafio aqui é resgatar quem verdadeiramente somos, o que gostamos e quais os nossos valores. É um exercício contínuo de autorresgate, mas a recompensa supera qualquer esforço. E quanto mais nos fortalecemos com nossa essência, menos as intervenções externas afetam, porque só nós sabemos o valor dessa liberdade e realização.

Você consegue imaginar quanta energia gastamos com devaneios, incertezas, medos e crenças limitantes? Já parou para pensar quantos "e se" que nunca aconteceram e quantos sonhos foram deixados de lado porque estávamos paralisados pelo medo?

Tenho plena consciência que sofri muito mais do que precisava e vivi tragédias que nunca aconteceram, tudo por causa do simples fato de ter medo.

E como superar esse medo se muitas vezes nem sabemos qual é a sua origem? A pergunta é: esse medo é real ou vem de uma crença ou trauma? O que quero dizer é que a maioria dos nossos medos foram aprendidos, pois não nascemos com eles. Em algum momento, nossos pais, a sociedade, a mídia, repetições, formaram esses medos. São medos imaginários, como o medo do fracasso, de não ser bom o suficiente, de não conseguir falar em público, de errar, de não ser amada, de ser julgada, rejeitada, entre outros. E nosso maior desafio é reprogramá-los, pois a maioria desses medos tem a ver com crenças que nos autossabotam frequentemente. E só evoluímos de fato quando enfrentamos e desconstruímos essas crenças, fortalecendo nosso eu, nosso poder de realização e, consequentemente, a nossa autoconfiança.

Aqui eu proponho a você um exercício mais profundo de listar as suas crenças limitantes e desconstruí-las. Mas como fazer isso? Lembre-se que, geralmente, uma crença é algo generalizado, são frases prontas que se tornam verdades e não as questionamos, pois muitas vezes nos apoiamos nelas, tirando nossa responsabilidade sobre a situação. Minha sugestão é que você se aprofunde no entendimento da origem dessas crenças e avalie o quanto elas realmente se aplicam à sua vida. Garanto que você dará um novo significado para elas, praticando o hábito de transformá-las em crenças fortalecedoras.

Importante também que cultive amizades com pessoas que inspirem você. Pessoas verdadeiras, que admiram, querem o seu bem, apoiam ou, no mínimo, respeitam quem você é. Troque ideias, peça opiniões, compartilhe seus pensamentos e aspirações; e afaste-se de pessoas mentirosas, negativas, que sugam sua energia ou que falam exatamente o que você quer ouvir.

Quanto mais você se conectar com a verdade e com o bem, mais fácil e leve será a sua vida.

Outro aprendizado dessa minha jornada, é o quão importante é se desprender de coisas negativas do passado. O próprio significado de passado é que já passou, decorrido, ficou para trás; portanto, guarde as boas lembranças e aprendizados e siga em frente, concentrando sua energia no momento presente e planejando eventualmente o seu futuro. Vejo muitas amigas remoendo dores do passado, sofrendo com lembranças que as paralisam. A verdade é que, infelizmente, não podemos mudar os fatos; mas temos algo igualmente valioso: o poder de mudar a interpretação desses fatos. E, à medida que evoluímos – com maior conhecimento sobre a vida e as pessoas –, podemos sim fazer uma releitura de algo do passado e transformá-lo em algo mais leve, tirando o peso limitado por nossa interpretação do momento, que muitas vezes está carregado de traumas, culpas, julgamentos, entre outros sentimentos.

Aprenda a perdoar e praticar o autoperdão. Aprenda com os erros e siga em frente. Todos temos o direito de uma nova interpretação, de uma nova chance. É justo e, na maioria das vezes, libertador. Já parou para pensar nisso? Faz um exercício.

Enfim, sou grata por tudo o que vivi e aprendi, e um dos poucos arrependimentos que tenho é de coisas que não fiz, e não das coisas que fiz. E assim estou hoje, cheia de vitalidade para o novo, enfrentando os meus medos, resgatando a minha essência a cada dia, redescobrindo as coisas que me fazem bem: sabores, cores, lugares, pessoas, trabalhos, me permitindo testar, errar e ser feliz.

Sobre o que planejo para a minha vida? Pretendo desfrutar intensamente da companhia da minha família e amigos, viajar pelo mundo, aprender, explorar, respeitar minhas vontades, realizar meus sonhos, ser feliz e ajudar outras mulheres com o que aprendi e continuo aprendendo diariamente, pois acredito que cada indivíduo transformado é capaz de impactar o mundo de forma positiva.

Recentemente, fui a um evento e saí de lá com uma frase que levarei comigo eternamente: "Respeita a minha história". Uma frase simples, porém com um significado profundo, pois só nós sabemos os perrengues que passamos na vida, não é mesmo? E é exatamente por isso que ninguém tem o direito de nos julgar.

Permita-se recomeçar, errar e até recuar, se necessário, mas nunca se permita ficar estagnada na infelicidade. Sua vida é valiosa demais para desperdiçá-la. Você é linda, forte, capaz e, mais do que isso, você é merecedora.

Despeço-me por aqui, desejando de todo o meu coração que a sua história seja digna de sua essência e que você seja muito feliz em sua jornada.

31

VIVER É O GRANDE BARATO

Quer saber o que é resiliência? Espero que, nas próximas páginas deste capítulo, você se identifique e perceba que o importante desta vida está no percurso. Então aproveite ao máximo o seu. Obrigada por estar aqui comigo e respeitar a minha história! Espero que ela você!

LUCIANA BOUCAULT

Luciana Boucault

Contato
Instagram: @lu.boucault

Pós-graduada em Marketing pela Escola Superior de Propaganda e Marketing – ESPM, bacharel em Administração, *master* em Vendas, e Constelações Sistêmicas e Empresariais.

Talvez minha história se resuma não ao quanto caí, mas ao quanto levantei e ao quanto gosto de pão com mortadela. E você gosta de pão com mortadela? Meu nome, Luciana, foi escolhido em meio ao festival da canção de 1972. A canção: *Cantiga para Luciana,* de Evinha, mas, no fundo, sempre achei que também seria uma forma de homenagear meu pai, mesmo minha mãe insistindo que não. Ainda prefiro ficar com a versão mais romântica dos fatos. Não tem como falar de mim sem falar de todos eles, ficaria incompleta essa história. Então venham comigo. Esta é uma das várias versões da minha vida. Éramos uma família simples, tanto no trato quanto nas finanças. Morávamos no Largo da Batata, em Pinheiros, São Paulo. Nada parecido com o que é hoje. Sem os arranha-céus envidraçados e todo o movimento, com seus restaurantes, shopping de luxo e galerias de artes espalhados pela região.

Naquela época, éramos apenas nós quatro – eu, meu pai, Luciano; minha mãe, Vera e meu irmão mais novo, Alexandre – morando num sobradinho geminado, igual a tantos outros da mesma rua. Meus pais eram vendedores de um grande magazine, local onde se conheceram. Minha mãe, vinda do interior de Minas Gerais, já carregava a força de mulheres que na sua época romperam seus limites. Suportaram dores que nós nem imaginamos e refizeram suas vidas com tudo que viveram, transformando tudo em força, buscando um futuro melhor. Sua história daria um livro, que carrego algumas partes em meu coração e memória, para lembrar-me que minhas dificuldades são apenas obstáculos para minha vitória e que não tenho o direito de desistir. A família era bem à brasileira, o pai sendo a cabeça, tomando as decisões e a mulher, com toda a maestria, sendo o pescoço. Algo que, me permitam dizer, nós mulheres independentes que somos hoje, perdemos um pouco esse conhecimento e talento, tão bem trabalhado por mulheres de nossa linhagem.

Lembro-me dos Natais em família, onde os meninos ganhavam as bicicletas e eu as bonecas, ou coisas de enxoval. Já ficava muito brava com aquela injustiça. Na minha cabecinha de criança, o universo dos meninos era muito mais divertido, cheio de liberdade e possibilidades, comparado ao das meninas, sempre muito reprimidas, cheio de pedidos de permissão. E com muitas afirmações do tipo, "meninas não podem isso", "meninas não fazem aquilo", e nem faz tanto tempo assim. Éramos feitas para casar. Nessa época, não tínhamos a ideia do quão rápido o mundo mudaria. Nossa, ficou mais difícil, mas confesso que nenhuma dificuldade ou escassez me traumatizou. Em algum momento, meus pais resolveram migrar para a cidade da minha mãe, em Minas Gerais, em busca de uma vida resumidamente melhor. Nessa época, já nos tornaríamos cinco, com a vinda de meu irmão mais novo, Renato. Foram tempos difíceis, porque sempre que abrimos mão de algo, pensamos que iríamos para algo melhor, mas nem sempre é realmente assim. Fomos morar numa região bem humilde, sem asfalto, sem esgoto; mas tínhamos luz e existia uma alegria no ar. Teríamos a primeira casa própria, então, vitória. Essa casa tinha mais cômodos e um quintal de terra nos fundos, onde morava a Duquesa, nossa pastora alemã. Era nossa fortaleza. Como poderia uma cadela transmitir tanta segurança?

Estudávamos numa escola municipal, onde os pais ficavam as madrugadas na porta da escola esperando uma vaga. Hoje penso que não temos a mínima ideia do quanto os nossos pais fizeram por nós, achamos que sabemos, mas nunca saberemos em sua totalidade. Nos dias de chuva mais intensos, a enxurrada descia por nossas ruas, e vocês acham que minha mãe dizia "hoje não irão à aula"? Que nada. "Hoje irão, sim. Vamos, vamos". Dizia ela, já com a sombrinha na porta, à nossa espera. E atravessávamos aquele barro todo, levando bronca para não sujar o tênis conga e nosso uniforme, sempre impecáveis. Passamos por todas as regras econômicas do país, meu pai trabalhava como vendedor numa loja de móveis e minha mãe cuidava da gente.

Nessa época, era preciso muita imaginação e criatividade para transformar um ovo em um banquete para uma família de cinco, mais a Duquesa. Acredito que todos os doces de hoje foram baseados nas lancheiras dos alunos de 40 anos atrás. Era pão francês recheado de açúcar, sim, açúcar. Tire o miolo do pão, sem chegar ao final e recheie com açúcar ou banana, já temos uma torta; ou manteiga e já seria uma rosca. Suco de limão na garrafinha sempre, e, às vezes, uma laranjada que tinha mais água com açúcar que laranja. Mas era a criatividade dando suas caras para termos o que comer. Hoje, olhando para o passado, me comparo aos cachorrinhos que olham as vitrines nos filmes. A vontade estava ali, salivante, mas a boa educação ensinada em casa nos reprimia de avançar. Aliás, fomos altamente treinados na palavra NÃO; também na expressão, UM DIA EU COMPRO, que também significava NÃO, porém, era a versão mais romântica.

Não me recordo de passar fome, talvez meus pais tenham passado; mas lembrem-se, algumas coisas nunca saberemos. Lembro-me, sim, de passar muitas vontades. Só vim a conhecer refrigerante em uma festa de uma prima de minha mãe, eu já com meus 15 anos, e eles eram muito ricos. Isso foi um marco. Quantas e quantas vezes minha mãe saia às pressas para comprar e estocar alimentos em casa, o porque eu não sabia, mas era a realidade daquela época. Eram dias comendo feijão, de todo jeito. Depois eram ovos. Mas e carne? Risos. Lembro-me de sorteios de bife em minha casa duas vezes ao mês, uma fina fatia bem batidinha com o martelinho para ficar macio e render mais. E tudo bem, porque o arroz era tão gostoso e a criatividade nos bolinhos de verdura também ajudavam a matar a fome. Era uma vida muito simples comparada à realidade de hoje.

Como meu pai estava sempre trabalhando, nós só o víamos à noite, no jantar. Não era uma época em que os pais trocavam longas conversas com seus filhos. Algumas vezes recebíamos um beijo de boa noite, mas tínhamos que andar na linha, nos portar bem, ter boa educação e ir bem na escola. Senão, o couro comia, com chicote de rabo de tatu, cabo de enceradeira ou chinelada mesmo. Se fosse hoje, a maioria dos pais estariam bem encrencados. Nunca ouvi "eu te amo, minha filha". Era assim e pronto, existia uma atmosfera de muito respeito aos pais, principalmente à figura do Pai. Ai se a mãe diz "Deixa seu pai chegar".

A vida seguiu e o meu pai conseguiu um emprego como propagandista de uma indústria farmacêutica. Nessa época, fomos para um colégio e uma casa num bairro melhor. Podíamos brincar na rua todas as noites. Nossas mães se ajudavam com muitas trocas de xícaras de café, arroz, farinha, açúcar e fofocas. Tudo estava muito bem até que eu, na época com uns 12 anos, comecei a sentir uma fraqueza, seguida de uma falência da musculatura. Grito aos meus pais e ambos me carregam para algum hospital. Confusa mentalmente, descobrimos o diagnóstico: encefalite grave. Vieram dias desacordada. Nem consigo, hoje como mãe, imaginar o que seria ter meu filho nessas condições. Talvez por benção divina, após dias, eu acordei. E pedi um caderno de desenho, lápis e bolo de cenoura com calda de chocolate, o meu preferido. Coisas que somente Deus explicará um dia. O médico que me salvou, o Prof. Dr.

Jaime Olavo, ainda tenho o prazer de estar com ele em alguns momentos, e guardo tudo com carinho e gratidão em meu coração.

Acredito que já criança vim com uma estrelinha em algum lugar que significa "esta aqui, não veio ao mundo para ser derrotada". Aliás vim por cesárea, com fórceps, tinha que nascer nem que fosse à força. Olha a FORÇA dando suas caras.

Algum tempo depois, meus pais abriram uma mercearia no mercadão da cidade, aos finais de semana. Lavávamos cerca de 500 queijos mineiros para vendê-los aos turistas que iam ver Chico Xavier. Ali comecei a aprender o que era a FÉ e a arte de vender. Eu nunca soube o que gostaria de ser quando crescesse, e casamento nunca fora meu objetivo principal. Mas queria ser independente financeiramente, viajar pelo mundo, conhecer lugares e pessoas, restaurantes. Enfim, viver o que o mundo poderia me ofertar de belo e prazeroso. Nessa época, tinha uns 13 anos. Trabalhei na mercearia, fui manicure; mas logo vi que queria me desenvolver mais em outras profissões. Com o dinheiro que ganhei, fui com minha mãe a São Paulo e comprei várias camisetas para vender pelo dobro. Na minha cabeça, era um lucro alto de 100%, nem preciso dizer que estava errada. Foi minha primeira experiência em falir um negócio. Mas me recuperei logo, porque não me faltavam novas idéias. Chamam isso hoje de resiliência. Minha mãe resolve, nessa época, fazer um curso de pastelaria com o Mestre Benjamim Abrahão, em São Paulo. E lá fomos. Aprendemos durante um mês a arte com o mestre. Juntas, aos fins de semana, levantávamos de madrugada para fazermos todas aquelas quitandas e vendíamos para os vizinhos e outros clientes que já conheciam nossa qualidade. Percebam que muito da garra que tenho aprendi com ela. Até presidentes comeram de suas deliciosas merendas, nas feiras agropecuárias. Tempos interessantes esses.

Em breve eu já estaria formada no ensino médio. Passei em algumas faculdades como direito, por exemplo, mas uma discussão com meu pai me fez querer sair de casa, morar com minha avó e buscar independência financeira.

Com 17 anos de idade, fui morar em São Paulo, trabalhei como auxiliar, secretaria de equipes, e de médico. Vivi de favor na casa de minha avó Esméria, morei na casa de minha tia Márcia. E, como arrumei emprego longe, fui para casa de minha tia Marisa, uma cientista do instituto Butantã, formada na USP. Uma mulher muito além de seu tempo, mas cheia de regras nada convencionais. Não podia mexer e nem limpar nada além de meu quarto. Fogão, não. Geladeira, não. TV, não também. Nessa época, aprendi a economia doméstica. E foi exatamente aí que descobri minha paixão por pão com mortadela. Eu ganhava um salário mínimo, mais o vale transporte e o vale refeição. Não pagava aluguel, que já era uma ajuda enorme.

Morava longe do trabalho. Eu fazia assim, subia as avenidas Rebouças, Paulista até a Abílio Soares, de ônibus. Voltava a pé, umas duas horas andando. Eu vendia metade do passe para ser o meu jantar, e o almoço eu usava exatamente o valor diário do vale refeição. Meu salário, descontados os impostos, era para viver, estudar, pagar a passagem para ver minha família no interior e tentar guardar algum para os sonhos, que eram muitos. Nessa época, morava numa rua chamada Cunha Gago e tinha uma padaria na frente. Como eu não podia fazer comida em casa, nem usar a geladeira; ia na padaria e pedia dois pães e 100 gramas de mortadela, porque era o que dava para jantar com o valor de metade do ticket-ônibus dividido em 30 dias.

Uma vez ao mês, eu comprava uma pizza que durava uns 3 dias. E estava tudo bem, porque existia muita gratidão por ter comida, simples assim. Isso durou um ano. Justamente quando meus pais decidiram se separar, tomei a decisão de voltar para casa. Com essa decisão, a dor tomou conta de nossos corações, a ilusão se desfez.

Porém, algo logo aconteceria, silenciosamente, e muito difícil de enfrentar: Meu pai foi demitido após 20 anos de trabalho. Ele não conseguiu lidar com a dor e o luto de perder o emprego, e tentou cometer suicídio na minha presença. Não quero aqui rechear de emoções tão difíceis, tristes e desesperadoras. Confesso que aos poucos essa cena vai sumindo da minha mente, mas ainda está aqui; com menos força, mas está. Tivemos que interná-lo durante 30 dias até que ficasse bem novamente. Atitude dificílima e importantíssima. Estive na clínica algumas vezes, mas nunca consegui expressar ao meu pai com palavras qualquer sentimento que tinha. Meu silêncio era talvez cortante, e o seu também. Nunca falamos sobre isso em toda a nossa vida. Muitos foram aqueles que nos ajudaram na época. A classe médica, que meu pai visitava e se tornaram amigos, pagou a internação; o médico que o atendeu nunca cobrou honorários; além das cestas básicas de amigos. Meu orgulho foi ao chão de diversas formas possíveis, e tentava aos poucos transformar todos esses sentimentos em gratidão. Não se engane em acreditar que foi assim tão fácil. Nunca foi fácil, passar por isso foi extremamente difícil, dava raiva, indignação e vergonha. Porém, eu tinha uma intuição dizendo, siga em frente.

Nessa época, minha mãe teve que voltar a trabalhar com mais força, porque tudo estaria sob sua responsabilidade; e fomos ser sacoleiras do Paraguai. Mercado internacional de vendas porta a porta, modo chique de ver a coisa toda. Foi o que nos sustentou por um bom período. E lá estavam as vendas me ensinando novamente. A lei de mercado, oferta e procura. Como demonstrar, o que oferecer, quanto cobrar e como cobrar, enfim, uma faculdade aos meus pés.

Como tudo na vida se refaz, meu pai ficou bem novamente, e ambos resolveram se separar. Ele se mudou para o Mato Grosso com meus dois irmãos e eu fiquei com minha mãe, em Minas Gerais. Quando um casal se separa, vem a crise econômica, porque tudo que era um, vira meio. Nós duas ao trabalho. Fui trabalhar em vários ofícios: servir cafezinho, lavar banheiro, secretária, telefonista, datilógrafa, pisteira de leilão de gado, vendi sêmen de boi, caçamba de camionete, celular e vestuário. Até que um dia, na loja de roupas do shopping onde eu trabalhava, fui atender um médico. Percebi que ele já tinha ido na loja várias vezes e sempre queria ser atendido por mim. Eu realmente, naquela época, não percebia nada além de trabalho, dinheiro para pagar as contar e estudar. Foi quando minhas colegas brincaram comigo sobre a ideia de um romance, aquelas coisas que imaginamos entre amigas. De repente a minha chefe e dona da loja veio até mim e disse. "não se empolgue garota, o que um médico poderia querer com você?". Demorei um pouco para entender quem eu seria na sua concepção, para que um médico não me quisesse. Acreditem, na época foi mais fácil crer em suas palavras. Ele voltou mais vezes à loja, mas eu já solicitava que outra o atendesse.

Por fim, a vida seguiu seu curso e, por um incrível movimento, levou-me ao ponto onde meu pai parou. Fui contratada por uma indústria farmacêutica e, pasmem, para medicamentos de saúde mental. Que ironia do destino, justo eu. Esse foi um dos meus pontos de virada financeiro, cultural, geográfico, social e até amoroso, por que não dizer assim? Foi nesse ramo que aprendi o quanto podemos impactar positivamente na vida das pessoas. Que, por meio do conhecimento, podemos oferecer a cura ou pelo menos um menor sofrimento àqueles que sofrem de doenças mentais. Isso se tornou um grande propósito de vida. Pude perceber que há mais orações verdadeiras nas paredes dos hospitais do que nas igrejas. Pude ver com meus próprios olhos que todos somos iguais e que o dinheiro algumas vezes não tem poder quando a cura não é oferecida pela graça divina. Que Deus não escolhe raça, credo, posição social, nem crime ou santidade para oferecê-la.

Durante essa jornada tive ensinamentos sobre a condição da mulher no mercado de trabalho. Conheci muitas mulheres, com histórias diversas, em posições diferentes, mas que passavam e ainda passam por momentos de abuso psicológico – em alguns casos, até físicos, como vemos nos noticiários. Abordar esse assunto nesse momento requer delicadeza, mas muita coragem. Eu também passei por abuso psicológico em relacionamentos social, amoroso e profissional. E o que mais me assustou é que alguns deles foram praticados por mulheres contra outras. Não sou feminista, muito pelo contrário, mas quero trazer à luz as questões que muitas enfrentam caladas, pois é socialmente aceito. Quero mostrar as minhas superações, esperando ajudar outras pessoas a enfrentar os mesmos problemas. Não quero neste livro trazer os detalhes nem apontar culpados, porque isso traria a luz para o lugar errado da questão. Foram tantas batalhas, desilusões, machismo, puxadas de tapete, mentiras, retaliação por inveja ou outros sentimentos oferecidos de bandeja.

Descobri neste caminho que poço ter opiniões divergentes para contribuir com mudanças importantes na sociedade, e uma visão mais sistêmica e feminina. No passado, mulheres que se posicionavam de forma diferente do núcleo ao qual pertenciam eram mortas, aniquiladas, queimadas em praça pública, aliás, chamadas de bruxas.

Hoje, nós, mulheres, adoecemos.

Enfim, procure saber a história das mulheres. Temos ainda muito em comum. Muitos ainda nos dão opiniões que são como copos de veneno. Já dizia Leandro Karnal, "ataque é veneno, e veneno só funciona se eu tomar". E por muito tempo eu tomei praticamente todos. Sempre fui uma pessoa forte, extremamente bem resolvida, dona de um posicionamento correto, às vezes até meio sem paciência para erros e desvios. Tudo tinha que estar perfeito ou o mais próximo disso, nunca tive a necessidade de ajuda, sempre tive aquele ar de resolver tudo sozinha, não precisei de homem para nada, repetia... Essa crença eu já mudei.

Mas num determinado momento, percebi que não era mais segura de mim, não tinha mais aquela certeza de tudo, não me achava mais a guerreira que um dia tinha sido. Aquela voz que dizia "siga em frente", não mais a ouvia. O que eu percebia era uma mulher cansada, sem brilho, triste talvez, coexistindo neste mundo. Não acreditava mais no meu propósito. E tudo por quê? Porque tentei me encaixar em lugares e relações que não me cabiam. É tão difícil perceber que aquele lugar ou pessoa não é para você. Ficamos nos espremendo, aceitando tudo, sendo humilhados, implorando por pertencer, por aceitação, valorização, para nos sentir amados. E insistimos em nos autoflagelar, sem ter a coragem e a clareza de mudarmos o rumo, o destino, o caminhar, a estrada, sei lá, apenas mudar. E com uma cereja nesse bolo, chamada culpa. Se você me oferecesse a sua culpa, eu pegava com certeza.

Paralelamente a esse período, pude me casar e ter um lindo filho, Alvaro. Não passo um dia sem dizer "eu te amo, não esquece". O casamento me trouxe a luz e a sombra de tudo que existia em mim. Porque, acreditem, tudo está dentro de você. Sombras, porque me fizeram enfrentar desilusões e traições das expectativas criadas, que hoje resumo em dores não mais suportadas. Mas também houve muita luz para todos os sonhos de um casamento como imaginava que deveria ser, o dia a dia, o romance, muitas viagens, uma cidadania europeia, muito conhecimento geográfico e cultural. Ele me abriu a mente para ver o mundo lá fora, como nunca sonhei. Vivi e experimentei situações fantásticas e agradeço por tudo como foi.

Além dessa parte, ele me deu meu maior presente, um filho. O fim do casamento ou de qualquer contrato que possamos celebrar na vida me ensinou também que a verdadeira infidelidade está ligada à falta de fidelidade com nossos próprios desejos, sentimentos e sonhos. E nessa versão de minha vida foi quando conheci e comecei a estudar a constelação sistêmica familiar. E lá fui eu sem saber o que era aquilo, participar daquela roda de pessoas, que até pareciam meus amigos de outras épocas. As histórias que já presenciei fizeram a chave mudar. A partir do conhecimento que busquei nesses dez anos, já mudei muitas coisas em minha vida e na minha família. E, com muita humildade, digo que pude ser instrumento de mudança na vida de muitas pessoas que um dia aceitaram tomar um café e para falarmos de nossas vidas. O negócio é poderoso: busque saber, disse Preta Gil numa entrevista... (risos).

E toda vez que trouxe luz às sombras em minha vida, eu sempre me libertei. E você pode se perguntar, como eu fiz isso? Foi quando percebi que não podia mais me autoflagelar por erros do passado que cometi ou que fui acometida. E com a consciência do momento atual, olhei para traz com gratidão a tudo como foi, do jeito que foi, sem críticas ou julgamentos e acolhi no coração. Dessa forma recebemos aquela sensação de bálsamo de estar tudo bem, e pude seguir em frente com mais sabedoria e paz.

Cada vez que subjetivamente quebrei a cara, foi mais difícil acreditar que seria possível conquistar tais objetivos. Mas sempre tinha uma certeza dentro de mim, aliás, duas. A primeira, de que nunca me faltaria nada, incluindo dinheiro, amigos, saúde, ajuda, entre outras fortalezas desta vida; e cada dia mais tudo chega a mim da melhor forma. A segunda é que, aconteça o que acontecer, meus ancestrais estariam me amparando, incluindo meu amado pai, que nos deixou em 2016. Após o assassinato de meu irmão, em 2011, ele não resistiu a tamanha dor. Veio a falecer vitima dessa dor, cinco anos mais tarde. Por isso e por tantas outras histórias e pessoas que me acompanharam, ajudaram por outros que foram levados pela pandemia, sinto que não tenho o direito de parar. Siga em frente, sempre, siga em frente. Isso voltou a ecoar em minha mente nos dias de hoje.

Todas as minhas experiências me deram uma vida com mais satisfação, com tudo que sou e que tenho. Não diminui meus sonhos e desejos, apenas os coloquei no lugar que devem estar. Não trazem mais angústia, nem sou prisioneira deles. Estou aqui para vivê-los em sua plenitude quando assim a vida os apresentar bem na minha frente. Porque já tive provas suficientes de que, quando o universo conspira a favor, ele traz aos nossos pés tudo aquilo que sonhamos e merecemos. Por isso um segredo importante que compartilho com você: quando você experienciar algo que traga felicidade, não importa o que seja, olhe para o céu com gratidão e respeito e diga: "não sei como vocês farão isso acontecer na minha vida, mas eu quero mais disso e estou pronta!". Sou a prova viva disso; é poder. E, apesar de já ter estado nos melhores restaurantes e hotéis por este mundão, frequentado rodas muito importantes da sociedade, viajado e visto dezenas de belezas nesta terra; a simplicidade ainda reside aqui dentro e até hoje não enjoei de pão com mortadela!

32
―――

A DOR É A SEMENTE DA VITÓRIA

Esta história é sobre dor e saudade. É sobre quase morrer e viver. É sobre o deserto. Deus me mostrou que viver era possível. Ainda que passando por seis cirurgias, ficando com algumas cicatrizes e muita saudade. É no nosso renascimento e na ressignificação das nossas dores que vamos imergir. É sobre o poder divino que se manifesta nas nossas vidas e nos permite ser líderes de nós mesmas, de nossa mente e nosso coração para que possamos alcançar a verdadeira vitória.

MARÍLIA CARLA GOMES
DE ANDRADE

Marília Carla Gomes de Andrade

Contatos
www.mariliaandrade.com.br
mariliaandrademd4@hotmail.com
Instagram: @mariliandrade
81 99544 4400

Graduada em Direito pela Universidade Católica de Pernambuco (UNICAP) e mestre em Direito pela Universidade Federal de Pernambuco (UFPE). Advogada, especialista em Direito Notarial e Registral pelo Complexo de Ensino Renato Saraiva (CERS) e ex-tabeliã de notas e protesto no estado da Bahia. É líder do Exército de Vitoriosos e mentora de mulheres cristãs. Ensina a sair da tribulação e alcançar a vitória por meio da conexão com Deus e da mudança de comportamento.

Em 9 de abril de 2022, um sábado ensolarado, eu, minha mãe e meu pai estávamos finalizando uma viagem de uma semana à cidade em que eu vivia e trabalhava no interior da Bahia: Castro Alves.

Lá eu fui titular de um cartório de notas e protesto. Para isso, eu fui aprovada em cinco etapas de um concurso público dificílimo: prova objetiva, prova subjetiva, psicotécnico, prova oral e avaliação de títulos.

Muito feliz pela conquista, me mudei para a nova cidade e novos horizontes de vida. Isso foi em 2017. De lá para cá me deparei com inúmeros desafios: adaptação ao interior, necessidade de sempre satisfazer os interesses das pessoas, saudade muito grande da minha família... foi um período de muito aprendizado e tentativas de conseguir ser feliz.

Senti algo parecido com pertencimento àquele lugar, quando foi construída a Capela e Memorial da Santa Dulce. Passei a desenvolver um tímido trabalho voluntário para a Igreja, mas que preenchia demais o meu coração.

Ainda no período de pandemia, em 2019, tomei a decisão de estudar para outro concurso. Algum que eu pudesse estar perto da minha família, já que a efemeridade da vida tinha ficado tão em evidência naquele momento. Eu precisava estar perto dos meus, pois "já, já a morte chegaria" e eu teria aproveitado pouco! Esse era meu pensamento, e nessa hora veio uma decisão: estudar para o concurso de Juiz do meu estado: Pernambuco.

Assim foi feito. Conciliava a administração de quatro cartórios na época, pois um eu era titular e outros três eu ocupava temporariamente, e ia estudando como dava. Passava longas distâncias me locomovendo de uma cartório a outro e escutando aulas para ter a certeza que não estava perdendo tempo.

Como a decisão de estar perto da minha família ficava cada vez mais evidente em mim, eu passei a concretizá-la como pude. Em janeiro de 2022, eu aluguei uma sala perto da casa dos meus pais para estudar. Eu decidi que estudaria um mês em Pernambuco e trabalharia uma semana nos cartórios no interior da Bahia. Assim foi feito. Trabalhava, estudava, viaja... Tudo muito tumultuado, sensação de muita luta, mas que eu precisava fazer por mim, pois outra pessoa não faria!

No final de março de 2021, teve prova para Promotor de Justiça de Pernambuco. Eu já estava bem alinhada nos estudos. No mês anterior à prova, eram oito horas de estudos diárias. Era o "estudo profissional" mesmo! Então, fiz aquela prova. Acertei 76 questões. O ponto de corte ficou em 84. "UAU! Está chegando minha hora de ser aprovada", eu pensava. E a qualquer momento poderia sair o concurso de juiz, que estava previsto já há dois anos. Então eu tinha que estar pronta.

No domingo que fiz essa prova, almoçamos em família e fui com mainha e painho para o cartório, em Castro Alves. Estávamos todos muito contentes e esperançosos. Meu afilhado abraçava minha mãe e ela dizia: "é rapidinho. Já, já vovó volta".

Antes de meu pai e minha mãe decidirem viajar comigo, eu expliquei que seria um momento de muito trabalho, já que fazia tempo que não ia ao cartório e tinha muita coisa acumulada. Eles me disseram que não tinha problema algum. Eles iriam passear na feira livre, na Capela da Santa Dulce, ficariam lá pela praça, mas não iriam me atrapalhar. Assim foi.

Meus pais estavam muito felizes. Eu disse à "mainha" que eles estavam muito bem, muito entrosados, ao que ela me respondeu: "Estamos só nós dois, né? Lá em casa tá muito trabalhoso, tem mamãe doente. Nós não temos tempo de ficar juntos". Aquele momento me alegrou. Eles pareciam estar namorando! A viagem estava dando certo, embora eu realmente estivesse trabalhando muito.

Na sexta-feira, um dia antes do dia previsto para o retorno, eles cantaram na praça e ficaram muito felizes porque lá disseram que eles pareciam cantores profissionais! Ela cantou Marisa Monte, como adorava cantar! Painho tocou violão, como sempre foi durante toda nossa vida.

No dia seguinte, nos arrumamos para voltar. O carro estava abarrotado: nossas malas, presentes para todo mundo, doces da região, cacau... Primeiro passaríamos o sábado na casa da minha tia em Salvador, e no domingo voltaríamos para casa. Tudo isso sempre com muita alegria e empolgação.

Não voltamos. "Mainha" e "painho" não voltaram. O "já, já voltamos" nunca se concretizou. Ou melhor: chegaram os corpos dos meus pais em carros funerários para o sepultamento. Enquanto isso, eu estava no hospital e começaria a viver os dias mais dolorosos da minha vida. Se eu tinha passado por algum problema, dor ou tristeza, nada jamais se assemelhou a tudo que eu vivi em 23 dias e, posteriormente, em outras cirurgias e tempo de recuperação física e mental.

Não lembro do acidente. A única lembrança que tenho do momento (que não é uma lembrança convencional) é "mainha" se levantando do próprio corpo, vestida com uma roupa amarela, olhando para si mesma e dizendo: "Eu não aguento isso, minha filha, é muita dor." Na minha lembrança isso se passou num lugar escuro, porém era sol claro, por volta das 11 horas da manhã. O que torna essa lembrança inexplicável sob o ponto de vista racional e/ou material.

Tenho algumas lembranças nubladas do meu início no hospital, recebi muitas visitas e doações de sangue. As pessoas foram muito generosas comigo. Tia Garete, tio Haroldo e David (falarei deles mais tarde) me acompanharam durante os dias que passei lá. Um hospital público em Santo Antônio de Jesus, no interior da Bahia também.

David é meu ex-companheiro. Tivemos quatro anos de relacionamento. Nós já tínhamos nos afastado no ano anterior, mas mantínhamos a amizade e a relação de trabalho que desde o início existiu entre nós. Ele foi a pessoa a quem eu comuniquei a ocorrência do acidente, porém só tomei consciência depois. Diante da gravidade do que tinha acontecido, eu mandei um áudio para ele... (um áudio!). Depois soube que um homem, que parou perto do acidente pegou o meu telefone e ligou para ele explicando tudo.

Eu tive muita sorte do meu pai sair vivo naquele momento. Ele contou como foi o acidente. E é bem difícil para mim voltar a essas lembranças. Nós estávamos na estrada e, de repente, um carro entrou na pista à esquerda. Para que não batesse de frente, eu fui para outra mão da via e bati na contramão. O carro capotou muitas vezes. Foi perda total. Dois meses após sair do hospital, eu vi as fotos. Não dava para reconhecer o carro. Ficou completamente acabado na frente, onde vinha minha mãe no banco do carona e eu dirigindo. Mas dava para ter uma esperança de que talvez a gravidade da situação do meu pai tivesse sido menor. Não foi.

Quando eu soube da morte do meu pai, eu delirei. Eu gritava dentro da UTI: "Matei meus pais. Matei meus pais". Eu tirei os equipamentos médicos que estavam em mim: acesso venoso e o suporte de oxigênio que estava dentro do meu nariz. Naquele momento, perdi os sentidos e queria morrer mesmo. Para que ficarem tentando me manter viva se não tinha mais os meus pais por ter "matado" eles?

No outro dia, eu estava amarrada à cama do hospital. Eu perguntava se tinha sido presa criminalmente e contava histórias de pessoas que teriam cometido crimes mais graves que o meu e estavam soltas. E um *looping* que não parava: "Eu matei meus pais", "Eu matei meus pais". Esse é um fenômeno pós-traumático chamado "*delirium*", comum em quem passa por situações semelhantes à minha. Tomei medicações muito fortes para dormir e para que aquilo tudo não me enlouquecesse.

Foi nesse contexto que eu recebi um áudio da minha irmã, Amanda. Por muito tempo eu não lembrava se tinha sido um áudio mesmo ou uma ligação, porém a certeza que tinha era da voz dela me dizendo: "Marília, tu precisas ficar com a gente. Ainda tem eu e o Bernardo. Tenta fazer tudo certinho para continuar com a gente". Bernardo é meu afilhado, e hoje o sentido da minha vida.

Dali em diante, tudo mudou. Senti Deus apertar minha mão e senti uma força sobrenatural. Eu passei a querer viver. Naquele momento eu tomei uma decisão: não vou pensar mais na morte dos meus pais enquanto a minha recuperação física não tiver acontecido. Eu sabia que a minha recuperação dependia de eu estar bem mentalmente.

Recebi a minha psicóloga e comuniquei a minha decisão de não pensar na morte dos meus pais. Ainda consigo lembrar o olhar dela e a pergunta: "você acha mesmo isso possível?". Não só achava como foi possível. Enquanto eu não tive certeza que sobreviveria, eu não pensava neles. Quando eu sentia muita dor ou não conseguia dormir, eu rezava um Pai-Nosso e dez Ave-Marias, uma referência à oração do Terço Mariano. Eu rezei muito. Muito.

Quando eu fui ficando melhor, fui descobrindo o que as pessoas estavam fazendo por mim. Eram muitas orações, presentes e ajuda no translado dos corpos dos meus pais, o que foi financeiramente muito caro. As pessoas se uniram em torno da minha recuperação e isso foi muito lindo e emocionante.

Eu saí do hospital em 2 de maio de 2021 e fui pra Salvador continuar a recuperação na casa da irmã da minha mãe, Margarete, que eu já citei aqui como tia Garete, e do seu esposo, meu tio Haroldo. Já no hospital, eu havia feito o compromisso com Deus de que eu faria o Seu Nome chegar ao máximo de pessoas. No hospital, eu era chamada de Marília Vitória, pois era considerada um milagre para todos que puderam presenciar a minha recuperação.

Assim que cheguei na casa da minha tia, ainda muito frágil, resolvi fazer a "Live da Gratidão". Foi a melhor ideia que tive para poder agradecer a todas as pessoas que me ajudaram tanto. Só consegui passar 30 minutos sentada.

Ainda estava com o fixador externo no tornozelo e a bolsa de colostomia, então, passar aquele tempinho fora da cama já era um imenso esforço.

Mas eu me sentia vitoriosa a cada momento. Mesmo sendo desafio após desafio, eu sentia que estava firme no propósito que Deus tinha me conferido. Foi por meio do Instagram que oficialmente todos os anjos que estão na minha vida puderam ser chamados de Exército de Vitoriosos, uma comunidade tão linda e que jamais sonhei em liderar.

No contexto desses acontecimentos, fica clara a presença de Deus, mas eu quero mostrar a você que é determinante a maneira como utilizamos o nosso consciente e subconsciente para a cura física e emocional.

Há uma parcela de Deus dentro de nós e ela se encontra na nossa mente consciente e mais potente ainda no nosso subconsciente. Não à toa nosso poder de criar está situado neste local do nosso corpo. Por isso somos chamados de cocriadores. Criadores em Deus e criadores com Deus. Com Ele, Nele e para Ele.

A morte dos meus pais me fez encarar algo que há muito tempo eu fazia questão de me afastar: o Espiritismo. Quando eu descobri Deus sob a interpretação do espiritismo eu senti como se uma luz muito intensa tivesse acendido para minha vida. Vejam esse trecho do Evangelho Segundo o Espiritismo: "Que é Deus? Deus é a inteligência suprema, causa primeira de todas as coisas".

E eu já tinha tido inúmeras oportunidades de experienciar o Espiritismo. Neguei todas. Tinha medo, tinha que estudar, me dedicar... achava um pouco louco ficar sempre indo buscar nas vidas passadas explicações para tudo. Um tremendo preconceito. Simples e pura ignorância!

Sempre gostei de ler a Bíblia. A minha estadia em Castro Alves, por muitas vezes, dependeu da presença de Deus na minha vida. Eu lembro de uma tarde em que fui à igreja da praça ajoelhei e chorei. E rezava assim: "Senhor, eu não sei o que eu vim te pedir, mas o fardo tem sido pesado demais. Não aguento estar longe da minha família, não me adaptar à cidade e às pessoas. Preciso de Ti."

E Deus sempre esteve comigo. Depois de ajoelhar também o coração, Ele sempre me colocava pessoas boas, equipe boa, pessoas no cartório que eu gostava de atender e tantas outras razões para permanecer em Castro Alves, enquanto não passasse em novo concurso. Isso porque meus planos estavam muito claros. Se os meus estavam, imagina os de Deus? Pois é...

Quando minha recuperação terminou em Salvador, eu retornei para minha cidade natal, Cabo de Santo Agostinho (PE). Percebi que minha irmã estava superando os fatos melhor do que eu imaginava e ela me falou sobre o Centro Espírita. Como sou católica, Amanda me chamou para ir para o Centro, mas me dizendo: "fique tranquila se não quiser ir. Eu vou, mas sei que você não acredita e tem medo". Ao que eu disse: "não. Eu vou". E fui.

Chegando lá, tive a oportunidade de assistir à palestra de Frederico Menezes[1] que tratava (nada mais, nada menos) do subconsciente, frequência, lei da atração... assuntos que antes do acidente eu vinha estudando vorazmente. Tudo que ele falava fazia tanto sentido que eu não acreditava ser possível estar vendo tudo aquilo num centro espírita. As fichas caíam e eu entendia: "É isso. Foi isso que eu fiz na minha recuperação. Eu não baixei a frequência". E o que, em princípio, me trazia receio e medo, me trouxe liberdade e aceitação.

Dali em diante minha vida passaria para outra etapa: aprofundar o propósito de Deus e compreender a dimensão espiritual sob nova perspectiva, entendendo a eternidade como o presente. Não somente como um futuro longe que nos espera. Entendi que durante o tempo que decidi não pensar sobre a partida deles no hospital; e sim na minha recuperação, a cura pôde ser concretizada porque eu realmente acreditava que ela aconteceria. Eu recrutei todo o poder do meu subconsciente para a minha cura, para a recuperação da minha saúde plena.

Conforme Joseph Murphy, "a base sólida da arte e ciência da verdadeira prece é a certeza e a confiança totais em que a ação da mente consciente obterá uma resposta clara do subconsciente, que é dotado de sabedoria ilimitada e poder infinito."

Assim, eu percebi que a vitória tem um padrão e hoje compartilho com você:

1. Conhecer Jesus pela da leitura da Bíblia: "E são as Escrituras que testemunham a meu respeito". João 5:39. Se as maiores dificuldades do mundo aconteceram com Jesus, o Filho de Deus, quem somos nós para não passar por desafios?
2. Apresentar nossa oração: "Batei e a porta vos será aberta". Lucas 11:9. Deus, a Inteligência Infinita que está presente no nosso subconsciente, está pronto para nos conceder bênçãos inimagináveis.
3. Desfrutar as vitórias que Deus tem para nós: "O que é nascido de Deus vence o mundo; e esta é a vitória que vence o mundo: a nossa fé". 1 João 5:4. Muitas vezes achamos que não somos merecedoras das mara-

---

[1] Frederico Menezes é palestrante, escritor e médium espírita. Presidente da Sociedade Espírita Casa do Caminho, no Cabo de Santo Agostinho(PE).

vilhas que Deus tem preparado para nós, mas a nossa identidade de filha nos autoriza a receber a herança Dele para nós por meio da nossa fé.

4. Entender e não se revoltar se Deus não conceder exatamente aquilo que queremos: "Tudo tem seu tempo determinado e há tempo para todo propósito debaixo do céu". Eclesiastes 3:1. Eu queria que meus pais estivessem aqui comigo, mas o que Deus está fazendo é me permitir que eu honre e glorifique Seu nome.

5. Agradecer: "Em tudo dai graças; porque esta é a vontade de Deus em Cristo Jesus para convosco". 1 Tessalonicenses 5:18. A pessoa grata é resiliente, lida melhor com as dificuldades da vida, supera com maior facilidade os traumas e se recupera mais rapidamente de doenças físicas, aponta Robert A. Emmons.

Mandar na nossa própria vida pode ficar muito mais leve se entendermos que em nenhum momento estamos sozinhas. Cabe a nós a decisão de deixar desabrochar a Inteligência Infinita que existe em nosso subconsciente. Há Deus em nós. Trilhando com Ele a jornada, o caminho ficará mais claro, ainda que haja momentos muito dolorosos. Neles a gente só precisa confiar, mesmo sem enxergar muito bem o passo seguinte.

Cabe a nós a liderança do nosso coração e da nossa mente. Cabe a nós cultivar bons sentimentos, alegria, fé e soluções. Cabe a nós trabalhar com VITÓRIA, pois quem manda nas nossas vidas somos nós.

Referências

BÍBLIA SAGRADA – Mulher. , 51. ed. Rio de Janeiro: Editora Vozes. 2012.

EMMONS, R. A. *Agradeça e seja feliz!* Rio de Janeiro: Best Seller, 2009.

KARDEC, A. *O livro dos espíritos.* Araras: IDE, 2018.

MURPHY, J. *O poder do subconsciente.* 105. ed. Rio de Janeiro: Best Seller, 2021.

33

UM PEQUI E UM CROISSANT, POR FAVOR

Origens, sonhos, mudanças, desafios, recomeços, encontros e realizações. Uma vida real pelos olhos de uma mulher real. A felicidade não está na chegada, está na jornada.

MARISSOL COSTA

Marissol Costa

Contatos
maricostaconsultoria@gmail.com
Instagram: @marissolcosta.estilo
61 99825 8230

Consultora de imagem e estilo, com especialização em Coloração Pessoal e Visagismo Capilar e Ocular. Servidora pública federal, atuando na área de administração pública e contas. Advogada de formação, sem atuação na área.

> *Quando uma criatura humana desperta para um grande sonho; e sobre ele lança toda a força de sua alma, todo o universo conspira a seu favor.*
> JOHANN WOLFGANG VON GOETHE

Estamos em 2023 e tenho 47 anos quando escrevo este texto. Vez ou outra as memórias da minha infância vêm à minha mente e me fazem lembrar de onde eu saí e aonde eu cheguei.

Em um subúrbio perdido e longe de tudo em Goiânia, eu cresci. Num bairro isolado, desconhecido e esquecido (hoje está completamente diferente), onde minha visão diária era a vegetação típica do cerrado goiano, misturada à poeira que cobria as ruas nos tempos secos ou da lama que encharcava o solo na época chuvosa.

Acordava às 6 horas da manhã todos os dias para ir à escola. Eu e meus irmãos (são dois). Era longe e íamos de ônibus. Dia após dia, ano após ano, numa rotina maçante e cansativa, em busca de uma melhor educação escolar em meio a todas as dificuldades que enfrentávamos.

A escola era particular, uma das melhores da cidade na época, e pagá-la para três filhos era um sacrifício que minha mãe não media esforços para fazer, mesmo com todas as limitações que isso trazia. Não havia viagens, festas de aniversário, brinquedos caros, roupas boas, nada disso. Meu pai era assalariado de uma empresa e ela dona de casa. Todos os gastos eram administrados por ela e a escola era a prioridade absoluta. Primeiro a educação, depois o resto. A frase que ela repetia incessantemente (até hoje ela fala) para que a gente nunca deixasse o estudo de lado era: "pobre não tem que ter sonho, pobre tem que estudar para ganhar dinheiro, aí depois pode sonhar o que quiser".

E eu tinha muitos sonhos, muitos mesmos. Sonho de morar num lugar que não tivesse poeira, sonho de ver o mundo pelos meus olhos e não somente pela televisão. Mas o maior deles, sem dúvida, era conhecer Paris.

Aos 14 anos vi a Torre Eiffel pela primeira vez em uma reportagem no Jornal Nacional. Meus olhos brilharam com aquela imagem que nunca mais esqueci. Pesquisei sobre ela e a cidade no dia seguinte, na Enciclopédia Barsa da escola (sim, eu sou dessa época). E ali, vendo a magnitude e a beleza daquela cidade pelas folhas de um livro, eu tomei a primeira grande decisão da minha vida: eu estudaria o quanto fosse preciso, pelo tempo que fosse necessário, para conseguir um emprego que me proporcionasse condições financeiras para que um dia eu realizasse aquilo que se tornou um dos grandes sonhos da minha vida: conhecer Paris.

E a partir desse dia, sem ter a menor noção do significado daquela decisão, eu simplesmente continuei. Como bem disse Pablo Neruda: "Se não escalares a montanha, jamais poderás desfrutar da paisagem".

Brasília, um quadradinho no meu caminho

Mal sabia eu que a minha escalada começaria na capital do país, a menos de 200 quilômetros de onde eu morava. Brasília não era desconhecida para mim. Por ter familiares da parte materna, sempre íamos passear lá nas férias ou feriados. Era a única viagem que a família fazia uma ou duas vezes por ano. Viajar de carro (alô, Fusca!), numa distância bem curta e ter hospedagem, ajudava bastante no orçamento inexistente para esse fim.

E assim, em 1991, fixamos residência no "quadradinho" do Planalto Central em busca de um melhor lugar ao sol, já que em Goiânia ele foi ofuscado por acontecimentos totalmente alheios à vontade dos meus pais.

E foi então que, aos 15 anos, minha vida mudou completamente. Mudei de cidade, de escola, de casa. E, finalmente, meu primeiro sonho se realizou. A casa alugada era simples, pequena, mas era incrivelmente maravilhosa porque ficava em uma rua de asfalto! Sim! Asfalto! E a partir daí, a poeira e/ou a lama de todos os dias haviam, finalmente, ficado para trás. Ir para a escola de ônibus nem era mais tão ruim assim.

Eu não conseguia dimensionar tudo que estava acontecendo, mas eu já sentia uma enorme gratidão a Deus por ter me dado a chance de começar a trilhar o caminho da mudança de vida que eu tanto almejava.

Comecei a trabalhar meses depois da mudança como caixa de loja. O salário era pouco, mas o suficiente para que eu conseguisse comprar minhas coisas sem depender mais do dinheiro dos meus pais. Foi o início da minha independência. E nem 16 anos eu tinha ainda.

Dez anos a mil

E como a vida nem de longe é perfeita para ninguém, para mim também não foi diferente. Os dez anos seguinte foram bem intensos. Alegrias e tristezas se misturaram com muita frequência, mas o que é a vida se não um misto de acontecimentos dos quais tiramos lições para continuar e amadurecer, não é mesmo?!

Casei aos 21 anos com meu primeiro namorado, depois de três anos de namoro. Logo veio a gravidez (planejadíssima) e, aos 22 anos, eu trouxe ao mundo a menina mais linda desse mundo (sim, sou mãe coruja, obrigada). Nascia a minha Isabella e com ela o maior amor do mundo, e os maiores desafios também.

Um ano e meio depois, veio a tão sonhada posse como servidora pública federal, depois de anos de estudo e dedicação. Foi o momento em que olhei para tudo e pensei: eu dei certo, eu consegui.

Junto com essa alegria veio a falência da empresa do meu pai, e com ela todos os perrengues possíveis e imagináveis. A dor e a frustração de uma sociedade familiar desfeita atingiu toda a família. Foram tempos difíceis, bem difíceis, mas como Deus é justo e onipotente e não abandona nenhum de seus filhos, conseguimos atravessar essa turbulência e sobreviver ao caos.

O tempo passa, sempre passa, e com ele vão-se as dores e ficam os aprendizados. E se eu pudesse dar um único conselho sobre negócios seria: evite (ou melhor, não faça) sociedade com familiares; o custo, na maioria das vezes, é muito alto em relação ao benefício que se tem. O tempo pode até curar as dores, mas não apaga a cicatriz que sempre estará lá para lembrar do que aconteceu.

E como viver na velocidade da luz parece ser uma especialidade por aqui, pouco tempo depois desse caos, meu casamento chegou ao fim. Aos 26 anos de idade, o fundo do poço chegou para mim. A sensação de fracasso e o sentimento de culpa por não ter lutado mais, sacrificado mais, dominam o corpo e a mente de um jeito cruel e doloroso.

No auge da minha juventude, eu tinha uma filha de 4 anos nos braços, um bom emprego, uma faculdade de Direito para terminar, uma imensidão de sonhos para realizar (eu ainda não conhecia Paris) e, no entanto, eu estava sozinha. Um mundo para desbravar e eu não tinha mais alguém ao meu lado para caminhar comigo. Era preciso recomeçar.

A vida e seus recomeços

Como nunca nenhum recomeço é fácil, no intervalo dos oito anos seguintes, muita coisa também aconteceu. Afinal de contas eu vivo na velocidade da luz, lembram? Pois é. Com o apoio incondicional da minha mãe, que me ajudou a cuidar da minha filha para que eu conseguisse estudar e trabalhar, finalmente consegui terminar a faculdade e me formar no curso de Direito. Foi uma vitória depois de toda a tempestade vivida.

Nesse ínterim, levei minha filha para conhecer a Disney, minhas duas sobrinhas lindas nasceram, minha irmã mais nova se casou e meu pai ficou doente.

E mais uma vez a vida foi acontecendo com suas alegrias e tristezas, trazendo a certeza de que o caminho a ser percorrido é sempre longo, mas também a esperança de que dias melhores sempre virão.

E foi justamente por acreditar que a vida sempre acontece, independente do nosso querer, que em outubro de 2010, a vida sorriu para mim novamente. Era chegada a hora de, finalmente, sair daquele poço em que me encontrava há alguns anos.

Deus, na sua infinita bondade e justiça, me deu a chance do recomeço, me devolveu a esperança que já estava me faltando, me trouxe o sorriso de volta, que há tempos estava adormecido. Ele me agraciou novamente com o amor no coração.

Foi num despretensioso almoço de sábado que eu conheci o Cássio, um mineiro típico, com fala mansa e um sorriso conquistador. E naquele dia, o clichê mais clichê de todos os clichês bateu à minha porta (ou melhor, à nossa): foi amor à primeira vista, literalmente falando e sem nenhum exagero.

O maior amor do mundo estava ali, diante de mim. O homem certo, no lugar certo, na hora certa. O homem que me faria feliz todos os dias e dividiria comigo a vida como ela é. Ali, naquele dia 3 de outubro, eu tive a certeza de que pessoas só entram e saem de nossas vidas no momento certo, por mais que a gente insista em duvidar disto.

Mais de 12 anos se passaram desde aquele almoço, e já são tantas histórias para contar que parece muito mais tempo. Difícil mensurar em tão poucas linhas tudo que já vivemos juntos.

Paris *Je t'aime*

O dia era 19 de janeiro. O ano era 2012. A cidade era Paris. E a emoção de aterrissar na Cidade Luz pela primeira vez não cabia dentro de mim.

Foram 23 anos de espera por esse momento. E ele foi mágico, surreal, maravilhoso, único.

E por que foi tudo isso? Porque havia a conexão perfeita, no momento perfeito. Quando você realiza um grande sonho de vida e ao seu lado você tem a pessoa certa para dividir esse momento, não tem como dar errado. Simplesmente não tem!

E como Cássio também não conhecia Paris, a emoção foi mútua. Eu e ele naquela cidade linda e romântica, vivendo tudo pela primeira vez, foi inesquecível!

Está tudo registrado. Centenas de fotos de todos os momentos e experiências. Mais clichê impossível! Mas às vezes o melhor e mais simples da vida são justamente esses clichês. Muitos criticam, mas todos querem vivê-lo pelo menos uma vez na vida. Se for em Paris então...

Quando se vive algo que transcende a normalidade, a rotina, o básico, você precisa estar preparado para essa vivência, para dar a ela o valor que ela merece. Aos 14 anos, eu ousei sonhar alto, muito mais do que a minha condição permitia. Ousei querer o melhor do melhor, ousei querer a melhor vida que a vida poderia me oferecer.

E cultivei esses sonhos em meus pensamentos, dia após dia, ano após ano, subindo cada degrau necessário para um dia realizá-los. Acredite, os pensamentos trazem para nós aquilo que desejamos. Se pensarmos pequeno, teremos coisas pequenas. Se pensarmos grande, o mundo se abrirá diante de nós.

A sua principal escolha

E foi por sempre pensar grande é que eu acredito que uma das decisões mais importantes da nossa vida (se não a mais importante) é escolher a pessoa com quem você vai dividir a vida, a pessoa que estará ao seu lado na alegria e na tristeza, na saúde e na doença.

Porque amar é uma escolha, e quando você escolhe o certo, as chances de prosperidade aumentam significativamente; se escolhe errado, você flertará com prantos e ranger de dentes, a todo momento. Falo isso com propriedade, pois a minha escolha certa só veio no segundo casamento. Foi ao lado do Cássio que a minha prosperidade chegou, em todos os sentidos.

Foi ao lado dele que eu entendi (e aceitei) que eu não precisava fazer tudo sozinha, que eu amadureci como mulher, que eu entendi o que era amar de verdade sem neuras nem cobranças. Foi com ele que eu construí um lar sólido e acolhedor, a nossa fortaleza em todos os momentos. Foi ele quem me trouxe a paz no coração que eu tanto procurava. É ele que me protege e me dá a segurança que eu preciso para ter a certeza de que nunca mais voltarei para a poeira de lugar algum.

Conhecemos Paris (e já voltamos cinco vezes) e muitos outros lugares do mundo, vivemos intensamente cada minuto de felicidade que a vida já nos ofereceu, choramos cada tristeza que a vida já nos acometeu. E seguimos juntos e fortes na certeza de que estamos no caminho certo.

A vida vai continuar acontecendo como deve ser. E nós? Vamos continuar indo para Paris em todas as oportunidades que tivermos, pois é lá que nossos corações batem mais forte, que nosso olhar brilha de felicidade, que celebramos de forma especial o nosso amor. Paris é o nosso cantinho no mundo, nosso chamego, nossa identidade fora do Brasil.

Nada será como antes

Demorou para que eu chegasse até aqui, bem mais do que eu gostaria, mas o tempo é um artigo de luxo que nós, às vezes, insistimos em desperdiçar. E o preço desse desperdício pode ser alto. Mas sempre é possível recalcular a rota e aprender a utilizá-lo a nosso favor. Não se engane, o tempo é igual para todo mundo. O que faz a diferença é como e com o que nós o aproveitamos.

Sonhe, sonhe muito, mas sonhe com os pés na realidade. Aproveite o tempo que puder e se prepare para as oportunidades que surgirão durante a jornada em busca da realização desses sonhos.

Porque quando a tão cobiçada "sorte" bater à sua porta, você saberá que ela só está ali porque você se preparou para ela e vai saber aproveitar cada oportunidade que ela vai trazer. E vai ver, como num passe de mágica, seus sonhos se tornarem realidade.

E a vida depois disso? Nunca mais será como antes.

34

A MULHER GUERREIRA ESTÁ CANSADA!

Somos agentes transformadores da comunidade em que vivemos: quem somos, o que fazemos e o que mudamos na vida do outro. Minha trajetória é construída com erros, acertos, fracassos, renúncias. O aprendizado com cada um desses momentos foi a minha cura. Este é um capítulo sobre empreendedorismo, amor, família, saúde, espiritualidade e desenvolvimento. Que nesta leitura a minha cura seja a sua cura.

MONIC BARRETO

Monic Barreto

Contato
LinkedIn: linkedin.com/monicbarreto

Nasci e cresci no mundo dos negócios. Tenho duas características na minha identidade empresarial: a criatividade, como sustentação do trabalho que faço como sucessora; e persistência, que às vezes acho que é teimosia e às vezes excesso de fé. Ao longo da minha trajetória, aprendi a aplicar a teoria aliada à experiência em diferentes mercados: indústria e comércio de construção civil, *edtech*, desenho de games, programa na TV, *coworking*, antropologia, neuroarquitetura e vinhos. Minhas experiências, sejam elas marcadas por êxitos ou fracassos, definem como atuo. Sigo estudando, adaptando, errando e aprendendo muito nos negócios e na vida, e como diz o meu bordão: "tá bagunçado, mas tem gerência!".

Enquanto fui guerreira rodei o mundo
buscando respostas;
busquei fora e me tornei prisioneira do
reconhecimento do outro;
quando encontrei dentro de mim, experimentei a
liberdade de ser eu.
Onde eu estava todo esse tempo?

A construção da guerreira

Nunca comecei a contar minha história falando de mim, até hoje! Sempre acreditei que tudo que fazia, sentia e escolhia eram fruto da história do meu pai (mesmo que nem ele soubesse que era isso o que me motivava).

Existem muitas maneiras de contar uma mesma história. E por muito tempo contei minha história, para mim mesma, por meio da raiva.

A raiva é o estimulante principal de um guerreiro e foi fundamental para me fazer mover, querer e agir. Por um longo tempo, foi o combustível que me dava grande força e tive muitas conquistas; mas quando eu menos percebi, ela passou a me dominar, deixou de ser a motivação e se tornou quem eu era: criei uma armadura!

Tornei-me a minha própria armadura, me tornei a guerreira!

Hoje, decidi contar essa história com amor, não aquele amor romântico que nós vemos em filmes e livros, mas o amor que aprende, que ensina e, principalmente, que nos transforma. E mais que a raiva, é ele que nos faz ir muito mais longe.

Com tantos pesos e excessos, em vez de caminhar rápido comecei a desacelerar, até o momento que a vida me parou. Espero que minha trajetória sirva para inspirar você, leitor, a trabalhar de dentro para fora, se conhecendo e reconhecendo suas habilidades e multiplicando a comunidade que você vive.

Se você quer a cura, você tem que se permitir ser curado

A lama foi o fim, a raiva foi o começo

Seis dias sem dormir, perdida no tempo e com tantos aprendizados que hoje, se eu pudesse compartilhar contigo sobre empreendedorismo, eu diria que é um ato de fé e coragem.

Inicio o ano de 2022, saindo de uma UTI e finalizo limpando toda essa lama. Acredito verdadeiramente que eu fui preparada para isso, porque tive que exercitar a minha fé diária e aprender sobre o amor que espera o tempo e os processos, mas também deixa ir quando essa espera impede de seguir em frente.

A história antes da história

O fato de nascer numa casa de pais empreendedores implicou ter uma quinta cadeira nas mesas de refeições, estavam sempre: eu, meus pais, meu irmão e a Barreto. Cresci junto com a Barreto Material de Construção, e aprendi a vender ao mesmo tempo em que aprendi a falar.

Minha mãe tinha uma loja de roupas no nosso quintal e atender pessoas fazia parte da rotina pós-escola. Enquanto minhas amigas "quando fossem grandes" queriam ser modelo e professora, meu sonho era ser caminhoneira, assim como meu pai começou a vida.

Minhas memórias são todas forjadas na construção dos nossos negócios, que se multiplicaram com a dedicação que tínhamos de domingo a domingo.

Os negócios cresceram rápido e, na adolescência, enfrentei meu primeiro desafio profissional ao recuperar uma das empresas que estava em estado de falência. Afinal, meu pai não conseguia estar em todos os lugares (naquela época não existia sistemas, telefone e internet) e algumas pessoas se aproveitavam disso.

E foi assim que vesti, pela primeira vez, a minha armadura de guerreira!

Ouvi bastante que eu não precisaria estudar. Para as pessoas "quando crescesse já estava tudo pronto", mas minha mãe sempre me perguntava: para que você vai ser caminhoneira, se você pode ser a dona do caminhão? E graças a esses conselhos e às vitórias alcançadas pela "pequena guerreira", fui estudar engenharia civil na capital.

Além de estudar, estagiei em mais de 10 obras de construção, dei aula em orfanatos, estudei terapias integrativas. E, faltando poucas matérias para finalizar engenharia, percorria 380 quilômetros entre os estudos e a empresa familiar; que enfrentou mais uma situação complicada e precisei me vestir de guerreira mais uma vez.

Foram dias difíceis. De julgamentos, críticas, choros silenciosos e comparação com a criança que eu já não era mais e a adulta que esperavam que eu fosse.

Com a armadura que carregava, agir rápido, organizar e eliminar problemas eram minhas atividades. Mas chegou um momento em que meus recursos de "experiências" haviam se esgotado, eu precisava ter novas perspectivas. E, então, comecei a buscar a teoria para sustentar o que eu queria praticar.

Estudei e incorporei nossa empresa nos cursos de Marketing e Estratégia, em Buenos Aires; Negociação nos EUA; e Direção de Empresas Familiares, na Espanha. Em paralelo, pude conviver com projetos em temas como inclusão feminina, estudos de interculturalidade de comunidades indígenas e quilombolas.

Nos últimos anos, criei um *coworking* em Jequié (BA) e uma *edtech* na Espanha, onde também apresentei um programa de TV. Viajei para alguns países a trabalho e, principalmente, tive a oportunidade de conhecer e conviver com pessoas de diversos mercados, culturas e experiências.

Durante a pandemia, na fase intensa de trabalho para manter os negócios do Brasil, encerrei os projetos na Espanha. E, então, aproveitei os fins de semana para estudar neuroarquitetura; era onde conseguia ter *insights*, criar estratégias e estar conectada com o mundo.

Nesse mesmo período montei um *social commerce* de vinhos. O objetivo inicial era manter o *coworking* (afinal, os decretos mantiveram esse setor sem poder funcionar por dois anos) e cresceu tanto que AddVinho e Usina Escritórios Compartilhados se tornaram dois negócios independentes.

Aquela pequena guerreira já não sabia viver sem a armadura, que se tornou cada vez mais forte e pesada. Com tantos desafios, foi mais fácil sustentar toda personalidade que eu havia construído. Tornei-me uma grande guerreira: incansável, imbatível e sem limites. Bem, era nisso que eu acreditava; até que a armadura começou a pesar.

Na pandemia, me voltei 100% fisicamente para os negócios; e foi onde continuei o trabalho, porém, de um jeito diferente, sem raiva.

A raiva

Olhar para dentro é um desafio! E assim como no processo de conhecimento pessoal, também o empresarial precisa de coragem para se despir de julgamento e critica – e com amor aceitar e acolher, pois só assim é possível evoluir.

Errei muito! Fui impulsiva e intensa no início da minha trajetória, mas aprendi! E o resultado de tudo isso é a construção de uma identidade de vulnerabilidade e força.

Desde sempre encarei o que considerava injustiças na vida do meu pai. Tinha motivos para sentir raiva. Além disso, comecei a criar aversão a todos que me criticavam, mas não por minha causa, e sim porque estavam magoando os meus pais. E, por fim, quando eu e meu irmão nos tornamos adolescentes, muitos "amigos" plantaram sementes de discórdia entre nós, e eu passei a sentir raiva de cada um que afastava ele de mim. Aquele sentimento era o que me fazia trabalhar mais, estudar mais, ter vontade cada vez mais de compensar eles (meus pais) por terem o coração tão bom e as pessoas tirarem vantagens.

E, por fim, todos esses sentimentos gerados na minha própria cabeça me geraram um adoecimento físico. Depois de tantas terapias, compreendi que o tumor que tirei do intestino foi, na verdade, essa raiva que não fazia parte da minha essência, mas que por muito tempo fortaleceu as minhas conquistas.

Eu sou um milagre

Depois de achar que tirei "a raiva" de mim, comecei a construir um novo momento na minha história. Quis recuperar o tempo que acreditava ter "perdido" trabalhando e estudando de forma exagerada. E mais uma vez usei as motivações erradas. Buscando performance cerebral e física implantei alguns chips hormonais que finalmente me fariam ter o desempenho que eu gostaria.

E esse foi o meu grande erro!

Meu organismo absorveu tudo rapidamente e engordei 26 quilos em 45 dias. Deformei corpo e rosto, me olhava no espelho e não me reconhecia mais. Mesmo o meu corpo tentando rejeitar, o médico continuou injetando diversos medicamentos para que eu pudesse segurar aquela medicação. Aceitei, pois achava que meu cérebro estava potencializado.

Em dezembro de 2021, lá estava eu na UTI, com uma trombose arterial, risco de morte iminente e já havia compreendido que minha chance de sobreviver era baixa. Olhei para os meus pais e percebi que meu excesso de cobrança comigo mesma, minha necessidade de reconhecimento e minhas escolhas me fizeram parar ali.

Quis aproveitar cada minuto daqueles rindo e brincando, e não desperdiçar com tristeza. Mas Deus me deu uma nova oportunidade e sai do hospital andando.

Meses depois, na revisão, a médica me falou:

— Você é um milagre! O que vai fazer com isso? Você tem que multiplicar esse milagre!

E foi ela a responsável por eu estar escrevendo hoje este capítulo. Se você me perguntasse: "Como é viver um milagre?", eu diria:

— Tudo parece que está com lente de aumento: os sentimentos, as emoções. E só foi possível compreender a mim mesma no momento em que silenciei o que os outros diziam e escutei meu coração.

Tá bagunçado, mas tem gerência!

Eu sou na multidão, um furacão,
uma luz com muitas sombras.

Eu sou o diferente, o exótico
e apesar de exposto, pouco acessível.

Eu fui barulho, hoje sou silêncio

Nunca tive medo de ser
E apesar de muita dor
Insisti, persisti e consegui.

Hoje, com muitas cicatrizes expostas
Tornei-me mais vulnerável, firme e corajosa

Se um dia eu tive dúvidas
Já não me lembro.

A lama

Na manhã do Natal de 2022, esperava que durante o almoço pudéssemos comemorar os três meses da minha primeira sobrinha, foi então que recebi uma ligação: estava acontecendo uma enchente no centro da cidade.

Não sei como, mas consegui atravessar a água e chegar até lá; já estavam lá meu pai, meu irmão e mais alguns funcionários. Em menos de quatro horas, nossa empresa ficou 100% repleta de água.

A água ganhou velocidade, olhei para os lados e pensei: vou ter que escolher o que salvar. Corri incansavelmente de um lado para outro. Quando a água já estava na minha cintura, meu pai falou: "eu não sei nadar". Olhei para rua e havia água para todos os lados. Naquele momento, tudo perdeu valor, não fazia sentido carregar mais nada se eu não conseguisse tirar meu pai dali.

Quando menos esperava apareceu um "anjo" de caiaque e resgatou ele.

Eu e meu irmão lacramos tudo. Demos as mãos com quem estava conosco e saímos caminhando por aquela água misturada com esgoto. Por um momento, parei, olhei para trás e agradeci. Saí dali sem saber o que aconteceria dali pra frente.

Foram horas de espera até a água baixar, conter minhas próprias emoções, acalmar as 84 pessoas que trabalhavam diariamente ali; além de fornecedores e amigos. O celular não parava, como nos primeiros dias de pandemia. Ficamos em casa. Não tinha o que fazer, apenas esperar.

Quando a água da enchente baixou e que sobrou apenas a lama, não sabia o que estava nos aguardando; mas uma coisa eu tinha certeza, nós iríamos reconstruir!

E foi assim que começou a **reconstrução** da Barreto Material de Construção nesse último mês. Esse capítulo já estava escrito, mas decidi mudar, transmitir para você que está lendo o que construímos de mais valioso ao longo da nossa trajetória: A credibilidade e o respeito de quem somos, quando estabelecemos relações solidificadas na verdade, na dedicação e na humildade.

Reconstruir de dentro para fora

Sempre me descreveram como uma pessoa forte, e acredito que isso tenha a ver com ser firme e, principalmente, por agir antes de falar. Manobras arriscadas, eu fiz! Antes de me jogar de cabeça, parei, silenciei e analisei (passo importante para uma pessoa que foi executora e impulsiva). Atualmente me enxergo como vulnerável e compreendo que é com isso que me sinto forte, porque agora consigo enxergar com clareza os pontos que preciso mudar, fortalecer e/ou desenvolver. E isso faz com que toda minha equipe se desenvolva junto, afinal, "uma andorinha voando sozinha não faz verão".

Liderar, para mim, tem a ver com analisar diferentes perspectivas, avaliar riscos, considerar perdas e focar sempre nas soluções que tragam resultados a curto, médio e longo prazo.

E no momento que precisei reconstruir a empresa, aprendi que, na verdade, a reconstrução deveria partir de mim.

Eu cansei de ser a guerreira

Aprendi que quando os índios querem chuva, eles não dançam pedindo chuva. Na verdade, eles cocriam a realidade, fecham os olhos imaginando o cheiro da terra molhada, imaginam as gotas de orvalho, o barulho quando tocam na superfície.

Essa reflexão não sai da minha mente! Quantas vezes meus pensamento e medos me impediram de seguir adiante? Quantas vezes fui tomada por pensamentos negativos que me limitaram, não fazendo o que meu "eu interior" sinceramente desejava? Palavras não ditas ou mal colocadas e pensamentos de medo de fracassar comigo mesma ou com o outro geraram situações que não eram o que eu verdadeiramente queria.

Somos os nossos maiores sabotadores, concorrentes e limitadores de nós mesmos.

Neste último mês, a raiva passou por mim diversas vezes, principalmente quando toda uma comunidade foi devastada por conta de uma negligência de gestão e comunicação que destruiu todo o centro comercial da nossa cidade. Olhando de cima, parece que um meteoro caiu aqui.

Estou aprendendo e me comprometendo a transformar os pensamentos, desejos e intuições; a sintonizar apenas o que eu realmente quero, assim como num rádio. E tem sido assim, silenciando o mundo e ouvindo meu coração; aprendendo a dizer não para o mundo e sim para mim.

A aposentadoria da armadura

Liderar é:

- Ser animador de torcida enquanto o time está perdendo (porque quando está ganhando a torcida se anima sozinha).
- Sorrir para todos, mesmo quando internamente você está triste.
- Segurar um furacão com a mão, aparar a tempestade com a outra, enquanto tem um terremoto nos teus pés – demonstrando serenidade e confiança.
- Receber a primeira crítica às 6 horas da manhã, respirar fundo e acreditar em você, no que faz e no seu propósito.

Pergunta-me se hoje foi fácil? Não! Ontem? Também não! Nas últimas semanas, esse tem sido meu resumo diário, mas isso não é sobre desânimo ou reclamação. Esse conselho é para você, que está passando por uma fase turbulenta ou difícil (como eu), mas que entende e aprende que é uma fase. Reinvente-se, crie e quem sabe amanhã esse resumo possa ser diferente.

*Aprender a dizer não é um ato de sinceridade
consigo mesmo e com os que convivem com você.*

Uma andorinha voando sozinha não faz verão

Todos os dias nós podemos escolher aprender com a dor ou com o amor.

Quando abrimos o nosso coração para a cura, Deus nos envia anjos e, por meio deles, compreenderemos os verdadeiros milagres diários que a vida nos envia.

Isso não é só sobre a Monic, mas sobre todos aqueles que constroem, diariamente, junto comigo, essa história.

A minha cura é a sua cura

Intimidar e ser incansável, não demonstrar fraqueza e vulnerabilidade. Essa postura robusta me distanciou e protegeu. E onde eu estava todo esse tempo?

Estou me apaixonando por quem me tornei.

Busquei no mundo inteiro e encontrei, dentro de mim, fragmentos da minha essência; e só aí entendi que a maior liberdade que pude experimentar foi ser eu mesma.

35

A ESSAS ALTURAS, QUEM MANDA NA MINHA VIDA? SOU EU!

UMA HISTÓRIA DE AMOR, UMA LIÇÃO DE VIDA PARA SEMPRE

Eu sou aquela mulher que fez a escalada da montanha da vida, removendo pedras e plantando flores.
CORA CORALINA

A mulher representa mais da metade da população brasileira, 51%, enquanto o percentual de homens 49%, e vem evoluindo à medida que o tempo avança (censo IBGE 2010). Muitas encontram dificuldades na escalada da vida, afinal viver é uma arte. Contudo, à medida que atingem a maturidade, têm mais segurança no processo de evolução, conquistando assim uma vida mais serena e com sabedoria, permitindo-se até, com as pedra encontradas na caminhada da vida, construir uma luxuosa mansão com vista para o mar, com muitas orquídeas.

MYRINHA VASCONCELLOS

Myrinha Vasconcellos

Contatos
myrinha.vasconcellos@gmail.com
Facebook: Myrinha Vasconcellos
Intagram: @myrinha.vasconcellos
Linkedin: Myrinha Vasconcellos
61 99129 3435

Nascida em Vitória/ES. Iniciou suas atividades laborais, aos 15 anos, como menor aprendiz. Trabalhou no Banco Nacional da Habitação, na Caixa Econômica Federal, sempre exerceu cargos de gestão. Aposentada, foi gestora de relacionamento no terceiro maior fundo de pensão do país, FUNCEF, durante oito anos. É bacharel em Administração de Empresas, Ciências Contábeis, estudou Engenharia Econômica e Direito. Pós-graduada em Previdência Complementar. Mestrado em Marketing com ênfase em Criatividade. Possui especialização em Previdência Complementar (Bruxelas/Bélgica). Consultora empresarial, escritora e palestrante internacional. Integra a Associação dos Diplomados da Escola Superior de Guerra/ES. Possui certificação ODS (Objetivos do Desenvolvimento Sustentável), expedida pelo Instituto Leila Navarro. Acadêmica fundadora da Academia Hispano-Brasileña de Ciencias, Letras y Artes – AHBLA. Possui dois livros publicados e quatro em processo de edição, com lançamentos agendados para 2023.

Uma história de amor, uma lição de vida para sempre

> *Eu sou aquela mulher que fez a escalada da montanha da vida,*
> *removendo pedras e plantando flores.*
> CORA CORALINA

Nota da autora

Muitas histórias poderiam ser contadas aqui e escolher uma não foi fácil. Os nomes dos personagens foram substituídos, visando preservar a identidade de cada um, pois estão vivos e os fatos narrados são verídicos.

Márcia e Fred

Um dia Fred chegou em casa com o convite para a festa de aniversário de Suzana, professora catedrática de universidade famosa, na cidade em que morava com Márcia. Fred, homem inteligente, economista, com especialização na Sorbone, empresário bem-sucedido, bem-apessoado. O tipo de pessoa que aonde pisa se torna o centro das atenções, graças às suas hilariantes histórias. Márcia, advogada, com outros cursos de nível superior, com mestrado, executiva, discreta, delicada, mas muito ciumenta. Eles se conheceram num Carnaval. Os olhares se cruzaram e o encantamento aconteceu. Oito dias após, almoçavam na bucólica Confeitaria Colombo, ouvindo ao piano *La vi en rose*. Fred indagou: "Você é separada?". "Não, sou viúva", respondeu Márcia. A dor da viuvez ainda "gritava" no seu íntimo. No olhar, Fred expressou compaixão e o diálogo ficou um pouco embaraçoso pelo impacto de estar diante de uma mulher que ele não imaginava fosse viúva.

Discreta, porém observadora, Márcia percebeu que o seu estado civil tocou o coração daquele elegante homem. Márcia logo perguntou: "Você não é um homem só. Claro! Empresário bonitão, bem-sucedido, inteligente, no Rio de Janeiro, sozinho? Jamais!". A resposta foi a já conhecida: "Realmente, não estou só, porém... (olha o porém aí de novo) vivo uma relação desgastada, talvez por acomodação". Uma mulher inteligente não iria crer nessa história. A razão falou mais alto.

Continuaram a conversar e vez por outra, desviava o olhar do Fred, pois sentia que aquele homem estava mexendo com as suas emoções e o estado civil da criatura não permitia dar um passo adiante.

O horário do almoço avançava e Márcia disse que precisava voltar ao trabalho, tinha reunião em 30 minutos. Enquanto aguardavam o elevador, ouviram Smile, ao som do piano suave, sorriram e antes de se despedirem Fred fez um sutil carinho no seu rosto. Corações ficaram acelerados e, sem qualquer promessa de um novo encontro, se despediram. Até o trabalho, Márcia caminhou com a cabeça nas nuvens. Não sabe dizer, até hoje, como atravessou a rua e chegou na empresa.

Com a cabeça no mundo da lua participou da reunião. Às 17:30 um florista, com rosas cor de chá entrega à Márcia, no cartão apenas: *Foi mágico estar contigo, obrigado, beijo do Fred.*

Ela ligou imediatamente para ele, talvez a vontade de ouvir aquela voz envolvente.

A noite, pensou em tudo que conversaram, quase não dormiu. Aos primeiros raios do sol o sono a venceu. O telefone tocou às 7:30, era Fred: "Liguei apenas para dizer bom dia". O coração de Márcia não mais batia, saltitava! O processo do envolvimento é mágico, tem o poder de mudar o olhar, até a voz se torna bem mais doce e terna, tudo provocado pela maior produção do "hormônio do amor" – ocitocina. O amor tem um poder transformador!

Voltando aos personagens, na primeira sexta-feira após o almoço na Colombo, Márcia foi surpreendida com uma caixa com 12 orquídeas amarelas e brancas, no cartão, o convite para um almoço, na segunda-feira seguinte. Refletiu bem e, com os pés no chão, concluiu que não era o momento de se envolver com alguém, muito menos correr o risco de sofrer uma decepção. Todavia, já se mostrava encantada por Fred, afinal, quem não se renderia a um homem desse tipo, buscando conquistá-la de todas as formas? O fato dele ter um relacionamento conjugal afastava as possibilidades de um envolvimento maior por parte de Márcia. Pergunta se Fred desistiu, claro que não. Sem querer demonstrar estar forçando alguma coisa, ele era cada vez mais sutil. Quando o homem quer, sabe encantar e envolver uma mulher.

Viagem inesperada

A semana iniciou movimentada, e ao receber o telefonema de "bom dia", Márcia contou que iria a São Paulo, por três dias a trabalho. Sem demora, Fred quis saber quando retornaria e deu um jeito de convidá-la para almoçar. Descobriu aonde ficaria hospedada (o que um homem não faz quando está interessado?). Como dizia minha avó: "Vira meio mundo e consegue o que quer".

Manhã seguinte, Márcia sai na portaria do seu prédio e encontra Fred à sua espera, com um presente, um bichinho de pelúcia, no cartão: "Vou tomar conta de você." Evidente que arrancou um lindo sorriso da criatura encantada. Mesmo sem querer demonstrar tanta felicidade, o coração acelerado e mãos frias, reações normais para situações do tipo, deu um beijinho no rosto do Fred.

Não posso perder o avião, disse. Fez sinal, um táxi parou (isso faz tempo, não havia Uber). Fred sussurrou ao seu ouvido: "Vou levá-la ao aeroporto". Seguiram alegres, faltava espaço para acomodar tanta felicidade, que tomava conta dos dois, naquele confortável automóvel. Era a primeira vez que Fred conseguiu ver Márcia pela manhã, por sinal linda, de terninho cinza, blusa rosa, à executiva, elegante e com First do Van Cleef & Arpels, perfume sedutor, que virou a cabeça do homem. Chegaram ao aeroporto. Não havia como estacionar o carro. Mala e a pasta retiradas do carro, apenas um leve beijo no rosto selou a despedida dos dois apaixonados. O embarque estava próximo.

Quando ia sair, Fred assiste pelo retrovisor uma cena que parecia vídeo cacetada: Márcia, procurando carrinho para colocar a mala e a pasta, nenhum ao alcance dos seus olhos. Atrapalhada, não sabia se segurava a pasta de trabalho ou se pendurava o presente no braço e, em meio a esse desacerto, deixou a bolsa cair. Pensa numa mulher totalmente atabalhoada. Não queria perder a pose, tinha que se manter a executiva fina e elegante. Um carregador e disse: "A madame está confusa, hein?, vou ajudar", pegou um carrinho, acomodou a mala, a pasta e observou que Márcia estava agarrada a um presente e com a bolsa quase caindo no braço. A cena estava cômica. Fred assistia tudo de dentro do carro, até que um guarda de trânsito avisou que ele estava atrapalhando o trânsito.

Rindo muito, partiu. E lá ia o carregador empurrando o carrinho. No balcão da companhia aérea Márcia o gratificou e a figura se vira e diz: "Com todo respeito, mas a madame parece que está apaixonada porque nunca vi uma mulher tão chique ficar tão confusa como a senhora. Vai se casar, é?" Querendo rir, Márcia disse que estavam anunciando o embarque do seu voo.

Lá nas alturas, enquanto voava, não sabia se ria ou se abria o saco de presente para ver o bichinho de pelúcia. Imagina quantas vezes leu o cartão e sorria.

Analisando friamente o ocorrido até poderia ser considerado normal, se não estivéssemos diante de um processo de envolvimento emocional, de certa forma forte, fruto da cuidadosa habilidade masculina, construída dia a dia, acompanhada de muita adrenalina, que permitiu todo o festival cômico protagonizado por Márcia. Certamente, esse dia ficará na história.

Chegando a São Paulo, encarou a primeira reunião. Durante todo o dia, os episódios ocorridos até o embarque, vez por outra, vinham à memória, mas logo o trabalho falava mais alto. A noite, no hotel, Márcia ria ao se lembrar de cada minuto. O cansaço era tamanho que adormeceu, logo após o banho.

Sonolenta, atendeu o telefone, os dois riram muito e ele disse que havia encontrado uma humorista. Se despediram com um boa noite terno. Dia seguinte, o habitual telefonema de "bom dia" não aconteceu. Hum! O que houve, pensou Márcia. Fez mil conjecturas, afinal a mente feminina tem um poder criativo surpreendente. A criatura chegou a pensar que Fred poderia ter falado seu nome dormindo, e a mulher aproveitou para fazer perguntas, tipo: "Aonde ela está?". E ele ter respondido: "em São Paulo"; "em qual hotel? Quanta criatividade.

Jantar à luz de velas

Passou o dia preocupada, às 16 horas, uma ligação, era Fred, com um convite para jantar, e a boba, crente que estava abafando, educadamente, respondeu: "Esqueceu que só volto no sábado pela manhã?". Fred riu, mas sem demora respondeu: "Mulher, quero jantar contigo hoje, passo no seu hotel às 21 horas". O coração acelerou e como se concentrar no trabalho? Às 18 horas saiu correndo da empresa, pegou um táxi, chegou ao hotel. O tempo todo pensando: "Por que ele está me tirando do sério? O que faço?".

Banho tomado, já se arrumando Márcia não controlava o nervosismo. Se fosse hipertensa, teria enfartado. O rímel borrou no canto do olho; pesou a mão no *blush*, tentou remover o excesso com lenço de papel, cai o corretivo e quebra, até o batom não acertava passar. Caos total! Deu para perceber que Márcia não é chegada a fazer nada sob pressão – é uma comédia.

Lindamente bem vestida, usando First do Van Cleef & Arpels, seu perfume preferido, quando se aproximou de Fred, ele elogiou o seu maravilhoso perfume francês, e a sua beleza. Fred muito elegante vestia calça e paletó azul marinho, camisa branca de cambraia de linho e lenço bordeaux no bolso. Impecável (como a mulher é detalhista). Chegaram ao luxuoso restaurante, previamente reservado e foram conduzidos até a mesa posicionada em local discreto. O garçom acendeu as velas e o clima ficou ainda mais romântico, quando o champanhe foi aberto para brindar o primeiro e inesquecível jantar. Músicas românticas, executadas por um excelente quinteto, o casal dançava como se não tivessem outros clientes. Encontro mágico. (E você, enquanto lê, está pensando que os dois dormiram juntos? Não. Isso não aconteceu).

Manhã seguinte, durante o telefonema Fred diz que estava retornando para o Rio de Janeiro, para resolveu um problema que requeria a sua presença. Discreta, Márcia nada perguntou Despedida rápida, com a promessa de se falarem quando Márcia voltasse. Ideias malucas brotavam na cabeça de Márcia. "Ele não passaria o fim de semana longe da família". Meu DEUS, que mente criativa. Eram tantas perguntas que Márcia passou o dia com dor de cabeça. No início da noite de sábado ela voltou para o Rio de Janeiro. Domingo pela manhã, Fred ligou. Após o "bom dia" a convidou para ir à praia. Ai a cabeça da cidadã deu voltas com pensamentos sem coerência.

Na portaria do prédio, lá estava Fred todo sorridente, beijou a apaixonada, que nada perguntou. Na verdade as perguntas estavam comendo seus neurônios... as mulheres são muito semelhantes. Foram à praia na Barra da Tijuca, depois resolveram almoçar e Fred a surpreendeu: "terminei o relacionamento". Ela ficou sem ação, não sabia o que falar e os dois ficaram parados como se estivessem anestesiados, por alguns segundos. Timidamente entrelaçaram as mãos. Em seguida, Fred se levantou, puxou uma cadeira, sentou-se ao lado de Márcia e lhe roubou um beijo apaixonado, foi correspondido, claro!

O início de um grande romance estava marcado ali. Certa manhã, Márcia recebeu um lindo buquê, com 60 rosas vermelhas, no cartão o convite para uma viagem, assinado apenas: "um homem apaixonado". Há coração que resista?

Saíram do Rio de Janeiro de carro, sem hora para chegar ou voltar. Foram para São Paulo. Chegaram e os hotéis estavam com a capacidade de acomodação esgotada. Conseguiram um *flat*, por indicação de amigos. Deixaram a bagagem na portaria e foram almoçar. Quando voltaram, abriram a porta do *flat*, levaram um susto. Duas camas de solteiro, viradas uma para um lado, a outra para outro lado, sem qualquer condição de colocá-las lado a lado, para juntá-las. O espaço era mínimo, até para a circulação. Fred é um homem alto e forte. Pensa numa letra L, assim estavam dispostas as duas camas. Cena hilária, eleve à décima potência e pode rir de rolar, porque até hoje Márcia e Fred ainda dão boas gargalhadas desse inesquecível episódio. Dia seguinte, trataram de partir cedo para Curitiba, não sem antes reservar um bom apartamento no melhor hotel. A viagem foi alegre, feliz, repleta de bons momentos. Tudo que acontecia entre os dois era encantador, cada dia se descobriram perfeitos amantes, verdadeiras almas gêmeas que nasceram para viver apaixonados para o resto dos dias.

Mulher inteligente deve ter a segurança de que é a preferida

Voltando ao início deste capítulo, direto para a festa de aniversário da Suzana, amiga de longa data, que aconteceu alguns anos após Fred e Márcia estarem vivendo juntos.

Chegando ao cerimonial, finamente decorado, Márcia se juntou ao grupo de amigas de Suzana e Fred foi ao encontro dos irmãos da aniversariante, com outros homens. Em determinado momento, Márcia observou que uma jovem pediu a Fred para acender seu cigarro. A cena se repetiu umas quatro vezes. Márcia falou com as amigas que queria ir embora. Na mesa em que estava, a mãe da Suzana percebeu a situação, discretamente deu um jeito de chamar Márcia para conversar longe do barulho da festa.

Com cuidado, perguntou a sábia mulher: "O que está tirando o brilho da festa para você?".

Márcia respondeu: "A senhora não percebeu como aquela moça está se jogando para cima do Fred?".

Delicadamente, disse a mãe de Suzana: "Minha querida, não permita que o ciúme roube a sua alegria. Como mais velha, o que vou lhe dizer, você nunca mais esquecerá: a mulher não deve ter a pretensão de que é a única. A mulher inteligente tem segurança de que é a preferida". Nunca mais Márcia teve crise de ciúmes e viveu feliz com o Fred por muitos anos.

O amor acabou

Certo dia, próximo ao Natal, chegando do trabalho Fred disse: "O amor acabou". Márcia pensou que era brincadeira, mas não se brinca com sentimento. A cumplicidade dos dois era invejável, todos diziam que um havia nascido para o outro. Eram dois grandes companheiros, amantes incríveis!

Contudo, é fundamental que a mulher tenha amor-próprio, acima de tudo, afinal é a pessoa mais importante que existe no planeta e se assim não se enxergar, quem a valorizará? Márcia buscou forças no PAI, engoliu o choro disse a Fred que a notícia a surpreendeu, pois, um amor da forma como foi construído não acabava da noite para o dia.

Um ano de dor profunda, tratamento psicológico, até que certa manhã, quando acordou, se olhou no espelho e disse: "Chega! Está na hora de você se amar e cuidar da sua felicidade. Abra as suas asas e voe, voe alto! Pare de chorar pelo leite derramado, a fila andou". Fred é uma lembrança, faz parte do passado, que não tem volta. Sacudiu a poeira e buscou construir um novo estilo de vida, alcançou cargos de projeção nacional e se tornou uma mulher de destaque internacional, graças aos trabalhos realizados pelo mundo. Hoje, Márcia vive um grande AMOR, uma relação bem mais madura, sem medos, inseguranças, desfrutando os melhores momentos intensamente. Cada encontro é marcado por celebrações de encantamento, amor, ternura e prazer. Amamos ao próximo quando sabemos conjugar o verbo AMAR na primeira pessoa.

Recentemente, Márcia declarou com muita exuberância: "Quando o tempo pintou meus cabelos de prateado, iluminou a minha inteligência, vi que tudo flui do meu coração, que vibra e potencializa o AMOR. Uma mulher madura sabe solucionar problemas. Quem vive de passado é livro de memórias. Quero desfrutar o agora, porque até no nome é um presente. Ainda concluiu: "A essas alturas, quem manda na minha vida? Sou eu!"

36
___

TRANSFORMAR-SE PASSA POR SER HUMANO

Convido você a se debruçar nas próximas páginas e conhecer uma história de transformação em meio ao caos por meio do olhar para a essência que nos torna humanos. Ser humano é (também) compreender que a nossa complexidade e a nossa singularidade coexistem. Somos um alguém hoje diferente daquele que foi ontem, diferente daquele de amanhã.

NAYARA MELO

Nayara Melo

Contatos
www.sintoniacontabil.com.br
consultoria@sintoniacontabil.com.br
Instagram: @nayaraemsintonia
LinkedIn: nayaraemsintonia

Administradora de empresas pela Universidade Estadual do Ceará (2012), com pós-graduação em Recursos Humanos na Gestão de Negócios pela Universidade São Judas Tadeu (2015) e MBA (*Master of Busines Administration*) em *Business Innovation – Change Markers* pela FIAP (2023-24). Em seus mais de 13 anos desenvolvendo projetos na área de recursos humanos, vivenciou a dinâmica de diferentes segmentos de mercado, como educação, energia, varejo e construção civil. Possui ampla atuação em desenvolvimento humano, treinamento, remuneração, pesquisas de engajamento e de mercado. Sócia da empresa Sintonia, negócio que apoia o crescimento das empresas em diferentes momentos, desde sua concepção até sua consolidação, por meio de serviços de consultoria empresarial, contábil e jurídica. Encanta-se por pessoas que são marcantes e que conseguem, de alguma maneira, transformar a realidade em torno delas. Acredita que cada um de nós tem um propósito e que ele deve ser usado para além de nós mesmos.

> *Você tem que aprender a levantar-se da mesa quando o amor não estiver mais sendo servido*
> NINA SIMONE

Começando assim, você pode achar que é uma história de amor romântico, mas, na verdade, é uma trajetória de descoberta de amor sobre si em meio ao caos. Para começar, preciso considerar que estou falando de um ser humano e que, segundo a psicologia, o que nos torna humanos são as nossas singularidades, ou seja, nossa individualidade. Já no campo da filosofia, Sartre nos leva a refletir que a nossa condição humana nos faz viver num mundo pautado por decisões, onde não escolher já é uma escolha.

Essa história é uma mistura de vida pessoal e profissional, que tem como ponto de partida a mulher que eu era aos 26 anos. Racionalmente falando, eu já havia cumprido boa parte dos itens da lista da vida: escola, faculdade, trabalho, pós-graduação, saída da casa dos pais, mudança de cidade, relacionamento estável. A exceção eram os filhos, que ainda não estavam nos planos. Eu acreditava que, quando tivesse cumprido cada um desses itens, eu estaria realizada e feliz. Entretanto, o sentimento era de angústia e inadequação. Eu havia saído de Fortaleza, minha cidade natal, para morar em São Paulo e estava em adaptação, tentando me sentir em casa. Porém esses outros sentimentos tomavam conta de mim e a realidade era que eu me via trabalhando para pagar contas.

Na busca de encontrar a causa disso tudo, procurei ajuda com um psicoterapeuta, meio a contragosto; mas mergulhei de cabeça no processo, mesmo sem conhecer muito bem e achando que tudo se resolveria rapidamente como num passe de mágica.

Nesse pano de fundo conturbado de angústia e inadequação, as sessões de terapia transformavam a minha nuvem cinzenta em um emaranhado de fios com cores e texturas diferentes. Cada novo encontro me trazia a sensação de que um novo fio entrava nesse bolo e, quanto mais eu puxava um deles com força, mais apertado e difícil ficava para desfazer todos aqueles nós. Aos poucos, fui descobrindo os motivos para eu me sentir dessa forma: a história que eu estava vivendo não era a minha, não conseguia me reconhecer naquele feminino que tinha de referência social e familiar. Eu estava seguindo uma cartilha que haviam me dito que era boa e, de fato era, mas não para mim. Durante um ano de terapia, eu fui em busca da minha história, refleti sobre as decisões que havia tomado, me senti presa num feminino que não me cabia, até decidir que era o momento de seguir sozinha com aquilo que eu havia aprendido.

Nessa caminhada, busquei a minha linguagem. Algo que parece simples, ao mesmo tempo que é essencial, e que nos diferencia de outros seres. Deparei-me com a arte, especificamente a fotografia; e ela me levou a viver experiências diferentes, a explorar lugares e a perceber o cotidiano de outra maneira. Com o tempo, a arte se transformou em trabalho e aqui eu já deixo um alerta: nem tudo que a gente gosta precisa virar trabalho. Nem tudo precisa ser capitalizado e monetizado. Com essas novas vivências, o sentimento de angústia, inadequação e não pertencimento voltaram com tudo e me afetaram como nunca, porque eu estava tentando me fazer caber, sem caber, no trabalho, em casa e na minha pele.

Meu trabalho envolve gestão e relação com pessoas, como eu poderia fazer isso se não me sentia confortável com quem eu era? Como eu poderia aplicar todo o conhecimento e experiência que eu tinha, considerando as relações humanas dentro do ambiente corporativo? Foi nessa hora que me vi sem saber o que fazer e, depois de um ano e meio, voltei para o consultório. A diferença entre a primeira e a segunda ida foi um diagnóstico de *burnout* e transtorno de ansiedade e depressão. Eu estava literalmente esgotada com o meu ambiente de trabalho, sem o apoio necessário em casa e sem forças para lidar com as mudanças que eu precisava fazer. Os obstáculos eram cada vez maiores e eu continuava a me sentir presa. Eu percebia as limitações daquele momento e elas me incapacitavam, elas tolhiam aquilo que eu entendia por liberdade.

O meu retorno ao consultório foi marcado por momentos de virada na minha vida: fui demitida da empresa depois de mais de cinco anos e o meu relacionamento, depois de dez anos, chegou ao fim. Os sentimentos que se misturavam dentro de mim eram alívio e desespero nos quatro meses que separaram um acontecimento do outro. Na minha cabeça, eu já tinha cavado a última pá do poço e não tinha mais como descer. Eu estava sozinha na maior metrópole da América Latina, sem trabalho, sem planos e sem condições de reingressar no mercado de trabalho. O que me confortava era ter reservado dinheiro nos últimos anos, e poderia me dar esse tempo com mais tranquilidade. Aquele esforço anterior estava sendo recompensado de alguma forma.

E foi nesse caos, aos 29 anos, que decidi fazer minha primeira viagem sozinha. Pode parecer clichê, eu sei, mas foi um clichê tão gostoso de viver. A decisão envolveu conversas com uma amiga que havia feito uma viagem sozinha recentemente, organização financeira e pesquisa de lugares seguros para viajar sozinha. Fiquei 17 dias entre Portugal e Espanha e posso resumir a transformação desse período comparando a Nayara que estava no aeroporto para embarcar – cheia de medos e receios, querendo somente voltar viva para casa – e aquela Nayara que pousou no Brasil – derramando lágrimas de alívio por saber que havia dado conta e que poderia construir um novo caminho dali pra frente. Foi naquele momento que eu me acolhi.

Foi também um período que consegui me aproximar da família, pude contar com o apoio de cada um deles para tornar essas mudanças mais leves, mesmo que à distância. Foi fundamental contar com a presença de amigas, retomar alguns meios sociais e reaprender a lidar com o mundo que estava ao meu redor. Ter tido essa rede de apoio por perto fez muita diferença.

A medida em que eu fui melhorando, junto com o acompanhamento psicológico, comecei a enxergar novas oportunidades. Era a primeira vez que eu permitia colocar as minhas vontades e preferências em primeiro plano. Eu poderia me abrir para o novo, eu poderia ser uma outra Nayara em outros meios sociais. E compreendi como essa socialização é importante para mim, é na troca com outras pessoas que eu também me energizo.

Passei por outras experiências profissionais, depois de me reencontrar, que foram muito diferentes das anteriores e também entre si. Conheci outras pessoas com quem pude aprender, ensinar e compartilhar. Pude me apaixonar novamente, só que de maneira muito mais leve. E o que estava mais diferente nesse contexto inteiro era eu mesma.

Eu estava tomando as rédeas da minha vida como um todo, pessoal e profissional; afinal somos uma pessoa única. Quando eu falo de tomar as rédeas, não estou falando de controle, estou falando da atitude, de tomar decisão. Fiz as pazes com o meu feminino, encontrei outras formas de me ver e me apresentar como mulher. Uma identidade que passa por liberdade, autenticidade, espontaneidade e empatia. Hoje me sinto mais confiante para lidar com situações de incerteza, para voltar atrás quando for necessário, para focar naquilo que eu tenho de melhor em vez da falta; e explorar a Nayara empreendedora que existe dentro de mim.

Nessa trajetória individual, quero compartilhar com você que me lê a palavra que considero que foi fundamental para que essa mudança acontecesse: humanização.

De acordo com o dicionário, humanização é o ato ou efeito de humanizar-se, de tornar-se benévolo ou mais sociável. Esse ato de humanizar consiste em dar a algo ou alguém características que o transformem em humano.

E como podemos enxergar a nossa vida de uma maneira mais humanizada? Para isso, vou recorrer a diferentes áreas do conhecimento para trazer elementos que nos ajudem nessa compreensão.

LINGUAGEM. Esse é o elemento fundamental que difere o ser humano dos demais seres vivos, pois nós temos a capacidade de transformar um conjunto de sons e símbolos em ferramenta de comunicação. Nessa transformação, tive que aprender e reaprender a utilizar a linguagem a meu favor. Saber nomear aquilo que eu estava sentindo, escolher as palavras adequadas para conversar com a minha família, para apresentar aquele projeto profissional na reunião de trabalho, para expor minha opinião de maneira respeitosa. Tudo isso fez parte.

A sensação era de que, aos poucos, eu ia retomando a minha voz que havia sido silenciada, ao passar dos anos, sem nem eu mesma perceber. Retomar essa consciência foi importante para que eu pudesse construir uma identidade que fizesse sentido para mim; e identidade tem tudo a ver com o próximo elemento.

SINGULARIDADE. Esse substantivo feminino é uma qualidade ou propriedade daquilo que é singular. Quando entramos na esfera humana, a singularidade aparece relacionada a elementos ou traços característicos da forma física, cognitiva ou psicológica no nosso processo de desenvolvimento e que podem ser evidenciados por meio dos nossos comportamentos. Ou seja, o conjunto das nossas características que nos tornam únicos.

Ao tentar me encaixar em um ambiente que não me cabia, tanto corporativo quanto familiar, fui apagando essas características uma por uma. Percebi que isso aconteceu quando eu não me reconhecia mais. Lembrava-me daquela pessoa espontânea da adolescência e início da vida adulta, que arriscava mais, que se atrevia mais. Atrevida. Essa palavra veio em uma das sessões de terapia e me serviu como um resgate de algo que antes me definia de maneira pejorativa, como se fosse ruim ser atrevida, mas que, naquele momento eu me via fazendo as pazes. Isso me fez precisar reaprender a como me relacionar.

SOCIABILIDADE. Deixar vir à tona essa nova identidade me fez rever a maneira como eu me relacionava com as pessoas em diferentes meios sociais.

Tem tudo a ver com o elemento da sociabilidade, que é a característica daquilo que é social. Para a sociologia, o ser humano é aquele indivíduo capaz de viver em sociabilidade com os demais, que consegue conviver em sociedade, influenciar e ser influenciado por comportamentos sociais. E isso também nos torna humanos.

Esse meu aprendizado foi por tentativa e erro, literalmente, pois, depois de passar por situações de incerteza e muitos questionamentos, comecei a me perguntar se determinados meios me faziam bem ou não. Se determinadas relações me faziam bem ou não. Se eu conseguiria ser quem eu sou com determinadas pessoas ou não. Foi nesse momento que eu me abri para experimentar novos meios, a dizer não quando eu acreditava que era a melhor opção, a me abrir para lidar com a frustração de maneira consciente, compreendendo que aquilo faz parte do que é viver além da razão.

RACIONALIDADE. É ela que a filosofia se utiliza para caracterizar o ser humano, sendo ela capaz de ser uma unidade ou totalidade ao mesmo tempo. Distinguir coisas e elaborar conceitos são possíveis por meio dela. Acredito que esse é um dos elementos valorizados há mais tempo e atribuído normalmente ao universo masculino. Eu tomei para mim a razão como uma armadura e ela me deu acesso a muitos ambientes corporativos, o problema é que eu a levei muito ao pé da letra.

Ela fez parte do meu dia a dia para tomar decisões, esperando que todas as situações aconteceriam exatamente da maneira prevista, como numa fórmula matemática. Meu erro foi esquecer o que Gal Costa cantava desde 1996: "tudo certo como dois e dois são cinco". Aquela minha racionalidade de antes me trouxe muitas coisas boas, mas nesse processo, ela precisou ser ponderada. Compreender que em alguns momentos é melhor seguir a intuição ou abrir mão de qualquer previsão foi um exercício diário.

Comecei a diminuir aquilo que eu controlava, me atentando ao que era mais importante. Exemplo: ao me organizar para viajar, passei a me ocupar em organizar apenas o transporte e estadia, o restante eu faria aquilo que desse para ser feito. Muito diferente de quando eu viajava com o roteiro pronto, pronto para a frustração.

LIBERDADE. Eu não poderia finalizar com um elemento que não fosse a liberdade, outro substantivo feminino que indica a condição daquele que é livre, capaz de agir por si próprio. Nessa minha trajetória de me perder de mim mesma e perder a minha identidade, eu não me sentia livre. Pelo contrário, me via tentando atender as expectativas das pessoas ao meu redor sem considerar as minhas.

A minha humanidade começou a ser resgatada quando eu me senti livre para tomar decisões, abraçando as consequências que elas trariam. Ouvir outras pessoas foi importante, principalmente aquelas que eu admiro, que querem o meu bem. Lembrar o que o Emicida canta na música *Principia* também é importante: "tudo, tudo, tudo, tudo que nóis tem é nóis".

Recuperar a linguagem, reconstruir a singularidade, transformar a sociabilidade, ajustar a racionalidade e resgatar a liberdade me fizeram mudar a direção da bússola que, às vezes eu sigo, às vezes não.

Isso me levou a entender que quem manda na minha vida sou eu. E o meu desejo é, principalmente se você for mulher, que você tome as rédeas da sua vida, da sua humanidade.

Referências

BOCK, A. M. B. Formação do psicológico: um debate a partir do significado do fenômeno psicológico. *Scielo*. Disponível em: <https://www.scielo.br/j/pcp/a/8wMf9sFXZtQcdnY5xvMVpsF/?format=pdf&lang=pt>. Acesso em: 10 abr. de 2023.

COSTA, G. *Como 2 e 2*. Rio de Janeiro: Warner Chappell Music Inc: 1971. Disponível em: <https://open.spotify.com/track/3gn6qmAoRRk2PxCZFSRvMT?autoplay=true>. Acesso em: 26 mai. de 2023.

EMICIDA. VIEIRA, H. *Principia*. São Paulo: Sony/ATV Music Publishing LLC, Warner Chappell Music, Inc: 2019. Disponível em: <https://open.spotify.com/track/0pfNk7XtQWNNx6Otu34lXl>. Acesso em: 26 mai. de 2023.

GADAMER, H. *Verdade e método II: complementos e índice*. Petrópolis: Vozes, 2002.

MICHAELIS. *Dicionário escolar língua portuguesa*. São Paulo: Editora Melhoramentos, 2023.

SARTRE, J. *O existencialismo é um humanismo*. Sao Paulo: Vozes de Bolso, 2020.

SIMONE, N. *You've Got to Learn*. Nova Iorque: Philips Records: 1965. Disponível em: <https://open.spotify.com/track/5mUuJ9ho28WRUv03odBCBb>. Acesso em: 26 mai. de 2023.

37

A ESSÊNCIA DO MILAGRE COM AMOR

Você acredita em milagres? A palavra milagre, no dicionário, significa: "acontecimento extraordinário, que não pode ser explicado pelas leis naturais". Logo, acredito que tal palavra pode ser usada para resumir a minha história.

RAÍRA SANTOS

Raíra Santos

Contatos
rairafs@gmail.com
Instagram: @rairasantosoficial
79 99911 2113

Formada em Administração e Planejamento Tributário, empresária do turismo e do ramo imobiliário, continuando o legado do seu pai (*in memoriam*), com quem aprendeu a valorizar as conquistas e correr atrás de seus objetivos, sendo um deles transformar uma empresa familiar em uma referência no Estado de Sergipe.

Sou filha do "Seu Edison", homem de negócios, trabalhador e comprometido. Mesmo com origem humilde, simples, conseguiu construir um grande patrimônio. Sempre tenho em mente o seu esforço, junto à minha mãe, Rosa, para criar a mim e às minhas irmãs Maíra e Naiara. Dele, herdei não apenas bens materiais, mas, principalmente, o legado de liderança que me deixou com seu exemplo.

Carrego comigo o nome Raíra, que significa "espécie humana". Significado forte, que se tornou um lembrete constante de que pessoas estão acima de negócios e que é preciso despertar o lado humano. Talvez, nesse ponto, eu seja diferente do meu pai, que não teve uma vida fácil e buscou sempre o lado racional, onde o ganho era a prioridade. Mas o fato é que, mesmo tão diferente de mim, meu pai é minha inspiração. Do jeito dele, ensinou-me a lutar pelo que acredito. A batalhar pelos meus sonhos. A não me contentar com pouco. Graças a ele, eu tenho muita dedicação a tudo que faço. E foi graças a ele que, mesmo após sua partida, consegui tocar os negócios da família.

Tem sido uma grande responsabilidade gerenciar uma empresa com mais de 300 colaboradores e ajudá-los a estarem bem psicológica e materialmente diante de uma pandemia que durou mais de dois anos. Mas, com a capacidade racional de gestão que aprendi com "Seu Edison", e a Raíra "humana", passamos bem por essa grande prova.

O amor

Tínhamos uma boa condição financeira. "Seu Edison" era regrado, mas nunca faltou conforto, viagens e uma boa educação. Há quem associe nascer nessa condição – o tal berço de ouro – com uma vida fácil e tranquila. Mas quando se herda um negócio familiar, isso está longe de ser verdade.

Associar relações profissionais e familiares pode ser uma prova complexa. É necessário discernimento para lidar com as convivências e seus atritos. É preciso competência técnica e emocional e, principalmente, cultivar o amor.

Apenas o amor verdadeiro pela família e pela empresa foi minha motivação para enfrentar o processo.

Geralmente os filhos não são preparados para serem herdeiros comerciais. Mas, no meu caso, foi diferente, porque desde meus oito anos eu tinha uma grande admiração pelo lado profissional do meu pai e já dizia querer seguir seus passos. Minhas brincadeiras não eram de bonecas, mas imaginar-me em um escritório, vendendo e administrando com minhas irmãs. Assim, meu pai reconheceu minhas habilidades e buscou capacitar-me nas melhores escolas de negócios do Brasil. Como não teve oportunidade de estudos, fez questão que eu tivesse.

Foram anos de estudos, porém, em 2011, quando fui encarar a vida na prática das empresas, percebi que nem tudo eram flores. Comecei sem cargo de liderança, apenas obedecendo em diversas funções. Fui camareira, recepcionista, caixa, frentista... E nesse período, ainda descobri estar grávida e me casei. Três meses após o nascimento do meu primeiro filho, assumi um cargo de gestão e, então, tive a certeza que teoria e prática realmente são diferentes.

Comecei a trabalhar doze horas por dia e quando não aguentava mais esse ritmo, perguntei, em um café da manhã, para o "Seu Edison": por que você trabalha tanto? A resposta de meu pai foi: para gerar empregos e ajudar pessoas. Foi nesse momento que minha ficha caiu. Do jeito dele, mostrou o seu amor e o verdadeiro valor do trabalho.

Eis que a Raíra empresária desabrocha. Coordenava cinco empresas simultaneamente. Focada no administrativo-financeiro, trabalhava muito, cuidava de tudo e de todos, mas acabei negligenciando minha saúde. Porém, a vida com sua justiça, trouxe uma prova difícil que me levaria a viver um grande milagre.

O primeiro milagre

Renascer significa despertar para uma nova vida, para uma nova existência. E foi assim que me senti após enfrentar um câncer.

Tudo começou em outubro de 2016, quando imaginei estar com uma infecção urinária e fui medicada para tal. Mas não melhorei! Foram necessários exames para que finalmente eu descobrisse que tinha um tumor no ovário.

Os médicos me tranquilizaram já que 99% dos casos de tumores de ovários são benignos. E com o coração calmo e mente positiva, enfrentei a cirurgia. Porém, os resultados da biópsia não foram nada animadores: eu estava mesmo com câncer.

Dúvidas e inseguranças passaram por minha mente: Não poderei mais ter filhos? E o que vai acontecer comigo? E, claro, minha maior preocupação era meu filho, Bernardo, que tinha apenas 5 anos de idade. Em meio a tantos indagamentos, cheguei à conclusão de que não adiantava ficar pensando demais. A melhor saída era enfrentar a doença de cabeça erguida. E foi exatamente isso que fiz.

Passar por momentos difíceis, como o diagnóstico e o tratamento, de fato é doloroso. Mas traz uma nova dimensão para a maneira como pensamos, sentimos e agimos. Passamos a valorizar aspectos que antes eram despercebidos – o respirar, o cuidar, o agradecer. Coisas que eram de extrema importância, como o valor dado à opinião alheia, o ser produtivo o tempo todo e o materialismo excessivo, hoje já não são. A meta nesse momento é sobreviver.

Acredito que a força do pensamento positivo é um dos remédios mais efetivos para a cura do câncer. Mas não só isso. Estar cercado por pessoas que você ama, torna tudo mais fácil. Nesse momento tão difícil, pude contar com o total apoio de meu querido pai. Também da minha mãe, Rosa, que com seu tempero inconfundível, sempre fazia questão de preparar minha alimentação. Sem falar dos cuidados de minhas irmãs. Sentir esse carinho tão de perto, deu um novo significado à minha vida.

Passada a fase do tratamento, o processo de revisão de valores sobre a vida continua. Segui levando comigo esse novo despertar. Passei a rever meus trabalhos, minhas relações com as pessoas e a maneira como vivo.

Anteriormente, minha dedicação era exclusivamente ao trabalho. O câncer me fez repensar sobre a ligação que tenho com meu filho Bernardo. Sobre como é importante estar presente em cada fase e passar mais tempo com ele.

Hoje, encaro tudo que passei como uma experiência onde aprendi que a vida não é só viver. É preciso sentir... E como senti! A minha forte crença na divindade me sustentou em todo esse período e se concretizou em um milagre: a minha cura. Esse milagre possibilitou, em 2019, mais uma feliz gravidez. E também foi um preparo para o que viria a ser minha segunda grande prova desta vida.

O segundo milagre

"Você é abençoada duas vezes, minha filha!" – essa foi a reação de "Seu Edison" ao saber de minha gravidez. Maínha ficou extasiada e a felicidade tomou conta de nós.

A alegria de meu pai era tamanha que pediu para homenageá-lo, dando ao bebê seu nome. E, com a mesma alegria, contei a novidade para o Bernardo, já que ele sempre desejou ter um irmão. Para minha surpresa, ele disse ter certeza que eu estava grávida, pois havia pedido a Deus. Mais do que isso, relatou que havia pedido a Deus uma menina, uma irmã... E não é que ele estava certo?

No início de 2020, a família se reuniu para o casamento de minha irmã Maíra e para o chá-revelação de minha filha. Logo após as comemorações, meu marido e eu fomos levar meus pais ao aeroporto, pois viajariam para Angra dos Reis.

Meu pai despediu-se de nós e disse ao meu esposo:

— Córdova, em minha ausência, cuide de minhas quatro mulheres".

Essa frase veio como uma premonição. Eis que meu mundo cai novamente, pois, três dias após chegar em Angra, "Seu Edison" sofre um acidente, fica internado na UTI sem perspectiva de melhora e veio a falecer dois dias depois.

A partida de meu pai foi completamente inesperada. Do dia para a noite, tudo mudou e fui obrigada a ser a mente e o coração de um empreendimento que sequer tinha noção da dimensão. Com a gravidez, precisei ter bastante controle emocional para lidar com toda a situação.

Mesmo trabalhando ao seu lado durante dez anos, ainda assim ele não havia me passado diretamente "o bastão". Eu era o coração da empresa, lidava com as pessoas. Ele era a mente estratégica, e isso não se delegava.

2020 já estava sendo um ano difícil. Como agravante, teve início a pandemia da covid-19 e o turismo nacional foi seriamente afetado. Mais uma vez precisei de sabedoria para administrar uma empresa sob tal situação.

Antes mesmo da definição de qualquer lei governamental, fui guiada pela lei do meu coração, pois tinha somente uma quantia em mão e teria que tomar uma decisão entre fazer as demissões ou manter os colaboradores. No meu coração, senti que não eram 300 funcionários, mas sim 300 famílias e esse foi o ponto primordial para minha tomada de decisão. E, graças a Deus, conseguimos manter todos empregados.

Confesso que hoje, olhando para trás, percebo que fui guiada por Deus. Dele veio a sabedoria para contornar todas essas grandes provações.

Fui aprendendo que enfrentar com responsabilidade as provas que a vida nos traz é uma chave fundamental para a existência de milagres. Eles não vêm de graça.

E assim, em 2 de Julho de 2020, nasce meu pequeno milagre, Maria Luiza. Como agradeço a Deus por, em sua infinita bondade, conceder-me o privilégio de ser mãe de mais uma criança linda e abençoada. O fato de meu pai ter partido, meses antes de seu nascimento, doeu demais, pois ele vibrou tanto comigo em cada descoberta...

Já estava muito contente com a realização de ser mãe outra vez. Até que, em meados de novembro de 2020, Bernardo decide novamente pedir a papai do céu um irmão, um menino. E, no dia 13 de Julho de 2021, nasce mais um lindo milagre, meu Edison. Finalmente pude realizar o sonho de meu pai: ter um neto com seu nome.

Há coisas que nem mesmo a ciência é capaz de explicar e, esses casos, atribuímos à categoria de milagres. Eu sou a prova que eles existem. Lembro-me de uma frase que diz o seguinte: "Só há duas maneiras de viver a vida: a primeira é vivê-la como se os milagres não existissem. A segunda é vivê-la como se tudo fosse milagre". Eu escolhi a segunda maneira, tenho fé em meu coração e colho milagres diariamente.

A essência

O que seria da vida sem desafios? Já parou para se perguntar? Tudo que sou hoje, devo ao que vivi no passado. Nem sempre os desafios são fáceis, mas com certeza são eles os responsáveis por nosso crescimento humano. Hoje, acredito que fui preparada para estar onde estou.

Quando me perguntam: "Quem é Raíra?" Confesso que surgem muitas respostas. É difícil falar sobre mim, afinal, são tantas as respostas e são tantas as possibilidades que torna-se um desafio me definir com poucas palavras. Tenho muitas facetas. Sou a Raíra filha, esposa, mãe, irmã, empresária... E por aí vai!

Porém, algo que jamais muda é a minha essência. Acredito que ela é movida pelo amor, pela bondade, pela justiça e pelo pensamento positivo sempre, principalmente nos momentos mais desafiadores. Palavras que escutei de uma de minhas gestoras, a Márcia: "Raíra, você é minha inspiração, por ter essa energia para cima, sempre acreditar no melhor, sempre vê luz mesmo quando está escuro, isso é muito você".

Nossa essência está em nosso jeito de ser e de agir. Por isso nossas atitudes diárias são tão importantes. É por isso que procuro me conectar ao lado humano. Tento enxergar cada colaborador como sendo único. Não são apenas funcionários, são pais, mães e filhos. Todos com suas dores, com seus problemas e suas histórias. Olhar além do exterior me permite crescer como pessoa.

Você pode estar se perguntando: "Por que logo agora decidiu compartilhar todo esse aprendizado?". Atualmente, muito se fala sobre deixar nossa marca no mundo. Nosso exemplo, nosso legado e nossas experiências são as marcas mais poderosas que podemos deixar. Por isso, nos últimos tempos, tento compartilhar em minhas redes sociais um pouco mais de quem eu sou. Atualmente, venho mudando o foco para o servir ao próximo, buscando tornar minhas experiências úteis aos demais.

Estou certa que existem muitas "Raíras" espalhadas pelo mundo, que, assim como eu, sofreram ao descobrir um câncer, perderam alguém que amavam muito e a vida as obrigou a serem fortes. Que em algum momento ouviu que seu sonho era impossível. E é para essas pessoas que escrevo, para mostrar que existem milagres e que sim, é possível.

Não estamos neste mundo por acaso. Nossa presença aqui tem um porquê e devemos despertá-lo por meio de nossas de ações diárias. Se eu pudesse dar um conselho seria: invista em pessoas, porque nossa única missão é mudar o mundo e as pessoas para melhor. E acredite, milagres existem!

38

"PALAVRA PUXA PALAVRA, UMA IDEIA TRAZ OUTRA, E ASSIM SE FAZ UM LIVRO, UM GOVERNO OU UMA REVOLUÇÃO"

Nessa frase, Machado de Assis reflete sobre o poder da palavra e a capacidade que ela tem de transformar a realidade. Neste capítulo, compartilharei um pouco de minha história para demonstrar o poder das palavras certas, principalmente se elas são insculpidas na alma por pessoas valiosas. Minha mãe sempre disse que eu era especial, eu acreditei. Isso refletiu nas minhas ações e guiou-me para a pessoa que sou hoje.

RAYFF MACHADO

Rayff Machado

Contatos
www.machadoepereira.adv.br
rayff@machadoepereira.adv.br
Instagram: @rayffmachado
LinkedIn: linkedin.com/in/rayffmachado/
62 99605 2441

Advogada, professora e conselheira consultiva. Especialista empresarial para produtores digitais e *EduTech*. Presidente da Comissão de Inovação da OAB/GO. Investidora-anjo na Bossa Nova e conselheira no Instituto Êxito de Empreendedorismo. Professora na Fundação Getulio Vargas, Escola Superior da Advocacia (GO), Baldin Academy, Trevisan, Universo Ágil, entre outras. MBA em Gestão Empresarial (FGV). Mestranda em Resolução de Conflitos e Mediação pela Universidad Europea del Atlántico, Espanha. Sócia-fundadora do escritório Machado & Pereira Advogados, Aton Office Escritórios Compartilhados e Tribunal de Conciliação e Arbitragem Internacional - TCA.

Mamãe me fez acreditar em suas palavras, isso não me trouxe sanidade e me empurrou para escolhas que estavam além da minha capacidade.
Transpor a barreira do ambiente em que nasci e atravessar a fronteira das impossibilidades foi uma missão árdua, pois tinha apenas 16 anos e resolvi sair do interior de Goiás carregando nos ombros uma mochila cheia de coragem, sonhos e a crença nas palavras de minha mãe, que não cansava de afirmar que eu era especial.

"Deixe-me partir para conquistar o mundo enquanto a tenho, pois existe um lugar para onde voltar se nada der certo".

Esta foi a proposta que persuadiu d. Branquinha a me deixar partir para perseguir o sonho da faculdade, algo intangível, que ela dizia ser um patrimônio que nenhum gatuno jamais conseguiria me furtar.

Agora, adulta, percebo que o ambiente em que cresci não era nenhum pouco favorável para meu desenvolvimento psicossocial. Contudo, eu acredito na ideia de que o comportamento é formado pelo tripé: influência do ambiente, genética e decisões pessoais, ou seja, uma parte de mim é o que me deram e a outra parte é o que eu fiz e faço com o que eu tenho.

Essa é outra verdade que faz parte do meu quadro de notas mentais, que conduz minhas decisões e direciona a minha jornada. Isso significa que eu nunca esperei pelo clima, pessoa ou a condição adequada. Sempre faço o que posso com o que eu tenho disponível, um pensamento que se encaixa na filosofia pragmática.

Meus pais se separaram quando eu tinha 5 anos e o fato mais interessante é que eu fiquei com meu pai, que não era o biológico, mas o homem que me adotou em seu coração e que eu honrei e amei até o último dia de sua existência. Ele também me enchia da certeza de ser diferente, me comprava livros e lápis de todas as cores para pintar. Tinha sempre uma palavra de elogio e um reforço positivo.

Quando voltei a morar com minha mãe as condições oferecidas no contexto interiorano não contribuíram muito para o meu desenvolvimento. Isso, agregado a uma jornada escolar descontinuada, por cada ano estar numa cidade diferente, prejudicou minha formação. Contudo, eu tinha livros que eu tentava compreender. Não entendia, mas eu acreditava que se eu continuasse lendo um dia iria fazer sentido e tudo iria ficar claro.

Dia desses me deparei com um desses livros nos meus guardados, e encontrei algumas palavras que eu grifei para ler no futuro, quando eu saberia o que elas significavam. Sorri carinhosamente para a Rayff do passado e senti orgulho do conhecimento daquela Rayff que lia.

A inquietação e a vontade de sair para conquistar novas terras deve ter vindo registrado no DNA português, herdado de meu pai biológico; pois até conhecê-lo e visitar suas origens, na pequena montanha onde ele nasceu, não conseguia compreender de onde vinham tantos pensamentos que destoavam da minha realidade.

Por volta dos 13 anos, estava amarrando o cadarço do meu tênis e me peguei questionando o que me diferenciava de uma pessoa rica, importante ou famosa que tivesse um tênis idêntico ao meu?! Aquilo consumiu minha mente por dias. E ficou pior. Fiquei imaginando se o Presidente do Brasil chegasse na minha casa e quisesse me ajudar, que emprego eu poderia ter?! E surgiu o meu primeiro desafio, aos pés da montanha da adolescência, com os recursos que eu dispunha, eu tinha que encontrar uma solução para o caso do tênis e do Presidente.

Nesse tempo minha mãe decidiu que eu não era mais criança, disse que eu não brincaria mais na rua e me apresentou para o mundo mágico da datilografia. Eu não só cumpria os meus desafios como me lançava nos desafios dos meus colegas mais avançados, achei aquilo o máximo! Descobri o conhecimento além dos muros da escola.

Meu primeiro emprego foi como caixa numa loja de conserto de bicicletas, mas a inquietude do conhecimento me fez aprender a consertar os pneus e a alinhar os raios. Também trabalhei como caixa num açougue e aprendi a descarnar bovinos e suínos. Eu sempre gostei de aprender coisas novas.

Eu sabia que meus pais não teriam condições de me ajudar financeiramente, então, pensava que faculdade não era para mim. Até o dia que eu saí de minha cidade em busca de melhores condições de trabalho e descobri que existia uma universidade pública, que era gratuita, com cursos de toda espécie – até direito e medicina!

Foi uma das informações mais importantes da minha vida, mudou toda a rota de meus sonhos.

Retornei para o banco escolar, fiz supletivo, preparatório para vestibular e busquei incansavelmente subir a escadaria rumo à graduação. A descoberta da faculdade pública foi o gatilho para eu traçar novas rotas. Depois disso descobri uma infinidade de possibilidades que poderiam me apoiar financeiramente rumo à academia. Isso me mostrou que sempre há uma solução alternativa para qualquer problema, basta procurar.

Certa feita, a empresa de segurança no trabalho que eu trabalhava foi prestar serviços numa faculdade de Goiânia e, ao subir na escadaria daquela Instituição, fiquei maravilhada. Não foi difícil me imaginar subindo aqueles degraus, com meu caderno nos braços, me imaginei chegando na sala e cumprimentando meus colegas, respondendo a chamada e discutindo questões intrigantes da rotina de uma universitária. Mal sabia eu que meses depois isso se tornaria realidade naquela mesma universidade, na mesma escadaria.

Com isso, aprendi a lição do grande poder de criar o cenário desejado. Pensar como seria, em detalhes, sentir o cheiro, imaginar o sentimento que eu estaria sentindo quando aquilo fosse realidade; para os que acreditam, foi auspicioso para criação da realidade que se materializou.

No primeiro dia de universitária, ao subir as escadas, eu chorei. Era um choro de desabafo, de compensação das feridas e calos da jornada até aquele lugar. Eu chorava gratidão, chorava o grito de liberdade das lágrimas que sonharam em contemplar aquele momento. O grande sonho de ser alguém que terá seu nome anunciado para – vestida de beca e capelo ornando o alto da mente – receber o canudo com o Diploma escrito em letras brilhantes: Rayff Machado de Freitas Matos, ADVOGADA!

O primeiro degrau daquela faculdade foi só o começo de muitos outros que subi, tudo que antes parecia incerto e distante, agora se chamavam OBJETIVOS e METAS!

Antes eu olhava para trás e dizia, "ufa, superei!" Agora os sonhos cresceram, não dividem o almoço com a esperança de um dia ser, eles são! Hoje eu olho para frente e digo: "Uhul, conquistei!", certa de que posso mais.

Encontrei muito de mim na advocacia. O sonho romântico da justiça registrada nos livros pelos filósofos do direito, contraposto à aplicação prática da justiça no cotidiano do jurisdicionado e da advocacia tem uma distância enorme. O relógio do Judiciário conta o tempo numa cadência diferente das necessidades daquele que busca a aplicação da lei. Não nego que funciona, mas o grande desafio do próprio sistema judicial é diminuir esse *gap*.

A faculdade lapida a pedra, recebe a pessoa e transforma em advogado e advogada, mas o brilho... o formato e o destino de qual joia se tornará é uma particularidade de cada nome registrado no diploma universitário.

Inconformada, curiosa, estudiosa, apaixonada por novidade e tecnologia, fui desafiada por uma consultora a mergulhar no universo da gestão. E apoiada pelo coordenador FGV, onde fiz o MBA em Gestão Empresarial, não só conheci uma realidade fora do livro de leis e ambiente jurídico, como descobri o universo da Negociação no pós-MBA, que me conduziu para a docência nessa importante instituição, onde eu tenho tanto orgulho de compor o quadro de professores.

Em seguida, veio a Escola Superior da Advocacia e depois, em razão da trajetória de estudos e clientes, passei a lecionar também sobre Liderança, Empreendedorismo de Inovação nos cursos da Baldin Academy, Trevisan, Universo Ágil, entre outras.

Entendi que o Direito é uma das ferramentas disponíveis para realizar meu trabalho. Fui atrás de mais aperfeiçoamento e, além das pós-graduações do direito, busquei formações como Master e Business Coaching, Constelação, Eneagrama, Liderança, Psicologia Positiva, Programação Neurolinguística, mediação, conciliação, arbitragem e participação em mentorias empresariais. Enfim, desenhei meu currículo com formações em *hard skills* e *soft skills*, mas nunca para atuar noutra profissão, mas para lapidar os melhores serviços jurídicos que eu e meu escritório prestamos para nossos clientes.

Descobri na negociação e arbitragem, recursos legais criados para auxiliar o cliente na busca e construção das soluções de suas demandas. A possibilidade de ser protagonista da minha história e da história de nossos clientes encheu minha mente e coração de entusiasmo.

Nessa caminhada descobri a inovação e as *startups*. E como boa navegadora, mergulhar nesse universo só foi mais uma de minhas travessuras. Dispus do meu bem mais precioso, aquele que me garante o direito de ir e vir sem interferência de telefone ou aplicativo, vendi meu carro, investi em *startups* e passei a desbravar outros continentes. Literalmente, atravessei o além-mar, naveguei, ou melhor, voei para Israel. Lá descobri um universo de ecossistemas de empresas disruptivas que tem na necessidade do outro a busca para criar o extraordinário.

De todas as experiências que tive, encontrei um tipo de cliente que reputo minha cara metade, minha persona ideal. Um grupo de pessoas que acorda todos os dias querendo ganhar o mundo, mas não apenas para chegar no topo. São pessoas que acreditam que o que fazem, a educação que levam para seus clientes, transformam vidas e moldam o Brasil no país que queremos viver.

Por isso, ajudo empresas e pessoas que vendem educação. Aquelas que pesquisam incansavelmente suas personas para criar algo que atenda suas necessidades de forma simples e prática. O suporte jurídico é uma das ferramentas mais importantes. Auxilia nossos clientes a crescerem de forma sustentável, contribuindo para que trabalhem em conformidade com as exigências legais, na identificação e gerenciamento de riscos, desenvolvendo contratos e políticas internas sustentáveis, bem como realizando aconselhamento jurídico estratégico.

Assim, eu me tornei não apenas advogada, mas também me especializei em ser Conselheira de Empresas.

Com persistência e foco, consegui superar os obstáculos e realizar meus sonhos. Uma história que demonstra que qualquer pessoa com determinação pode alcançar seus objetivos.

Espero que meu relato lhe inspire e encoraje a enfrentar os medos e desafios da aparente escuridão que colore o lado que transborda a linha que mantém você preso no lugar seguro e distante dos sonhos que você deseja realizar. Se jogue, pois a magia acontece quando a gente enfrenta o medo do impossível e declara:

"Quem manda na minha vida sou eu!".

39

PROTAGONISMO É BANHO
TEM QUE SER TODOS OS DIAS

Neste capítulo, você encontrará um espaço em que a autora conta a sua história pessoal com importantes reflexões sobre sua carreira, esperando inspirar e despertar, em todos, a importância de viver com atitude protagonista.

RENATA DABUS GOZZO

Renata Dabus Gozzo

Contatos
nnaminhaestantetemumlivro@gmail.com
Instagram: @_na_minha_estante_tem_um_livro
LinkedIn: linkedin.com/in/renata-dabus-gozzo-401bb4157/

Idealizadora e CEO da Na Minha Estante Tem Um Livro, Clube da Liderança e da Mentoria com Propósito; mestranda em *Coach* Pessoal e Liderança Organizacional na FUNIBER; certificada em Mentoria pela PUC-RS e Instituto de Mentoria, 2020; consultora da ferramenta MPP da ICF, pela HBI (2021); certificada como *Scrum Master* pela SII, 2018; especialista em Gestão de Projetos Ágeis pela PUC-RS (2018) e MasterTech (2019); MBA em Gestão de Projetos pela Mackenzie (2010); pós-graduada em Magistério do Ensino Superior pela PUC-SP (2008); graduada em Letras Português/Espanhol pela UNICID, 2004 e possui espanhol fluente com certificação DELE (2002).

A liderança com ousadia, em última análise, diz respeito a servir a outras pessoas, e não a nós mesmos. É por isso que escolhemos ser corajosos.
BRENÉ BROWN

A Renata é a primeira neta, sobrinha e filha. Desde criança é muito orientada ao aprendizado, ousada, com fortes contornos de liderança, entusiasta de moda e de esportes e, sobretudo, amante da leitura e dos livros. Os livros sempre me levaram para um lugar de sonhos, sem abandono e sem limites ... e isso para mim foi essencial!

Aos 18 anos, em função do término do casamento de 20 anos dos meus pais e do abandono físico e financeiro de meu pai, tornei-me arrimo de família, mantendo dois empregos para bem cuidar de minha mãe e dos dois irmãos mais novos, o que sempre me conferiu amor e muita paz no coração.

Na minha vida, a disrupção e o protagonismo não foram comportamentos buscados, foram necessidades impostas pela necessidade de sobrevivência e desenvolvimento para alçar outros lugares. Venho de uma linhagem de mulheres fortes, empoderadas e à frente do seu tempo; e com essas mulheres, aprendi que conhecimento é um poder que ninguém nos tira depois de adquirido.

Na carreira universitária sou a pessoa que, no seio familiar, até o momento, atingiu o mais alto patamar, sendo mestranda e almejando iniciar o doutorado na sequência.

Hoje, enquanto mãe do Bernardo (10) e da Betina (3), procuro aplicar a importância da educação, da família e do autoconhecimento. A minha história reflete que não importa o lugar de onde você veio, mas para o lugar aonde se vai.

Quando você vem de um lar desfeito – onde o afeto e o cuidado paterno nunca estiveram presentes – você sente uma ausência representativa dentro de você, que move a buscar isso em outras pessoas. Uma decisão ruim, porque ninguém tem a responsabilidade (e a vontade) de preencher uma carência que foi originada pela falta de vontade ou incapacidade de outra pessoa.

Nesse ciclo de descoberta, ressignificação e renovação, descobri que a infância é um lugar que visitamos a vida inteira, então, a criança interior que existe dentro de nós sempre deve ser acolhida, não importando a idade que tenhamos. Conforme essa nitidez foi tomando conta da minha mente e do meu coração, a minha evolução começou a se tornar mais real e concreta.

Enquanto profissional, venho de uma jornada de 20 anos no mercado financeiro, sendo 15 dedicados à gestão de projetos. Em 2008, em minha primeira semana na área de Projetos de TI, no então Unibanco, foi anunciada a fusão com o banco Itaú (o que por si só já seria um enorme desafio), mas que foi altamente potencializado após decisão de que o escritório que iria gerir a fusão era o qual eu acabara de chegar. Eu, sem experiência, recém-chegada e mulher no escritório de Projetos, junto à outras mulheres, com a missão de aplicar a metodologia do *PMI*, elaborar, monitorar e conceder *report* ao *board* e à consultoria que havia sido contratada para acompanhar essa enorme fusão dentro do prazo, escopo e custo definidos.

Naquele momento, ficou nítido para mim que não importaria quantos anos de experiência em projetos ou domínio em ferramentas eu possuísse, esses *hard skills* não definiriam aquele jogo. Naquele momento, o que me faria atingir o objetivo seria aplicar meus *soft skills*. Na época, em uma mesma reunião, tínhamos pessoas fragilizadas, desmotivadas, apreensivas, motivadas, abertas à mudança e que queriam fazer parte desse momento histórico no sistema financeiro brasileiro. Com toda essa diversidade de comportamentos, compreendi que o desafio seria o de equilibrar esses perfis e construir uma parceria de confiança, credibilidade e de baixo impacto, por meio de uma liderança humanizada centrada nas pessoas.

Essa fusão, sem sombra de dúvidas, foi o meu maior *case* e um divisor de águas na minha carreira. Pois, além desses desafios, lidávamos com um número pouco representativo de mulheres em alta e média liderança, uma hegemonia de contorno machista extremamente competitiva e pouco colaborativa. Ou seja, foram inúmeros os desafios (velados e públicos) que foram superados, porque adotei um objetivo principal bem definido, alinhado com um comportamento entusiasta e atuando com muita inteligência emocional (que foi o tema do meu trabalho final no MBA na Mackenzie em Gestão de Projetos). Realizamos a migração com sucesso e com o apoio dos times, tendo sido entregue a migração pela qual minha dupla estava responsável 120 dias antes do prazo estabelecido.

Após a fusão, segui no mercado financeiro atuando com projetos onde tive a oportunidade de fazer parte da transformação ágil, implantando o método Ágil e obtendo a certificação de *Scrum Master*[1]. Em minha última atuação no mercado financeiro, em 2019, grávida de sete meses de Betina, fui promovida após atingir 120% do meu contrato de metas. Após isso, em 2020, entramos em isolamento social imposto pela pandemia do covid-19 Este momento tornou-se outro marco em minha história porque foi quando me propus a desacelerar da rotina e reavaliar minha jornada até ali.

Olhando em retrospecto, estava feliz, mas sentia necessidade de algo mais... Orientada por um desejo muito genuíno de desenvolver pessoas por meio da minha paixão pela leitura e pela minha maturidade no mercado financeiro – acompanhado de uma necessidade de uma agenda mais flexível para realizar meus estudos e com a premissa de acompanhar o desenvolvimento da minha família – fui despertada para uma nova jornada: empreendi!

Hoje, empreendo alinhando as minhas necessidades, meu protagonismo e meu propósito por meio do desenvolvimento das pessoas. Enquanto curadora, enalteço a educação fomentando e ratificando junto à pessoas e empresas a importância social do ato de ler através de uma curadoria direcionada, diversa e inclusiva. Já enquanto mentora, compartilho a minha maturidade e experiência sobre liderança, leitura e gerenciamento de projetos. Devolvo para a sociedade, contribuindo para com a vertente social, por meio de trabalhos *pro bono* e atuação colaborativa e gratuita para uma instituição que realiza um trabalho poderoso em prol do empoderamento feminino. Como articulista, desenvolvo artigos voltados para o universo da leitura e, enquanto mestranda, aprofundo meus conhecimentos em *coach* pessoal e a liderança organizacional (liderança é um tema pelo qual sou muito apaixonada).

Essa jornada tem menos de 24 meses, do momento em que descobri "a que vim" e que tudo passou a fazer sentido. Tem sido uma jornada incrível, construída ao redor de muita gente interessante e empresas conscientes, marcada por inúmeras dificuldades e desafios de empreender no Brasil.

Muitas pessoas me perguntam como eu comecei e eu sempre respondo da forma mais verdadeira: começando! Uma vez internalizado o "antes feito do que perfeito", é possível dar vazão às iniciativas, desenvolver produtos,

---

[1] Responsável por garantir que as melhores práticas para a gestão dos projetos sejam executadas com precisão.

aperfeiçoar produtos, estabelecer parcerias e atingir uma integração vertical. Tudo isso vai acontecer após você ter começado. Simples assim!

O convite para participar no livro veio em um momento muito especial e que me fez visitar a minha infância quando eu me dizia: "Hoje eu leio o livro que outras pessoas escreveram, mas um dia lerei um livro escrito por mim". É como costumo dizer, "o universo é sempre muito gentil para com quem está disposto" (acredite! meus *mentees* e a turma do clube do livro já ouviram essa frase inúmeras vezes!) (risos). Porque tenho convicção de que, quando nos abrimos plenamente e conscientemente, não importando o nível de dificuldade e de abandono em que estejamos, nós abrimos um portal para as coisas que desejamos que aconteçam. Mas lembre-se: Deus vai te ajudar, mas ele tem que encontrar você trabalhando.

Escrevo com muita felicidade e na expectativa de que você, que está com este livro em mãos tenha certeza de que você é grande! Que você pode (e deve!) ousar, desafiar e sonhar com a única certeza de que cairá muitas vezes e das mais diversas formas, mas crendo que, na vida, o importante não é não cair, mas saber como se levantar. Para cada queda, novos aprendizados que serão necessários para seguir a nossa jornada.

Não espere pelo amor, aceitação e pela oportunidade vindas de outras pessoas. No lugar disso, tenha consciência sobre a sua capacidade, fortaleça o seu protagonismo e entre em conexão com o seu propósito.

Lembrem-se sempre: o lugar da mulher é onde ela quiser!

Com carinho,

Renata Dabus Gozzo

40

SE DEUS DISSE QUE EU POSSO, ENTÃO EU POSSO

O que seria de um ser humano sem um sonho ou um objetivo? Acredito que não seria uma pessoa livre. O capítulo de minha autoria neste livro é um resumo de minha trajetória de vida até aqui. Momentos difíceis, mas muito ricos em conquistas, em fato, uma luta enfrentada com muita resiliência e com um amor incondicional, em que desistir de lutar pelo meu filho autista continua sendo inquestionável. Pois, "se Deus disse que eu podia, assim eu acreditei".

RENATA NOYCE

Renata Noyce

Contatos
www.renatanoyce.com
wiseadviceuk@hotmail.com
Instagram: @renatanoyce
78 2165 9912

Nascida em Valparaiso/SP, no Brasil, e residente britânica desde 2004, obtive muita experiência trabalhando na área de gerenciamento comercial e industrial. Mesmo sendo bem-sucedida nessa área profissional, eu resolvi tomar uma decisão e assim seguir o meu coração. Mudei o meu percurso profissional e iniciei novos cursos e comecei a trabalhar no setor da saúde (setor de saúde pública britânica, setor privado e escolas especiais). Minha experiência foi trabalhar com pacientes que possuem diagnósticos com Alzheimer, câncer, cuidados paliativos, necessidades complexas, autismo e TDAH. Formei-me em psicologia (Open University, no Reino Unido) e em *Portage Practitioner*, terapia reconhecida, no Reino Unido, para necessidades especiais. Minha empresa, Wise Advice, nasceu depois de cinco anos sendo voluntária para famílias atípicas como a minha, promovendo palestras e *workshops*, em que ofereço entendimento, conhecimento, motivação e resiliência para as famílias e seus filhos com necessidades especiais; e também palestras empresariais.

Quão grande é o amor de Deus por nós, por enviar seu filho à terra para nos salvar. Sempre achei muito forte essa frase. Um ato de amor e salvação. O mais grandioso nas passagens bíblicas são as fases de sofrimento que Jesus passou por cada um de nós e não murmurou, pois Ele sabia que por amor Ele se posicionava com fé perante aquela situação que ainda hoje surpreende o mundo. Eu jamais poderia me comparar com Deus, pois nada sou sem Ele. E por isso conto aqui uma história da minha vida que me transformou, ou melhor, me fez renascer. E não é à toa que o meu nome tem o significado de renascer. Talvez esse nome me tenha sido dado para que eu entendesse que teria que passar por momentos onde eu me colocasse em um processo de renovação constante. Nada foi fácil na minha vida, mas sempre levei tudo como um aprendizado, no qual sempre me vi como protagonista da minha própria vida.

Aos 24 anos, tomei uma decisão. Deixaria para trás tudo de concreto e o que eu levaria de valor seria o que realmente não podemos pegar fisicamente, mas podemos levar na mente, na alma e no coração. Os ensinamentos dos nossos pais, a educação, a dignidade, a coragem, a fé, a sabedoria, o amor, o respeito, a resiliência e a determinação. Deixei meu tão lindo, caloroso e gigante Brasil. Um país que tem tanto a oferecer, mas nada fácil de conquistar. Nada impossível para quem crê em Deus, mas com muitas barreiras criadas por homens que ali governam.

Aos 5 de idade, que me lembro, ao ver a rainha Elizabeth da Inglaterra na televisão, eu disse a minha mãe que eu iria morar naquele país um dia. Muito positiva e inspiradora, como minha mãe sempre foi, ela disse, "com certeza você irá, basta acreditar". Se Deus diz que eu posso e minha mãe confirmou que sim, não duvidei. Cresci com essa positividade de que o NÃO é a única coisa que todos nascemos na vida, pois o propósito é lutarmos pelo SIM. E sem medo e com muita coragem, arrumei minhas malas, disse até logo para todos que eu amava e me lancei em uma aventura que se transformou em um propósito de vida.

Com a determinação, fé, sabedoria e resiliência, eu me coloquei no posicionamento de que eu teria que renascer. Aprender a falar uma nova língua, a andar em lugares desconhecidos, com direções contrárias, a adaptar-me a nova alimentação e clima, aprender a entender uma nova cultura e comportamento, fazer novas amizades, aprender a cair e levantar, a dizer o Não nas horas necessárias e abaixar e levantar a cabeça na hora certa. Criar um novo ritmo, um novo Eu. Prosseguir foi um ato sem escolha, era a única opção que eu tinha naquele momento.

Conheci uma pessoa muito especial, que hoje é meu esposo e melhor amigo. Foi no primeiro olhar que nossas almas se uniram e se conectaram. Pois falávamos línguas diferentes e por conversação verbal não teria como. Eu falando português e ele, inglês, mas foi amor à primeira vista.

Desse amor e união matrimonial chegou nosso primeiro príncipe. Nosso Laurence, nomeado em memória do avô paterno, pois faleceu muito jovem, quando meu esposo tinha apenas 11 anos, no qual infelizmente o câncer venceu. O Laurence chegou algumas semanas antes, de uma gestação um tanto desconfortável. Com 36 semanas, meu filho deu os primeiros sinais de que já queria vir ao mundo. Comecei a ter uma dor horrível, e assim fui levada para o hospital pelo meu esposo. Disseram que não estava na hora, pois não estavam detectando contrações.

Deixaram-me cinco dias sofrendo de dores e tão inchada que eu não conseguia me mover ou levantar da cama. Até então, uma abençoada *midwife* (enfermeira treinada para partos normais) me levou para a sala de parto. Fazendo o toque, ela disse que eu estava com a pélvis deslocada, e por isso a dor intensa e a dificuldade da dilatação. Mas, infelizmente, não me ofereceram uma cesárea e logo me aplicaram uma injeção de indução. Dentro desse quarto estava eu, a enfermeira, meu esposo, o Laurence a nascer e o meu Deus. Um parto inesquecível, onde eu pensei que iria ficar paralítica. O Laurence nasceu com 37 semanas, pesando 3 quilos e 700 gramas. Um bebê lindo. Passado alguns meses desde seu nascimento, o que parecia tudo normal perante o desenvolvimento infantil iniciava algumas incógnitas. Quando eu lia e seguia um guia, dado pela enfermeira, comecei a observar certos comportamentos diferentes. O engatinhar parecia um soldadinho esticado no chão e se arrastando, se puxando pelos braços.

O choro doído e frustrado sem algo concreto ocorrendo ao redor para uma explicação coerente do choro. Não se conectava com o olhar. Interessava-se por brincar com coisas aleatórias, de forma desconstrutiva ou atípica com os brinquedos – como colocar o carrinho de ponta cabeça, deitar-se no chão com os olhos fixos nas rodinhas e obsessivamente ficar girando-as com um dedinho. Seu comportamento foi adquirindo mais obsessão por certas coisas. Quando eu lia para ele, um exercício que ele amava e o acalmava, eu observava que o contato visual não ocorria. Mas quando eu pegava um livro, ele simplesmente se aquietava e sentava para escutar, mesmo não demonstrando uma conexão visual e sem nenhuma palavra. E totalmente, ali, no mundo dele, ele ficava. Muitas vezes eu tinha que ler por horas, pois quando eu parava, ele chorava. E assim eu ficava, lendo e relendo. E claro, havia sempre um livro favorito, chamado *Are you my mummy?*, quer dizer, "Você é minha mamãe?".

Minhas dúvidas aumentavam a cada dia perante seu comportamento diferente, e assim iniciei minhas pesquisas. Tudo o que pesquisava, o resultado vinham o mesmo: autismo. A palavra, já havia escutado, mas não conhecia realmente a condição. Comentei com meu esposo, mas de imediato ele descartou. Eu não desisti, pois meu coração dizia que algo com meu filho não estava certo. Desde então, um pouco antes de Laurence completar 1 ano de idade, eu iniciei o processo para descobrir o que estava ocorrendo perante o comportamento dele. Os dois primeiros médicos descartaram qualquer possibilidade de ser qualquer condição, dizendo que todas as crianças eram diferentes e se desenvolviam no seu tempo. Não levei isso a sério e continuei a procura de novos olhares médicos. E desde então, o comportamento do meu filho só piorava no meu ver. Ele não falava, não se fazia entender e, assim, somente gritava excessivamente, demonstrando frustração e agressão física.

Depois de dezenas de médicos terem visto o meu filho, me deparo com um resultado surpreendente: o médico me diagnosticou com depressão pós-parto. E mais uma vez foi deixado de lado tudo que eu dizia sobre o desenvolvimento do meu filho. Saí chorando do consultório, fui direto para a recepção e perguntei para a secretária se havia algum outro médico que eu não havia consultado ainda. Ela disse sim, e no mesmo dia passei pela consulta. Quando a médica iria me dizer que não havia nada errado com o meu filho, eu chorei muito. Perguntei se ela tinha filhos; e se sentisse que algo não estava certo, o que ela faria? E ela disse que faria o mesmo o que eu estava fazendo. Então, eu disse, por favor, encaminhe meu filho para um especialista. Ela disse que a única opção seria uma fonoaudióloga, porque ele não fala.

Para um neurologista, ela não via razões concretas para o encaminhamento e, assim, negariam a consulta. Eu disse: "Ok, vamos para a fonoaudióloga".

Esperei com muita ansiedade o dia dessa consulta. E quando a data tão esperada chegou, eu apenas orei, clamando que o Senhor estivesse comigo e com o meu filho. Chegando na consulta, meu filho, sem sair do carrinho, se mantinha calmo. E várias perguntas se iniciaram. A fonoaudióloga não estava conseguindo relacionar as minhas respostas sobre o comportamento do meu filho em comparação até aquele momento. Em consequência, ela iniciou um teste selecionando alguns brinquedos, como bolinha de sabão, carrinho, letras, números e um sino. Meu filho se interessou pelas letras. Mesmo não querendo sair do carrinho, eu vi que ele se interessou. Mas o momento extraordinário foi quando a fonoaudióloga pegou o sino e resolveu tocá-lo. O Laurence instantaneamente reagiu, como reagia muitas vezes em casa. Ele saiu rapidamente do carrinho e agressivamente destruiu tudo o que via em sua frente. Jogando no chão, querendo fisicamente quebrar algumas coisas que pegava. E sem cessar ele gritava enlouquecidamente e chorava. Foi muito difícil contê-lo. Ele tinha uma força de outro mundo e, muitas vezes, que eu ou alguém tentava contê-lo, ele era agressivo. Quando a situação ficou controlada, a fonoaudióloga, sem questionar, o encaminhou para o Centro de Desenvolvimento da Criança e mencionou duas coisas a serem avaliadas: 1) autismo; 2) sensibilidade sensorial. A espera para o início das avaliações levaram seis meses.

Os dias de avaliações chegaram, e junto, uma mistura de sentimentos. Foram cinco sessões de avaliação com vários profissionais. Pediatra, fonoaudióloga, terapeuta ocupacional, fisioterapeuta, psicóloga e terapeuta sensorial/play. Cada um avaliava meu filho com mais detalhes. O mais angustiante era a falta de informações para nós, pais, a cada sessão. Eles somente perguntavam a nós, pais, sobre o comportamento e desenvolvimento da criança.

Nenhum comentário sobre o que meu filho realmente tinha e nada foi cogitado até o dia do resultado. Foi inevitável a mistura de emoções no dia do resultado. Um momento que jamais esquecerei, eu com o Laurence sentado no meu colo e uma fileira de profissionais a nossa frente. Cada um deu seu *feedback* e a pediatra deu o resultado final: "o resultado conclusivo é que o Laurence é autista". Da mesma forma que eu gostaria de saber o porquê daquele comportamento, eu também levei um choque com o resultado. Não consegui me concentrar em mais nada do que estavam dizendo, só me lembro de uma pasta com muitos papeis. Lembro-me de dirigir de volta para casa, totalmente perdida e, quando me deparei, já havia dirigido mais de 1 hora além da minha casa.

Chegando em casa, eu não sabia o que pensar, realmente fiquei em estado de choque e não via a hora do meu esposo voltar do trabalho. Chorei muito, mas me dei conta rapidamente que, eu não poderia me posicionar como vítima, mas, sim, como uma mãe que, naquele momento, havia conseguido uma luz sobre como iniciar um suporte para o seu filho. Abracei a causa e mergulhei inteiramente no aprendizado e no entendimento sobre o diagnóstico do autismo. Pois sempre houve uma frase no meu coração: "Ninguém amará o meu filho mais do eu".

Sentia-me perdida em um labirinto gigante e a saída seria estudar para aprender e poder dar o suporte para o Laurence. Nada foi fácil, foram cursos atrás de cursos. Quando eu aplicava o meu aprendizado com o meu filho, era desanimador: um passo à frente e dez para trás. Mas não desisti. Meu filho falou a primeira palavra *mummy* com mais de 6 anos e também consegui tirá-lo das fraldas nessa mesma época. Durante o processo, escutei muito "aceite, será melhor você aceitar que ele não falará", "você não tem fé, ore, Deus faz milagres". Escutei muitas coisas que hoje eu agradeço por ter me blindado com o amor de Deus, pois foram palavras muito desanimadoras.

Quando meu filho começou a progredir e se adaptar à escola, iniciei a faculdade de psicologia e também o curso de Portage. Com o apoio do meu esposo, conquistei meus objetivos. Nada fácil mas, foi gratificante. O processo de dedicação em oferecer o suporte ao meu filho autista é diária, pois cada fase é uma fase. Um detalhe importantíssimo em comparação entre autistas e crianças neurotípicas é a dificuldade mais extrema em se adaptar em novas rotinas. A mudança acaba sendo o mais complicado para aceitar na maioria dos autistas. Perguntaram-me o que eu fiz para o meu filho receber o milagre? Eu perguntei qual milagre? Disseram-me: "ele falar, ser educado, estar presente em eventos, comer de tudo, ter essa paixão pelos livros". Eu respondo: o milagre está dentro de cada um. E dentro de mim o milagre foi aceitar que ele é autista, mas acreditar mais ainda que nenhuma condição faria o meu filho não evoluir, não aprender, não realizar os seus sonhos – e muito menos ser um ser humano mal-educado. O segredo foi acreditar nele e não na condição dele. Hoje, com muito orgulho eu sou a mãe do Laurence e o amo desde que soube que eu o estava gerando. Sou cristã e pela minha fé em Deus eu não desisti. Abracei a 'receita' do amor de Deus e continuo usando-a dentro do meu lar, com a minha família; pois hoje somos quatro. Tive coragem para engravidar novamente, e se o meu segundo bebê é autista ou não, esse será um próximo livro. Esse relato da minha vida é apenas um resumo da história, no qual quero deixar uma afirmação de encorajamento. Jamais desista de acreditar na sua fé, pois sempre haverá provações na sua vida nas quais você necessitará de um único ingrediente para iniciar ou retomar um projeto de vida valioso. E esse ingrediente é a Fé. Nada mais positivo do que Acreditar. Eu acreditei e a cada dia minha fé aumenta. Desejo a cada um que lê essa minha história que a sua fé aumente, para que acredite que você é capaz de superar cada barreira que apareça à sua frente.

Aquela criança, que não falava e usou fraldas até seus 7 anos aproximadamente, já leu mais de 300 livros e está começando a escrever o seu primeiro livro infantil. Por último, deixo aqui uma mensagem: autismo não é doença. E o lugar do autista é onde ele se sentir bem, e pode ser em qualquer lugar.

41

A DAMA DE FERRO

Chega um momento em nossas vidas que nos deparamos com a necessidade de passarmos por uma metamorfose. Aquela mulher de 20 anos de idade ficou lá atrás – com a sua falta de autoconhecimento, independência e, muitas vezes, maturidade – e uma nova surgiu, após uma delicada, gostosa e solitária transformação. Essa transformação envolveu os aspectos pessoal e profissional da minha vida, e foi um processo imprescindível para alcançar, com plenitude, meus objetivos e ter a vida que eu sempre quis, mas que achava distante e, muitas vezes, impossível. Com esta leitura, almejo que você perceba a força que carrega dentro de si, a qual é capaz de mudar toda a sua vida, e que se indague: eu sou uma pessoa feliz? Eu tenho a vida que quero? Você é dona da sua vida?

ROBERTA FRANCO

Roberta Franco

Contatos
www.francopatrimonial.com.br
roberta@francopatrimonial.com.br
Instagram: @francopatrimonial
31 992580056

Em 2010, iniciei a carreira de advogada trabalhista, graduada pela Faculdade de Estudos Administrativos - FEAD, hoje conhecida como Faculdade Arnaldo Janssen (2009). Em um determinado momento da minha vida, não me vi mais atuando com o Direito na área contenciosa e, em 2018, me tornei executiva da área de gestão patrimonial e de riscos, quando criei a FRANCO I Gestão Patrimonial e Riscos

A metamorfose humana ocorre com as mudanças que passamos em nossas vidas e que são necessárias para nós. No nosso despertar, as nossas escolhas são as maiores influenciadoras nesse processo. Quando crianças, mal nos preocupamos com nossas atitudes; muitas vezes não temos a real consciência delas. Na adolescência, nem se fale, passamos por uma fase, digamos, inconsequente. Tudo começa a realmente mudar, e intensamente, quando chegamos na fase jovem e adulta das nossas vidas, quando precisamos tomar diversas decisões, em várias áreas. Decisões essas que afetam as nossas vidas e, muitas vezes, as de outras pessoas com as quais nos relacionamos, seja no âmbito pessoal ou profissional.

Nesse sentido, muitas dessas escolhas irão nos transformar diretamente. O ambiente que frequentamos e as pessoas que nos relacionamos, incluindo a nossa família, possuem uma grande influência sobre nós. Até que chega um momento que precisamos fazer cortes justamente destas pessoas. E isso pode não ser fácil.

Eu sempre fui uma pessoa tranquila e, até certo ponto, passível de ser manipulada. Agia de acordo com o visto como "normal" pela sociedade, sempre tudo muito certinho e nos "padrões". Aos 17 anos, entrei na faculdade; cursei direito; me formei quando tinha 22 anos; tirava ótimas notas; passei na OAB; trabalhava na área antes mesmo de me formar; namorei e casei.

Casada, no início, segui no mesmo padrão: não sabia como dizer não; ia nadando de acordo com a maré; sempre colocando o casamento integralmente em primeiro lugar, sem nenhum equilíbrio, nem comigo, nem com a minha vida profissional. Segui certos caminhos que não eram o que a minha essência queria. E quando vamos contra a nossa essência, nossos reais valores e desejos, chega uma hora em que colapsamos, como se fôssemos um castelo de areia desmoronando quando chega uma onda mais forte.

Permaneci casada por seis anos, sendo que nos dois últimos eu me dei conta de que a minha vida não estava cem por cento como eu queria. Na verdade, nem cinquenta por cento. Seguia desequilibrada, eu não estava me amando. E aí é o cerne da questão: somente conseguimos amar alguém a partir do momento em que nos amamos e estamos bem conosco mesmos.

Nesse período, não consegui realizar meus sonhos e desejos; me anulei por completo. Contudo, tudo nesta vida serve de aprendizado.

Aos 30 anos de idade, divorciei e ainda decidi mudar de área profissional. A maioria das pessoas me diziam na época: "você está doida?", "você tem certeza?", "você irá parar de advogar?", "você não quer ter filhos?". Outras, porém, falaram comigo que queriam ter a mesma coragem, que queriam ser independentes, que não amavam mais seus maridos, mas seguiam casadas por conta dos filhos e do julgamento social, ou se condenando por não quererem ter filhos.

Duas pessoas devem ficar juntas por escolha, por se amarem, com respeito e bondade, e não por precisarem um do outro. Então, para sabermos se de fato amamos quem está ao nosso lado, basta nos perguntarmos: no pior cenário possível, eu ainda amaria essa pessoa? Eu ainda ficaria com essa pessoa? Se ela ficar doente, eu permanecerei ao lado dela? Quero seu bem? Se genuinamente a resposta for sim, amamos.

Essa situação pode gerar uma espécie de solidão, pois, quando temos um certo nível de lucidez, e não podemos compartilhá-la – quando as pessoas não alcançaram esse nível, e não irão entender –, vivemos uma espécie de lucidez incomunicável.

O mais curioso (e preocupante), é que todo mundo pode mudar, mas nem todo mundo quer mudar, pois o mudar tem um preço. Veja bem: a maioria das pessoas quer ter uma Ferrari, comprada pelo preço de um Fusca; quer emagrecer, comendo somente comidas que não são saudáveis e sem fazer atividade física; quer ter boa remuneração, sem passar noites em claro construindo o processo.

E, uma pessoa frustrada, é como uma laranja podre no meio de outras laranjas na mesma embalagem, ou seja, vai contaminando, pouco a pouco, com suas frustrações e amargor, quem estiver ao seu redor.

Quando a pandemia iniciou, eu havia acabado de expandir meus negócios, investir e criar a minha empresa. Lembro-me que quando vi o pronunciamento de que tudo fecharia, pensei: E agora?

Claro que eu tive receio de como seria, até mesmo no sentido macro, assustada com o efeito na economia nacional e mundial. Assustada e preocupada, mas sempre positiva e fazendo a minha parte, o meu melhor. Se não fazemos isso por nós, quem fará?

Na segunda semana de pandemia retomei as atividades e contactei meus clientes – até para saber como eles e a família deles estavam. E aí quando vi... a minha agenda estava mais cheia do que quando eu atendia presencialmente.

Agora imagine se eu tivesse antes de tentar, já desistido, ou se eu me boicotasse com pensamentos negativos, tivesse dado ouvidos às pessoas que se paralisaram pelo medo... melhor nem imaginar como teria sido.

Não foi um período simples e fácil. Nem sempre a realidade é aquela que vamos gostar de ver e aprofundar nela. Ser racional tem um preço, mas a recompensa que vem depois faz valer a pena.

Passando por esse período de reclusão, recolhimento e consciência, eu testemunhei o que já haviam me falado: quando eliminamos as pessoas "erradas" das nossas vidas (sejam amizades ou relacionamentos afetivos e amorosos), as pessoas novas começam a chegar; pessoas com os mesmos valores, crenças e objetivos de vida, e tudo começa a mudar em nossas vidas e à nossa volta.

Sejamos seletivos com quem iremos nos relacionar. E, da mesma forma, é importante observarmos onde estamos colocando a nossa energia. Eu somente tenho uma energia, e eu a aloco em ordem de prioridade em minha vida. Somando dia após dia com essa mentalidade, o resultado chega.

Fato é que vale a pena passarmos pelo deserto da solidão até alcançarmos essa maturidade e autoconhecimento, pois triunfamos no final. E a balança é a seguinte: as pessoas certas irão lhe aproximar de Deus e levarão paz para a sua vida. Mas, em contrapartida, as erradas irão nos afastar de Deus, dos nossos valores, nos deixarão ansiosas, inseguras e aflitas.

Foi vivendo, quebrando a cara, passando por momentos difíceis ou solitários, que descobri a minha capacidade, força e potência.

A vida é formada por isso, altos e baixos. Façamos analogia com um eletrocardiograma: quando falecemos, a nossa linha de vida é reta, plana. Ao contrário, quando estamos vivos, a linha da vida passa por altos e baixos. Ou seja, estar vivo é ter altos e baixos, amor e perda, felicidade e tristeza, sol e chuva, sucesso e falhas.

O equívoco da maior parte das pessoas é pensar que ter sucesso e felicidade se equipara à linha linear do eletrocardiograma. Não! E prova disso é que as pessoas que eu, por exemplo, mais admiro, passaram por altos e baixos em suas vidas, seja no âmbito pessoal ou no profissional.

E como a vida é feita de altos e baixos, não seria diferente comigo e, mais uma vez, neste ano de 2023, me vi passando pelo momento mais difícil da minha vida: uma quase morte. E, como de costume... repensei tudo! E tive tempo para isso!

Eu sobrevivi a um choque séptico e, como realmente era para ser um momento marcante, e de me fazer refletir e repensar sobre o meu ritmo muito acelerado de trabalho e minha vida, eu estava em outro Estado e por lá mesmo fiquei internada alguns dias. Nos primeiros dias no CTI – sem acompanhante, sem celular e sem ânimo para assistir televisão – eu ficava basicamente 24 horas olhando para o teto e pensando. Literalmente 24 horas.

Sepse é a maior causa de mortes nas UTIs e, atualmente, é também uma das principais causas de mortalidade hospitalar tardia, superando o infarto do miocárdio e o câncer. A mortalidade no Brasil chega a 65% dos casos, enquanto a média mundial está em torno de 30 a 40%.

Ou seja, eu realmente tive a oportunidade e o presente de seguir a minha vida, e de passar por mais uma metamorfose. Essa foi necessária. Dessa vez, não apenas para eu alterar o que precisava ser alterado em meu cotidiano, mas também pela manutenção da minha saúde e, logo, vida.

Acredito que a minha característica de ser planejadora e executora, somada à minha vontade de prestar meu serviço para a maior quantidade de pessoas possível, por ter convicção da importância do impacto do meu trabalho na vida das empresas e famílias, por certo contribuíram para o ocorrido com a minha saúde, pois me doei mais do que deveria.

Mas me mantive em paz o tempo todo, mesmo quando acordei realmente pensando que estava falecendo. Em paz, pois sabia que não teria passado em vão por essa vida e que deixaria já algum legado, por estar realmente com a minha mente tranquila, por ter feito e entregue o meu melhor em todas as áreas da minha vida. A sensação de morte é algo que, por mais evoluídos que sejamos, é difícil de ser entendida ou explicada. Somente quem já viveu sabe e entende. E eu queria sobreviver, pensava na minha mãe quando ficasse ciente da situação (ou morte), e em como eu ainda tinha muito o que aprender e viajar pelo mundo.

Após dias de internação, de volta para a minha casa, ainda passei um longo período de repouso e de recuperação. E, desde o hospital, comecei, aos poucos, a colocar em prática a brusca e complexa mudança que era necessária em minha vida – e só eu podia fazer isso por mim.

Eu poderia ter tido uma postura de tristeza, desânimo, ou manter a mente positiva. Escolhi, naturalmente, a segunda opção.

Sobre extrair a lição, isso é algo que vale a pena ser mencionado: por pior que seja o que estamos enfrentando, lembrem do eletrocardiograma. Temos que usar esse momento para extrairmos as lições e subir novamente, mais fortes e céleres.

A primeira coisa que me vi obrigada a fazer foi um *detox* de telefone celular. Foram sete dias com ele desligado. Eu não lembro de ter passado um dia sequer com ele desligado 100% antes.

Segundo desafio: voltar a ficar em pé e a andar. Quando consegui, foi uma conquista tão grande, me senti tão forte, capaz, revivi todas aquelas sensações de quando superei as questões passadas relatadas anteriormente. Mais alguns dias de fisioterapia e pronto, o segundo desafio estava sendo superado, dia após dia, com sucesso.

Terceiro desafio: após sete dias, decidi ligar o aparelho celular. Nessa hora eu tive de fazer um esforço mental para não me obrigar a responder a todos os e-mails e mensagens imediatamente.

Eu digo que feliz é quem não possui WhatsApp, ou ao menos não é refém dele.

Esse desafio segue, dia após dia, na minha retomada da rotina. Todos os dias são de "luta" dessa quase obrigação social.

Quarto desafio: trabalhar a minha característica de ser *workaholic*, me cobrar "menos" e delegar, ser menos centralizadora.

Eu me permiti almoçar em paz, sem olhar o telefone celular, a não me forçar a acordar todos os dias às 4:40 horas ou 5 horas da manhã, me permiti não trabalhar todos os dias até muito tarde da noite, a não me obrigar a ir à academia às 6 horas, mesmo se eu tiver dormido pouco ou mal. Esses pontos seguem sendo diariamente trabalhados por mim; fiz várias adaptações em meu dia a dia, tanto no âmbito pessoal, quanto no profissional.

Não é tão simples como parece, até mesmo pela pressão social. Observem: hoje as pessoas pensam ser "correto" e gratificante falar que não possuem tempo, falar que acordam às 5 horas da manhã, falar que ficaram até tarde na empresa, dentre várias outras que estão adoecendo a sociedade, mental e fisicamente.

Ou seja, pensam que o normal, ou correto, é a falta de tempo em nossas vidas. Mas não, o tempo é o nosso maior ativo! E ele não volta! No minuto anterior você estava lendo a página que antecede esta. Ele passou, acabou, temos menos um minuto de vida.

Então, valorize, gaste bem o seu tempo, viva o presente, se entregue ao que está fazendo agora, almoce na mesa com seus filhos, sem tocar em celular.

Se você tivesse uma bola de cristal que lhe avisasse que daqui a 25 minutos você iria falecer, você almoçaria com ou sem a sua família? Trocaria eles pelo telefone? Você ligaria para alguma pessoa ou mandaria mensagem dizendo que a ama? Pois faça agora, pois não temos essa bola de cristal. Não deixe para daqui um minuto algo ou alguém que é importante para você. Eu quase não tive esse um minuto para me despedir da minha mãe e falar tudo o que eu queria e precisava.

Eu já tive cliente que faleceu com a proposta do seguro de vida em mãos, para assinar. Sobre a família dele, nem preciso comentar...

Desconecte-se um pouco das redes sociais. Vale a pena desperdiçar a sua vida vasculhando vida alheia nelas? NÃO! Use-a com sabedoria.

Quanto vale sua vida? Não seja louca, tenha bom senso, não gaste toda a sua saúde tentando ficar cada vez mais rica, controle o seu ego. O dinheiro deve trabalhar para nós, e não nós trabalharmos para ele. Você irá morrer! Ande com a sua vida a limpo. Não adie decisões.

Eu vi isso na prática, no hospital. Tudo se torna tão pequeno e insignificante diante da nossa vida e da escassez de tempo aqui... "Ah, mas eu faço questão de somente usar sapato da marca x". Em um hospital, muitas vezes nem estamos conseguindo pisar no chão. Nem a cor do chinelo importa.

Portanto, temos de normalizar ter tempo livre nas agendas, tempo de qualidade com os familiares, equilibrar a vida profissional e pessoal. No final, o que importa é a caminhada, e não o destino final.

Eu sei aonde quero chegar, sei quais são os meus objetivos de vida, e desenhei o caminho, confiando no meu potencial, sem me limitar. Contudo, após tudo o que vivi este ano, eu aprendi a me policiar e não forçar além do saudável. Saúde em primeiro lugar, até para eu poder ajudar a todos os meus clientes. É como a máscara de oxigênio do avião: primeiro colocamos a nossa, para, em seguida, conseguirmos ajudar as demais pessoas.

E aí entramos em outra esfera, que é um dilema, por certo, da maioria das mulheres que estão lendo este livro: **mulheres e o mundo dos negócios!**

Apesar do crescimento do empreendedorismo feminino no mercado brasileiro e mundial, as mulheres ainda enfrentam diversos desafios pessoais e profissionais, mesmo mandando em suas vidas. Atendo mulheres de diferentes áreas com esse mesmo dilema.

Conciliar a vida pessoal com a profissional por certo, em geral, é mais difícil para o sexo feminino, principalmente para aquelas que possuem jornada dupla (trabalham e cuidam da casa e dos filhos), ou mesmo tripla (incluindo o papel de esposa). Daí a importância de deixarmos nossa vida profissional equilibrada.

Com esse dilema da vida profissional *versus* ser mãe e esposa, um sentimento de culpa assola a maioria das mulheres, e acaba gerando, como consequência, ou a não entrega da real capacidade profissional delas, ou a não entrega do que gostariam como mãe e esposa, ficando permanentemente atormentadas.

Outro obstáculo que as executivas precisam superar é o da discriminação de gênero que, infelizmente, ainda persiste na cultura brasileira e no ambiente corporativo (tradicionalmente, ainda com maioria masculina).

Depois de provar sua competência, a mulher empresária e executiva ainda precisa lidar com outras questões, como a falta de apoio de suas próprias famílias e cônjuges, muitas vezes assédio, julgamentos sociais e diversas outras situações neste sentido. Julgamentos sociais até mesmo de outras mulheres, pasmem.

Por isso persistência e resiliência são características ainda mais importantes na trajetória dessas profissionais! Mas elas sabem que não existe caminho que não possa ser mudado, e percebem a vitória em seu movimento. E você também pode!

Espero que a minha história de vida sirva como incentivo e mostre que podemos virar a moeda e procurar a outra face! Não se limitem. Quem manda em sua vida é você! Curta a trajetória.

42

COMO VOCÊ REAGE FRENTE ÀS SITUAÇÕES DESAFIADORAS DA SUA VIDA?

Você reage como vítima ou protagonista quando se depara com situações de extremo desafio em sua vida? Neste capítulo, convido você a explorar suas emoções e a ampliar suas opções.

ROBERTA S. DI GIÁCOMO

Roberta S. Di Giácomo

Contatos
rgiacomo@adv.oabsp.org.br
Instagram: @dra.robertadigiacomo

Advogada, pós-graduada em Contratos (Pontifícia Universidade Católica – PUC) e Direito Sistêmico (Centro de Mediadores), entre outras. Especialista em Direito de Família e Sucessões, Direito Internacional, entre outros. Formada em Constelação Familiar pelo Centro de Mediadores; aluna do IBRACKS em Consciência Sistêmica Web; aluna da Daniela Flieger, Terapia Inteligente, na formação on-line em Constelações Familiares; aluna, em formação, em Constelação Familiar pela Escola Vida e mentorada do Professor Hilário Trigo. Membro do Rotary Club de São Paulo - Liberdade e voluntária da ONG Amigos do Bem. Apaixonada pelo Direito, pela família, pelo universo do desenvolvimento pessoal e pela VIDA.

Quando recebi o convite para escrever um artigo para esta obra tão relevante, imediatamente pensei em como poderia suprir tamanha responsabilidade. É verdade que em 23 anos de trabalho como advogada colhi alguns louros valiosos em minha vida profissional enquanto trabalhava para advogados admiráveis, expoentes no meio jurídico. Fui muito bem paga pelo meu trabalho; fui parabenizada por um Presidente da República, à época em exercício, que fez questão de me agradecer pessoalmente pelo êxito no patrocínio de uma causa importante para sua família; atuei junto a importantes advogados em causas relevantes para o cenário da aviação de carga nacional; e outras que foram extremamente complexas como uma batalha jurídica que durou mais de sete anos para resgatar uma criança que passei a amar, assim como aos seus irmãos.

Mas acredito que todos aqueles que trabalham, com paixão e dedicação em suas carreiras colherão os louros da vitória em algum momento, por isso minha vida profissional não me parecia a melhor contribuição para este livro. Após meus pensamentos vagarem livremente, me vi ali, novamente, no início de novembro do ano de 2018, no Hospital Edmundo Vasconcelos. Soube que era essa a história que poderia realmente contribuir para este livro. E para que possam entender melhor o contexto daquele momento, vamos retroceder no tempo.

Nasci na cidade de Goiânia, em Goiás, e ali permaneci até os meus 17 anos, quando uma doença no meu pai fez com que nossa família se mudasse para a cidade de São Paulo, para que ele fosse operado e tratado no hospital da sua irmã. Foi uma mudança muito difícil para mim, muito radical. Fui parar em uma megalópole, escola nova no meio do ano letivo, sem amigos, vestibular chegando e meu amado pai no hospital por longos quatro meses. O tempo passou, me adaptei, passei no vestibular e já estava no meio da graduação em Direito quando meu pai faleceu. Foi uma das dores mais pesadas que já sofri na vida.

Naquela época, eu já namorava há alguns anos com o médico que era diretor clínico do hospital da minha tia, e no meu último ano de faculdade ficamos noivos, fomos morar juntos e, após a minha formatura, nos casaríamos. Foram seis anos de namoro até que, em uma segunda-feira qualquer, em vez de me levar para a faculdade, ele pediu que eu não me preocupasse, mas estava tendo um infarto e precisava ir ao hospital. Chegamos ao pronto-socorro e ele foi direto para a internação. A cirurgia foi tensa, mas concluída com sucesso. E ele foi para o pós-operatório, um alívio indescritível me tomou por completo. Alguns minutos, talvez horas depois, senti fortemente a presença dele se despedindo de mim e, naquele momento, soube que ele havia morrido! Após uma eternidade, o médico veio dar a notícia oficial: ele acabara de falecer!

Os meses posteriores foram sombrios, senti uma dor imensa e um vazio sem fim. Em três anos perdi meu pai e meu futuro marido e todos os planos de formar a minha família haviam virado pó, desapareceram em um piscar de olhos. Mas em situações desafiadoras, Deus sempre estende suas mãos amorosas e não foi diferente comigo, pessoas especiais emergiram das sombras que levantei sobre mim mesma e trouxeram luz à minha vida, amigas que amarei para sempre.

Ainda assim, sair da cama e continuar a faculdade se fazia um desafio diário, e dei graças à Deus por eu ser a presidente da comissão de formatura. Aquela correria libertou a minha mente da depressão que me espreitava.

Mesmo com cicatrizes emocionais, no final daquele ano me formei com louvor: ótimas notas; oradora da turma juntamente com outro colega; e passei na primeira prova que prestei para a Ordem dos Advogados do Brasil de São Paulo, mas às custas de um grande esgotamento emocional. Assim que me formei, reencontrei uma grande amiga de infância, equiparada a irmã mesmo. Ela estava morando em Milão, Itália, advogando em um importante escritório de advocacia e me convidou para fazer um estágio no escritório em que trabalhava.

Naquele momento, precisei escolher entre me manter na dor do luto ou aceitar que eu estava viva, pelo menos a maior parte de mim! Lendo agora o que acabo de escrever, parece tão simples enxergar a escolha certa a ser feita, mas não foi assim na época, dois lutos tão próximos, de pessoas tão importantes para mim, provocaram uma dor tão intensa que me anestesiou para a possibilidade de ser feliz novamente, parecia errado, uma traição. Só consegui aceitar o convite após resgatar a minha fé e me dar a chance de mudar aquela realidade. Morar em outro país significava me levantar, agir, voltar a viver sem culpa e era tudo o que eu precisava.

Foram dois anos incríveis, nos quais as dificuldades foram muito menores do que a alegria das viagens quase todos os finais de semana, entre trabalhos como consultora jurídica e cursos de Direito Internacional. Quando ela se casou, voltei para São Paulo e me matriculei na Escola Superior de Advocacia, para novas especializações. Era o ano de 2002 e em um desses cursos conheci um advogado, Carlos, e por ele me apaixonei. Após 10 anos superando obstáculos, viajando muito, vivendo lado a lado intensamente, nos casamos em uma seleta e linda cerimônia religiosa. A vida é fantástica, não é?

Por muitos anos, mesmo antes do casamento, já tentávamos engravidar, e o sonho de ser mãe já havia se transformado em uma grande angústia. Cheguei ao ponto de chorar compulsivamente em propaganda de fralda descartável – já observou como são fofas as crianças dessas propagandas? Foram anos tentando, e nada. Alguns anos depois do casamento desistimos de uma gravidez nossa e decidimos passar algumas semanas com o filho e a nora do meu marido, que moravam nos Estados Unidos e, quando voltássemos, daríamos entrada nos papeis para adoção. Respirem fundo… algumas semanas após voltarmos para casa, descobri que eu estava grávida. Não podia acreditar em tamanha alegria. EU JÁ ERA MÃE, éramos pais! Nosso sonho já era uma realidade.

A alegria de ser mãe me preencheu, curti cada segundo da gravidez, até os enjoos! Casada, já com uma carreira profissional consolidada e agora grávida, com minha mãe, meu "paidrasto" e minha irmã em uma alegria sem fim. E meu marido me mimando como uma princesa, Deus é mesmo maravilhoso!

Tudo estava perfeito, e por quatro anos vivi essa alegre história de amor com a minha família, até que os desafios novamente vieram me assolar. E finalmente chegamos ao início do mês de novembro do ano de 2018.

Eu estava com muita dor no estômago e, após o jantar, deixamos nossa filha na casa dos meus pais para irmos ao pronto-socorro do Hospital Edmundo Vasconcelos. A consulta foi tranquila, todos os sintomas de uma gastrite e diante da impossibilidade de fazer a endoscopia naquele momento, o médico resolveu pedir uma tomografia! Quando ele retornou para a sala médica com o resultado do exame em mãos e as feições do rosto mais fechadas, intui na hora o que aquela mancha branca próxima ao meu rim esquerdo significava, me adiantei e perguntei: "Estou com câncer?". E foi como se tudo à minha volta congelasse, me senti como no filme *Frozen* em que tudo vai congelando devagar. O médico não podia afirmar nada sem exames complementares e me encaminhou em emergência para a oncologia, marcando a consulta já no dia seguinte.

Nossa filha dormia serenamente na cama dos meus pais e um desespero feroz me abateu. Fui chorar no chuveiro – na minha opinião, esse é o melhor lugar do mundo para lavar o corpo e alma –, rezei fervorosamente para que não fosse câncer. Na minha família muitos antepassados morreram em decorrência dessa doença e isso não podia acontecer comigo, ainda mais naquele momento, com nossa filha com apenas 4 anos de idade.

Meu marido ficou o tempo todo comigo naquela semana, enquanto minha mãe cuidava da nossa menina. Fomos à consulta e o médico me encaminhou à ressonância. Não há como descrever a angústia que sentíamos na espera pelo exame, depois pelo resultado. Olhava nossa filha tão linda e inteligente, tão sonhada e esperada, e só pensava que eu não podia morrer e deixá-la sem mãe. Incrível como o diagnóstico de câncer já remete o paciente à certeza de morte.

Quando o médico finalizou o diagnóstico não podíamos acreditar, era câncer tipo 2 e o tumor estava a poucos milímetros da veia renal e se a atingisse poderia desencadear a metástase – seria mais ou menos como espalhar o tumor pelo corpo. Minha mãe chorando contida, meu marido chorando compulsivamente, e eu ali, sem chão, novamente tudo congelava à minha volta.

Iniciou-se uma corrida contra o relógio para a cirurgia e eu só pensava na nossa filha tão pequena. Quando cheguei em casa, fui novamente chorar no chuveiro. Chorei tanto que me cansei e parei de reclamar com Deus. Naquele momento, fiz um trato com ele: passaria por essa provação com firmeza e fé, faria tudo o que estivesse ao meu alcance para lutar pela minha vida e Ele me deixaria viver mais um pouco para que eu acompanhasse a vida da nossa filha por mais alguns anos. Até os 50 anos dela já estava bom.

Naquela noite, sonhei com meu pai sorrindo muito tranquilo, e tive a certeza que eu sairia vitoriosa da cirurgia, e que Deus estava me guiando silenciosamente todo esse tempo.

Sempre gostei muito do tema "autoconhecimento", terapias alternativas e comecei a aplicar em mim tudo o que já havia lido e estudado sobre o assunto. Iniciei uma cruzada pela minha vida. Meditação, oração, programação neurolinguística, ho'oponopono, passes de cura – essa história é linda, mas muito longa para ser contada aqui – e entendi que tudo dependia de mim, da minha postura em relação à doença, em acreditar que tudo daria certo, que a força divina que eu precisava já estava em mim, bastava despertá-la.

A cirurgia foi marcada para 26 de novembro de 2018, e minha irmã veio para levar nossa filha para uma "viajem de 4 dias de tia e sobrinha", e ver a animação dela em meio à tanta preocupação, me fez relaxar um pouco.

A cirurgia foi um sucesso, me despedi com amor e muita gratidão do meu rim esquerdo e iniciei o tratamento de recuperação, que mais passou pelo psicológico do que propriamente por medicações. Meu marido, minha filha, meus pais, minha família e minhas amigas foram fundamentais nesse processo, gratidão a todo amor e apoio que recebi deles.

Para me manter firme no processo de recuperação, mergulhei ainda mais em busca de autoconhecimento e conheci a Constelação Familiar Sistêmica por meio do Conselho Nacional de Justiça. A cada livro do Bert Hellinger que lia e a cada curso de constelação familiar sistêmica que fazia, eu entendia cada vez mais a dinâmica por trás da minha doença, as repetições de padrões ancestrais da minha família e um novo olhar para a vida e para tudo que vem com ela foi se expandindo em mim. Tornei-me facilitadora em Constelação Familiar Sistêmica, tanto individualmente em terapia sistêmica quanto integrando-a ao meu trabalho como advogada. No campo jurídico, agora adepta ao Direito Sistêmico, ajudo a evitar o divórcio; e se não for possível, a preparar a família para essa etapa, minimizando, o quanto possível, os efeitos quase sempre devastadores que o rompimento da família causa no casal, especialmente nos filhos. A terapia e o direito em sintonia com o pensamento sistêmico!

Atualmente estou em remissão, fazendo exames a cada seis meses para mapear eventuais células cancerígenas que possam se manifestar, mas estou saudável e confiante na superação completa dessa provação.

Muitas coisas mudaram após essa enfermidade, muitos sonhos guardados retornaram ao meu campo de prioridade, retirei do meu foco muitas situações estressantes que eu alimentava sem perceber e, gradativamente, a vida vai fluindo mais leve e mais saudável. A cada dia que acordo, agradeço por estar viva, com saúde e junto à nossa família, acompanhando o crescimento da nossa filha.

O que posso lhes dizer, nesse breve retrospecto de vida, é que tudo pode ser mais leve quando você decide olhar para a raiz do problema e entender que só você mesmo pode mudar a sua vida. Por mais que ninguém controle as situações e pessoas que estão à sua volta, independentemente do que esteja vivendo nesse momento da sua jornada e do tamanho do problema que se apresentou em qualquer área, todos os recursos que você precisa para transformar a sua realidade estão dentro de você. Erga-se com fé em Deus ou em uma força maior se preferir. Ela irá lhe guiar assim que você der o primeiro passo.

Você é a única pessoa que pode fazer isso; se acha que não consegue sozinha busque ajuda de profissionais habilitados: psicólogos, médicos, programas de proteção, delegacia de polícia, ajuda para casais, terapias alternativas, outro emprego, seja o que for. Sempre haverá uma saída e alguém para ajudar a superar a sua questão. Você, e só você, pode decidir como vai encarar e reagir às turbulências que se apresentarem na sua vida. Vai se vitimizar e congelar, ou vai se levantar com fé e dizer: Quem manda na minha vida sou eu! Conte-me depois, nas redes sociais, o que decidiu. Estou torcendo por você!

43

MINHA HISTÓRIA DE SUCESSO
OS DESAFIOS E AS CONQUISTAS ALMEJADAS

Neste capitulo, contarei um pouco da minha história de sucesso, os desafios alcançados ao longo do tempo e as conquistas adquiridas. Durante esses 13 anos de formada, atuando na área da estética, pude passar por alguns momentos de desafios, mas todos eles se tornaram aprendizados. Contarei um pouco do meu lado empreendedor na área e como superei uma pandemia.

**ROSEANE DÉBORA
BARBOSA SOARES**

Roseane Débora Barbosa Soares

Contatos
deboradermatos@gmail.com
Instagram: @draroseanedeboraestetica
86 98177 1784

Fisioterapeuta graduada pela Faculdade UNINOVA-FAPI (2009), pós-graduada em Fisioterapia Dermatofuncional (2012), Fisioterapia Hospitalar (2014), mestra em Bioengenharia (2021), doutoranda em Engenharia Biomédica. Atua na área de dermatofuncional há 12 anos. Empresária, dona do Centro Estético by Roseane Débora. Premiada, por dois anos consecutivos, pela ANCEC como empresária de destaque na área da estética. Pesquisadora, docente em faculdades de graduações e pós-graduações da área de atuação. Palestrante nacional e internacional, já apresentou seus trabalhos científicos em diversos congressos nacionais e internacionais na área da dermatofuncional.

> *Quando você acredita em algo, acredite até o fim. Não dê margem para nenhum tipo de dúvida.*
> WALT DISNEY.

Acreditar que você é capaz e consegue empreender não é fácil, ainda mais quando você passa por diversos obstáculos que encara como desafios e, ao mesmo tempo, paralisa para seguir em frente.

Não sou de família rica, meus pais não são empresários, nem tão pouco recebi herança. Desde pequena, aprendi que tudo na vida deve ser conquistado, batalhado com muito esforço.

Minha mãe costuma dizer que sempre fui persistente, e sempre quis estar a frente das coisas; segundo ela, eu aprendi a fazer algumas coisas sozinhas como: andar de bicicleta, caminhar, assim como pular algumas fases do desenvolvimento. Não engatinhei, caminhei com oito meses. Talvez seja por isso que sempre quis ser independente e correr atrás dos meus sonhos e objetivos.

Sempre me perguntam com quem eu aprendi sobre empreendedorismo ou em quem me inspiro para manter o espírito empreendedor. Quando criança, meu avô materno, conhecido como "Sr. Melo" (Agenor Melo), era dono de uma padaria na cidade de Buriti Bravo, no Maranhão. Lembro que, nos períodos de férias, ia para a cidade e minha diversão era ficar no caixa e por trás do balcão fazendo vendas e contabilizando as coisas, enquanto meu irmão e meus primos gostavam de brincar na rua. Eu adorava ficar nas vendas, e ficava feliz da vida quando meu avô (in memoriam) me elogiava quando estava fazendo as coisas certas. Talvez venha dele todo o meu espírito empreendedor.

Minha formação em fisioterapia, iniciei em 2004. Passei no vestibular com 17 anos, não havia ainda terminado o então ensino médio na época, meus pais tiveram que entrar na justiça para eu conseguir cursar a graduação. Sempre digo que foi a fisioterapia que me escolheu, pois, quando fui prestar vestibular, nem sabia ao certo a graduação que eu desejava fazer.

Durante toda a graduação, aprendi muitas coisas, me esforcei. Sempre fui uma aluna esforçada, pois via todo o esforço que meus pais faziam para poder proporcionar os meus estudos. Durante minha vida acadêmica, fui uma aluna extremamente tímida, com medo de falar em público, com poucos amigos e muitos medos. Falava somente o essencial.

Em 2009, me formei. E logo após alguns dias de formada, veio o primeiro desafio da vida: fui chamada por uma empresa de fora para começar a atuar com fisioterapeuta do trabalho em uma rede bancária, em Teresina. Confesso que no primeiro momento pensei em desistir. Era uma área nova que eu não tinha tido muito contato na graduação e, além disso, eu teria que dar palestras, fazer ginástica laboral, comandar equipes. Por eu ser extremamente tímida na época, o medo me dominou, mas eu não desisti. Encarei o primeiro desafio que tinha sido lançado, e esse contrato perdurou por dois anos e se estendeu para outras redes bancárias.

Com o meu primeiro emprego com fisioterapia do trabalho em bancos, consegui dar início à minha primeira especialização em fisioterapia dermatofuncional.

Após um ano de especialização, fui chamada para começar a trabalhar em uma clínica de estética da minha cidade. A partir desse momento, eu me dividia trabalhando com fisioterapia do trabalho em bancos e atendendo com fisioterapia dermatofuncional na clínica.

Sempre me recordo, com lágrimas nos olhos, que na primeira clínica de estética onde comecei a atuar, sofri muito *bullying*, preconceito pelo meu jeito tímido de ser. Por eu não ter, na época, tanta experiência na área, as colegas de trabalho me ensinavam os procedimentos que elas menos gostavam, para elas não fazerem e eu atender todos os pacientes. No meu primeiro dia de emprego nessa clínica, uma das minhas colegas me colocou para atender todas as pacientes de endermologia com massagem modeladora. Lembro que cheguei em casa com os braços cansados e doendo de tanto que eu os tinha forçado durante o dia.

Foi nessa primeira oportunidade de trabalho – na área que hoje eu amo e sou completamente apaixonada – que aprendi a lidar com pessoas ruins, a dizer não e a deixar de ser calada. E o melhor de tudo: aprendi que quando fazemos o trabalho que amamos, os clientes não nos deixam mais; e sempre terão a preferência pelo nosso atendimento. Pois quando eu sai dessa clínica, muitos clientes que eu atendia vieram me procurar, alguns ainda hoje são meus pacientes.

Depois que saí dessa primeira clínica, fui convidada para ser responsável técnica do setor de estética em outra clínica na minha cidade. Sempre digo que essa clínica foi o divisor de águas em minha vida, pois foi nela que tive que aprender gestão, a fazer divisão de setores e, mais ainda, a entender muita coisa que até então nem passava pela minha cabeça.

Algum tempo depois, comecei a atender em domicílio, nesse período eu decidi voltar a estudar, então, me dividia em assistir aulas e realizar atendimentos em domicílio. Recordo-me que muitas vezes saía da faculdade às 19 horas – muito cansada e com todo o material de atendimento dentro de uma mochila – e ia atender meus pacientes; às vezes, chegando a atender até a meia-noite. Saía cansada, mas feliz da vida, pois a felicidade do paciente e a mensagem de satisfação no dia seguinte me deixavam extremamente feliz e realizada.

Em um desses atendimentos, atendia um casal de empresários que conhecia todo o meu esforço e luta, de me dividir em estudar e atender. Um belo dia, o meu paciente me perguntou: "Roseane, você já parou para pensar o que você realmente quer para seu futuro?", saí do atendimento com aquela frase na cabeça e fiquei dias e dias pensando no que ele havia me dito.

Até que um belo dia, olhando as redes sociais, vi que tinha uma clínica em Teresina que oferecia salas para locar por hora, decidi ligar e entender como funcionava. Quando liguei, a dona já havia sido atendida por mim e logo ficou superinteressada em eu atender por hora na clínica dela. Ela, para me ajudar, me deu a oportunidade de começar sem pagar o aluguel inicial: eu iria trabalhar para pagar as horas atendidas no final do mês.

A sala que eu locava, por horas, começou a dar supercerto. Inicialmente, tinha poucos pacientes, mas logo minha agenda estava lotada e o que para mim antes compensava pagar por hora, agora já não estava mais compensando.

Foi então que decidi me unir a uma dona de salão que locava por hora, também no mesmo espaço. Alugamos uma casa, eu ficava com uma sala para realizar meus atendimentos, e a dona do salão ficava com o restante, só dividíamos as despesas das áreas comuns. Para irmos para essa casa passamos por muitas dificuldades, pois eu não tinha dinheiro para fazer toda a reforma necessária que a casa precisava. Nesse momento, eu e meu esposo (na época, meu namorado), decidimos fazer muitas coisas da reforma. Pintamos as paredes, aprendemos a colar papel de parede etc. Digo que quando queremos, a força de vontade faz aprendermos coisas que nem mesmo imaginávamos.

Após três anos nesse espaço e alguns equipamentos adquiridos – com muito esforço, alguns financiamentos negados, equipamentos adquiridos usados – o espaço estava pequeno e senti a necessidade de buscar outro local, pois sentia que meus pacientes precisavam e mereciam mais conforto.

Começamos a buscar um novo espaço e achamos uma casa na mesma rua, que necessitava fazer algumas adaptações. Agora, já algo mais planejado, com projeto de arquiteto, conseguimos fazer um local com mais conforto, com a nossa cara e com detalhes que sempre sonhei.

Nessa fase de mudança de local de atendimento, senti a necessidade e fui fazer um curso de formação em pré e pós-operatório em cirurgia plástica, com a referência na área da dermatofuncional. O curso foi em Belo Horizonte. Uma semana onde os profissionais puderam estar diretamente com os cirurgiões plásticos e acompanhar todo o processo da cirurgia plástica. A professora do curso sempre foi e é uma inspiração na área da dermatofuncional. Aquela semana me doei ao máximo para trazer muitas novidades da área.

Nessa semana do curso, tive a oportunidade de conversar com a professora e falar dos meus planos e projetos sobre pesquisa, envolvendo uma técnica que já realizava na minha clínica. Em um desses momentos, veio a ideia de fazermos uma pesquisa científica que pudesse comprovar a eficácia da técnica que utilizávamos.

E em 2018, conseguimos publicar um artigo científico, após a nossa pesquisa, comprovando a eficácia do uso de criolipólise com pós-crio imediato e tardio. O nosso artigo foi o primeiro do Brasil envolvendo pós-criolipólise com comprovação cientifica. Após nosso estudo pronto, conseguimos apresentar em diversos congressos nossos resultados, desde congressos nacionais e internacionais. Fomos apresentar no congresso mundial de dermatologia, um dos congressos mais importantes da área.

Após muitos desafios e conquistas, quando já estávamos em processo de adquirir novos equipamentos, estudar novas técnicas, veio a pandemia no ano de 2020. Tivemos que fechar e parar tudo, confesso que foi um dos momentos mais difíceis, pois não sabia como lidar com a situação, e além de tudo, havia muitos medos e incertezas sobre a covid-19.

Após uma semana achando que seriam umas férias, e que logo iríamos voltar, comecei a estudar novas estratégias. Tive que ver conteúdos e formas que antes não passavam pela minha cabeça: *lives*, marketing, vídeos, formas de estar próximo ao paciente, mas sem ir até ele. Nesse momento, percebi que, na vida, sempre temos que ter várias estratégias, que não devemos estar somente com uma forma de atendimento, pois não sabemos o dia de amanhã.

Durante a pandemia, comecei a enxergar que eu poderia criar estratégias para estar sempre perto dos pacientes. Nesse momento, comecei a estudar formas de *skin care*, dermocosméticos, e até mesmo em pensar em ter minha própria linha de produtos.

Nesse mesmo período da pandemia, enquanto algumas clínicas estavam completamente fechadas e as fábricas de equipamentos estavam lançando promoções e ofertas, por não estarem vendendo equipamentos, tive a oportunidade de adquirir o equipamento dos meus sonhos, que nunca pensei em adquirir. Financiei a minha primeira máquina de criolipólise. Mesmo com a clínica fechada, aproveitei a oportunidade do momento e dei um passo a frente das demais colegas. Nesse período muitos me chamavam de doida: "A clínica está fechada e você está comprando máquina sem saber quando volta?". Sim, eu fiz isso. Mas posso garantir que foi a decisão mais certa que tive.

Quando voltamos aos atendimentos, a demanda aumentou muito rápido, a ponto de começarmos a pensar em expandir a quantidade de colaboradores.

Creio que esse desafio de adquirir um equipamento caro, em plena pandemia, me deu reais força e segurança para pensar que eu poderia ir além, e que as tecnologias poderiam estar presentes no meu consultório.

Depois da minha primeira máquina de criolipólise, comprei, no mesmo ano, mais uma máquina de criolipólise; e no mesmo ano comprei um equipamento que associa três tecnologias de forma simultânea.

Em 2022 comprei mais três equipamentos novos, sendo um com uma tecnologia de depilação a laser que só nós possuímos no estado.

Quando comprei meu primeiro equipamento de laser, lembrei bem do meu início, da primeira clínica em que trabalhei, onde a fisioterapeuta com mais experiência que eu na época, fechava a sala e evitava que eu ficasse por perto, para eu não aprender e não ver como era feito a depilação a laser. No dia que recebi a máquina de laser, não consegui conter as lágrimas, pois foi impossível não relembrar o que passei inicialmente.

Sempre que vou ensinar sobre laser, tento ao máximo mostrar todo o conteúdo importante, pois as recordações do passado sempre vem à tona.

Atualmente, nosso espaço conta com as melhores tecnologias, equipamentos modernos, inovações da área. E, além disso, continuo buscando me qualificar, estudando, vendo formas de estar cada vez mais capacitada dentro da área.

Nesse período, também continuei meus estudos, conclui meu mestrado, estou fazendo meu doutorado, além disso, continuo atuando na área da docência, onde ministro aulas para futuros profissionais da área.

Venci e venço todos os dias, devido à perseverança, ao amor à minha profissão. E mais ainda, por saber que meu trabalho pode melhorar a autoestima de centenas de pessoas. Ainda tenho muito a conquistar e muitos caminhos a trilhar e percorrer, mas desejo que tudo aconteça da melhor forma possível, e que cada novo obstáculo que surgir nesse percurso, eu seja cada vez mais perseverante para não desistir.

Hoje tenho muito orgulho de ajudar centenas de profissionais da área, futuros profissionais da área e profissionais que desejam trabalhar dentro da minha especialidade. Neste ano, além de outras instituições nas quais sou docente da área de estética e fisioterapia, tive o prazer de retornar a instituição que me formou como fisioterapeuta e contribuir para a formação de futuros profissionais fisioterapeutas. Atualmente, sou docente da instituição, responsável pela minha formação. Esse momento foi de extrema importância na minha carreira e vida pessoal e profissional.

Sempre que vejo alguém tentando desistir dos seus sonhos ou achando que não consegue vencer um obstáculo, lembro de todos os momentos que percorri para estar aqui e, mais ainda, que tenho muitos sonhos e ainda não conquistei a metade do que desejo.

Porque dos nossos sonhos e desejos, só nós sabemos, e cabe a nós insistirmos para conquistá-los.

44

DE FANTASMA
À ESPERANÇA

"De fantasma à esperança" conta a minha trajetória durante muitos anos procurando me encontrar e provar que, quando queremos algo, nós podemos. De uma infância pobre, criada numa família em que meu pai afirmava que mulher era só para casar, hoje eu me vejo como uma vitoriosa. Depois de me tornar fantasma, encontrei um caminho no qual, hoje, vejo que quem manda na minha vida sou eu. Acredite em você.

SOLANGE DI SÁ LUZ

Solange di Sá Luz

Contatos
Instagram: @solange_sa
Facebook: Solange di Sá

Advogada, tendo atuado nos campos de Direito de Família, Direito Cível, Direito Penal, Direito Administrativo, Infância e Juventude e Direito Trabalhista. Pós-graduada em Direito Empresarial pela Universidade Paulista-UNIP. Mãe, esposa, avó. Atualmente, presidente do Rotary Club de São Paulo - Avenida Paulista.

Um pouco sobre mim: meu nome é Solange di Sá Luz, tenho 59 anos, casada, dois filhos, Thiago e Thaísa, e dois netos, Luísa e Thomas.
Vamos voltar um pouquinho no tempo.

Nasci numa família humilde que morava em São Caetano do Sul. Desde que me entendo por gente, sempre ouvia do meu pai que mulher não era para estudar, e sim para casar. Apesar disso parecer um "clichê" – pois acredito que muitas de vocês que estão me lendo agora também devem ter ouvido isso e até talvez um pouco mais – por favor, não desistam dessa leitura.

Minha mãe era dona de casa e meu pai, motorista de ônibus e depois caminhoneiro. Acredito que essa formação familiar é que me impulsionou a ser o que sou nos dias de hoje.

Enfim, cresci ouvindo que eu não precisava estudar, que casar já era o suficiente na minha vida; mas eu sempre amei estudar e alguma coisa dentro de mim dizia que eu deveria estudar, e muito.

Mas como estudar se o dinheiro de casa somente dava para comer e pagar as contas de água e luz.

Estudei em escola pública até conseguir entrar numa faculdade subsidiada pela prefeitura de Santo André, Fundação Santo André. Tinha 17 anos na época, e fui cursar Ciências Sociais.

Quando consegui passar no vestibular, toda contente, dei a notícia em casa e ouvi de novo: mulher não precisa estudar, mulher só precisa casar.

Para conseguir pagar a parte da faculdade que não era subsidiada, eu consegui um emprego para vender livros de curso de inglês. Fazia a venda de porta em porta nas casas, de rua em rua e, muitas vezes, o dinheiro só dava para o ônibus; e a refeição era o copo de água que pedia nas casas.

Mas, ainda assim, eu ouvia de mim mesmo que eu precisava estudar, e muito.

Vocês acreditam que eu só podia trabalhar, estudar e ir na missa? Apesar de já estar com 18 anos, eu nem podia cogitar a ideia de sair para um simples *happy hour*, porque a briga em casa era tão grande que eu preferia não sair para não ter que ver o inferno que virava a minha casa.

Sabem o que eu fiz? Como eu podia ir para a faculdade, eu levava roupa de "sair" escondida numa sacola e me trocava lá. Matava aula para sair, depois voltava para a faculdade, destrocava a roupa e voltava para casa.

Adivinhem o que aconteceu?

Fiquei grávida do meu filho Thiago. Vocês imaginam o que era estar grávida em 1984, numa família com um pensamento tão arcaico?

Pois é, meu pai me colocou literalmente para fora de casa. Graças a Deus – e vou falar de Deus e muito daqui para frente – fui acolhida na casa dos meus avós maternos e lá fiquei até casar e ter o meu filho.

Como em todo sonho de menina, me casei no civil e no religioso. Na igreja, de vestido de noiva, e com uma barriga de nove meses. Meu filho nasceu exatamente quinze dias depois do meu casamento.

O engraçado – sim, engraçado – porque a gente tem que rir sempre, inclusive nas tragédias – foi que, enquanto eu estava esperando na porta da igreja para entrar no altar, as outras pessoas que estavam lá e saíam do casamento anterior me olhavam com cara de desdém ou com cara de admirados por ver uma noiva toda paramentada e com uma barriga enorme.

Depois de quatro meses do nascimento do meu filho voltei a trabalhar, pois, nessa época havia encontrado um serviço melhor do que vender livros de porta em porta e trabalhava como recepcionista numa agência de empregos.

A faculdade? Tive que parar de estudar. Mas continuava ouvindo de mim mesma que eu deveria estudar sempre.

Mas eu tinha filho e tinha que trabalhar, então, eu priorizei meu trabalho e cheguei a ser gerente na empresa onde eu trabalhava.

Depois de cinco anos e meio, engravidei da minha filha Thaísa; e aí fui ser o padrão que meu pai havia sonhado para mim: casar e cuidar dos filhos. Não que houvesse problema em relação ao nascimento de mais um filho, mas, sim, que as contas de casa não batiam entre pagar escola ou ter uma babá.

Isso tudo me incomodava muito. Nessa época, meu marido estava em ascensão profissional e eu em casa. Que desespero! Que desespero!

Em 1996, finalmente consegui voltar a estudar e fui fazer o curso de direito, o qual sou formada. Sou advogada e pós-graduada.

A situação financeira já era bem melhor nessa época, os filhos mais crescidos e um pouco mais independentes.

A partir daí, continuei com meus estudos, tinha meu escritório de advocacia e meus clientes, a quem me dedicava 100%.

E a vida seguia com dias melhores e outros não tão bons. Tinha um filho adolescente e uma menina com diferença de cinco anos e meio do irmão adolescente, tudo era uma bagunça.

O ano de 2007, chegou como uma bomba atômica na minha vida. Meu marido começou a ter problemas cardíacos que o levaram diretamente a uma UTI.

A minha situação piorou muito quando, em 2010, minha mãe veio a falecer por causa de um câncer fulminante. Eu não conseguia entender por que aquela mulher que havia vivido uma vida submissa e obediente estava passando por mais um sofrimento, que, no meu ponto de vista, não era merecido. Detalhe: meu pai veio a falecer três anos antes e estava com a saúde sem maiores problemas.

Daí para frente, eram várias internações do meu marido, umas de poucos dias e outras de muitos dias. Em 2015, ele precisou fazer um transplante de coração, foi aí que realmente minha vida mudou completamente. E essa mudança trouxe para mim coisas muito ruins, mas também trouxe o alento para ser quem eu sou hoje. A internação para o transplante foi longa, dolorida e trouxe uma ansiedade muito grande.

O incerto me espreitava todos os dias, assim como a ansiedade e o medo. Medo do que o amanhã me traria, porque já tinha traçado minha vida e acreditava que nada seria modificado.

Mas é aí que entra Deus, como disse que ia falar Dele, e muito, voltei a me espiritualizar e isso me dava um alento e conforto muito grande.

Esqueci de falar lá atrás que em todas as complicações da minha vida, sempre me voltava para Deus e para todos os Santos que eu precisava pedir, mas descobri que não adiantava só pedir tinha que agradecer também. E hoje eu me sinto muito melhor em agradecer do que ficar pedindo.

Já ouviu a frase: "Gente feliz não enche o saco"? É exatamente o que faço hoje, agradeço por todos a minha volta estarem bem e felizes, inclusive meus inimigos (quem não tem um inimigo?); porque assim eles não têm tempo de prestar atenção na minha vida e nas minhas conquistas.

Quero voltar a falar do ano de 2015, quando o médico disse que meu marido precisava de um transplante de coração. Como a grande maioria dos homens, meu marido postergou a internação o máximo que pode. Lembro-me que quando ele não tinha mais condições de saúde, não conseguia nem vestir um par de meias; eu disse a ele que deveríamos ir para o hospital para ele se internar e que aquilo era como se fosse um filho que tinha que nascer, que havia chegado a hora.

Para chegar ao diagnóstico do transplante, como todo bom São Tomé, fomos a outros três especialistas renomados que deram o mesmo diagnóstico: transplante de coração.

A internação foi num excelente hospital de São Paulo, super-renomado, hospital de reconhecimento internacional; mas do que adiantava tudo aquilo se não houvesse um doador compatível e uma família consciente do significado da palavra doação.

Foram meses de internação, e sabe o que aconteceu comigo? Fiquei doente. Não doente fisicamente, mas doente psicologicamente.

Sabe o que é ficar acompanhando uma pessoa no hospital sabendo que tratamento/transplante poderia não dar certo?

Resolvi, então, me "mudar" para o hospital! Sabe o que aconteceu? Quanto mais os dias se passavam, mais eu me tornava invisível aos olhos dos médicos, enfermeiros, copeiros etc. Enfim, de todos os envolvidos no tratamento, inclusive da minha família.

Se eu tinha uma dor de cabeça, ninguém sabia; se eu tinha dor de barriga ninguém sabia; se precisasse comprar um remédio na farmácia do hospital só podia comprar remédios sem a tarja vermelha, porque para a compra desses remédios eu precisava de receita médica e de novo me sentia um fantasma.

Graças a Deus e à família do doador, o transplante chegou em 12 de dezembro de 2015. E deu tudo certo!

Saímos do hospital e eu havia engordado muito. Em 2017, eu pesava 110 kg e com uma altura de 1,60.

Vocês viram que escrevi a palavra saímos? Isso aconteceu porque, durante a internação, eu me anulei, me matei.

Mais uma vez me sentia fantasma e o pior, um fantasma gordo e sem nenhuma autoestima. E a culpa era minha. Era assim que eu pensava.

Nesse mesmo ano, cheguei um dia para minha filha e falei que precisava urgentemente que me levasse num psicólogo ou psiquiatra porque eu "não estava me aguentando".

Meu marido estava ótimo e eu estava destruída fisicamente, por estar gorda; e psicologicamente, por ter me anulado por tanto tempo.

E de novo a culpa era minha.

Mas ainda bem que nós mulheres somos fênix, conseguimos fazer que, nas piores situações, as cinzas renasçam em forma de pássaro exuberante e lindo.

Essa é a nossa capacidade. A capacidade do feminino.

Comecei a me tratar e a emagrecer, a me cuidar e a me respeitar; e a ser tudo para mim.

Parece fácil, né? Mas não é! Várias vezes tive e tenho grandes recaídas por acreditar naquilo que ouvia desde criança: Você não pode! Você não consegue! Você tem que fazer aquilo que eu estou mandando!

Ainda que tudo não esteja fazendo ou trazendo um significado para quem está lendo, eu afirmo que você Pode Sim!

Nunca subestime a sua capacidade, seu feminino, tire forças de suas entranhas se necessário for e acredite que, na maioria das vezes, vai ser necessário tirar forças de lugares que ela parece não existir.

Problemas, todos nós temos, o diferencial é começar a ver a situação difícil com outros olhos, com mais empatia, empatia com você mesmo. No dicionário, a empatia significa a capacidade de se identificar com outra pessoa, de sentir o que ela sente, de querer o que ela quer, de aprender do modo como ela aprende etc.

Então, eu digo a você: se você tem um problema você não é a mesma pessoa quando não tem problema, então, use da empatia com você mesmo, dá muito certo!

Quando somos duramente tratadas – seja como filha, esposa ou pela própria vida – temos dentro de nós uma insegurança muito grande e difícil de resolver em nós mesmas, por isso, nos tratar com empatia nos ajuda a revelar aquilo que é relevante para nós, ou seja, nós mesmas.

Acredite, não existe ninguém mais importante do que você mesma!

Estou aqui escrevendo essas palavras e meu sentimento é de que estou falando comigo mesma. Sim. É assim que resolvo a maior parte dos meus problemas, conversando comigo mesma, usando da empatia comigo e reafirmando que "eu posso".

Tudo isso eu fui descobrindo nas longas internações que já contei anteriormente. Ninguém me olhava, ninguém perguntava como eu estava. Aliás, lá eu não era ninguém, nem fantasma eu era.

Como sobrevivi?

Desde 2015, por conta da minha "internação", não consegui mais advogar. Atuava na região de Barueri, e a distância, o trânsito, a falta de "cabeça" fizeram com que eu deixasse a advocacia de lado e me dedicasse a ser fantasma. Isto me custou mais um pedaço de mim.

Em 2018, por causa de uma amiga, esposa de um sócio do meu marido, fui convidada a participar de uma organização não governamental chamada Rotary Internacional, que tem como principal objetivo fomentar a paz mundial.

Existe uma frase dentro do Rotary que é: "Mais se beneficia quem melhor serve".

Essa frase faz um grande sentido para mim, porque ela expressa exatamente aquilo que eu acredito: melhor servir do que ser servida. Ou seja, se você pode servir é porque está num patamar melhor, não está precisando de nada, significa que você tem para oferecer e não pedir.

E acreditem, o primeiro projeto social que fui convidada a acompanhar foi dentro do Incor. Foi um projeto voltado para crianças cardiopatas. Abro aqui um parênteses, estava de novo dentro de um hospital e com crianças com doenças no coração, mas foi aí que me encontrei e me dei conta de tudo que eu poderia fazer pelos outros. O mesmo que fiz pelo meu marido e pela minha mãe, mas de uma forma diferente.

O projeto era para fazer a sala de espera para o exame de ecocardiograma infantil um local mais acolhedor do que aquela sala de espera fria e sem conforto.

Quando cheguei, dava para ver nos olhos das crianças o medo e o pavor; e nos olhos das mães, o olhar preocupado e ansioso na espera da realização do exame na criança.

Essa sala se tornou um local aconchegante e lúdico. As crianças têm brinquedos, uma decoração apropriada para a idade e isso fez com que eles realizem os exames mais calmos. Ainda dentro da sala de exames foi instalada uma televisão para passar desenhos desejados pelas crianças, enquanto o médico realiza o exame.

Essa sala se chama "Canto das Ferinhas" e hoje é um projeto reconhecido pelo Incor como de grande utilidade pública. Essa sala existe até hoje e ajuda diariamente dezenas de crianças a ficarem mais calmas para a realização do exame.

Com esse projeto comecei a me sentir ressurgindo, porque agora a situação era diferente. Eu estava dentro de um hospital, com crianças cardiopatas, mas estava do outro lado. Não era mais um fantasma, estava ali atuante e sendo vista como pessoa.

Em 2019, iniciamos um outro projeto dentro do Incor, mas agora voltado para pacientes cardiopatas adultos. Esse projeto é sobre Inteligência Artificial, em que é possível que o médico veja todo o prontuário do paciente de qualquer lugar do Brasil. Esse projeto salva, em média, oito vidas por mês, já que o médico tem o prontuário da pessoa e isso significa que já sabe como deve agir e que procedimento deve tomar.

Porém, a pandemia interrompeu os planos para esse projeto, mas conseguimos retomar este ano. Lá estou novamente dentro do hospital e sendo eu mesma. Isso tudo é muito gratificante.

Dentro do Rotary consegui me encontrar; não é um trabalho remunerado, mas é muito árduo e de muita responsabilidade.

No ano de 2023, apesar de participar do Rotary há apenas três anos, fui indicada e recebi a responsabilidade de ser a presidente do clube.

O Rotary Internacional é dividido em clubes para que possa ter a máxima abrangência nas cidades e comunidades ao redor de todo o mundo.

Ser presidente de um clube do Rotary é o mais alto grau de cargo dentro de um clube.

E sabe de uma coisa? Provei novamente para mim que eu posso, que eu consigo, que eu me perdoo, que não faz mal cair, chorar, se desesperar, se odiar, se anular, ser fantasma, não conseguir se ver no espelho; tudo isso não faz mal.

O que faz mal é não acreditar, não ter empatia por você mesma, não se cobrar para acordar para a vida e para o outro dia. O que faz mal, na verdade, são todos os nãos que você impõe a si mesma.

O lema da minha gestão é: Crie esperança no mundo.

E eu fico aqui escrevendo e pensando: Olha que frase mais impactante que Deus colocou na minha vida.

Existem muitas passagens na Bíblia em que Deus nos fala sobre esperança:

> Porque eu sei os planos que tenho para vocês, diz o Senhor, planos de fazê-los prosperar e não de lhes causar dano, planos de dar-lhes esperança e um futuro.
> Jeremias 29:11

> Mas aqueles que esperam no Senhor renovarão as suas forças. Voarão alto como águias; correrão e não ficarão exaustos, andarão e não se cansarão.
> Isaías 40:31

> Sejam fortes e corajosos, todos vocês que esperam no Senhor.
> Salmos 31:24

Falando em Inteligência Artificial, fui buscar o que ela me diz sobre esperança:

A esperança é um sentimento de otimismo e possibilidade em relação ao futuro. É a crença de que coisas boas podem acontecer e de que problemas podem ser superados. A esperança é uma emoção importante que nos ajuda a lidar com as dificuldades da vida e a encontrar motivação para seguir em frente. Ela pode ser alimentada por diversas fontes, como a fé, o amor, a amizade, a conquista de objetivos pessoais entre outros.

Como estava brincando com a Inteligência Artificial, perguntei a diferença entre esperança e esperançar. Enquanto a Inteligência Artificial está "pensando" lembrei de uma coisa muito importante: Esperança não tem nada a ver com esperar. Esperar a gente espera o nascimento de um filho, espera um ônibus, um trem, um metrô, um avião, enfim, se vão chegar ou não, não depende da gente. Mas a esperança, essa, sim, depende da gente. Nunca se esqueça que temos o nosso feminino, que somos que nem uma fênix, que nada e nem ninguém pode mandar na nossa vontade. O importante é ir atrás, é não desistir.

A Inteligência Artificial definiu a palavra esperança como um sentimento ou estado de espírito em que se espera que algo aconteça. Já a palavra esperançar se refere a uma ação, ao ato de ter esperança, de alimentar a confiança em dias melhores. Mas eu já havia escrito isso para vocês, enquanto a Inteligência Artificial pensava.

Esperança é substantivo e esperançar é verbo, indica ação, e é isso que venho dizer a vocês: que sejam ação. Sejam ação sempre!

Se eu não tivesse me tornado ação, acredito que hoje não estaria aqui contando para todas vocês partes importantes da minha vida. Estaria como sempre fui tratada, um fantasma, que ninguém nota a presença e ninguém vê. Invisível.

Quero que acreditem mesmo, acreditem em vocês, façam movimentos que se tornem ação, não sejam invisíveis como sempre fui, mesmo muitas vezes acenando e dizendo: olha, eu estou aqui.

Vamos esperançar, acreditar em nós mesmas, agir, desejar sempre o melhor primeiramente para nós mesmas.

Agora veio a lembrança da minha avó materna, a dona Rosa. Toda vez que ela me via chorando – e não eram poucas vezes – ela pedia para eu ir no banheiro e lavar o rosto com água fria, enxugar e olhar no espelho e dar o melhor sorriso para mim mesma. E não é que isso resolvia e resolve até hoje? Tentem fazer isso quando vocês estiverem chorando, depois me contem os resultados.

Quero deixar aqui um pouco da minha vida, estou dividindo, mas essa divisão não é para partir alguma coisa ao meio, essa divisão significa que quero agregar algo de bom na vida de vocês.

Quero que todos que estejam lendo este texto se lembrem de quem manda na nossa vida somos nós.

Hoje eu entendo o quanto os nãos, o você não pode, você está errada, você é feia, e todos os outros adjetivos que ouvi me fizeram mal, como um corte de faca na minha carne. Eles acabaram com os meus sonhos e expectativas, acabaram com minha autoestima, acabaram comigo.

Mas volto a repetir, crie esperança, tenha empatia por você, se perdoe, Renasça, morra, renasça, seja ação. E nunca se esqueça de ser sorriso.

Faça primeiro sempre por e para você.

Mesmo que demore, o tempo é cruel, não se intimide. Apesar dos pesares, eu não me intimidei com o tempo, aprendi a esperançar e ter empatia por mim mesma, e hoje estou me realizando.

Demorou? Sim. Doeu? Sim. Mas tudo passa, tudo sempre passa. Acredite!

Tenham ânimo, não desistam, por mais difícil que seja a situação que estejam passando, mas esse não desistir tem que ser em relação a você. Nunca, em nenhum momento da sua vida desista de você.

Termino aqui citando novamente a Bíblia: "Tudo posso Naquele que me fortalece", Apóstolo Paulo (Filipenses 4:13).

45

EU NASCI PARA SER FELIZ! SERÁ?

Você já se fez essa pergunta? Bem, eu sim, muitas vezes cheguei a duvidar que viver e ser feliz era uma experiência possível ou permitida para mim. Compartilho, aqui, um pouco do caminho que trilhei e como cheguei à conclusão que sim, eu nasci para ser e me fazer feliz, sou eu a dona de mim, tenho liberdade e poder de fazer escolhas, encontrando dentro de mim a luz, a força e o propósito para ser e viver feliz a cada novo dia, olhando para a vida com encantamento e gratidão, afinal, a vida é nosso bem mais precioso, não é?

TÂNIA SOBRAL BENEGAS

Tânia Sobral Benegas

Contatos
www.taniasobral.com.br
contato@taniasobral.com.br
Facebook: taniasobralpalestrante
Instagram: @taniasobraloficial
LinkedIn.com: taniasobral

Empreendedora, gestora, profissional na área de desenvolvimento humano, arte-educadora; pós-graduada em Ensino Superior. Atua como palestrante, mentora, treinadora, consteladora sistêmica e empreendedora social. Presidente do Rotary Club de São Paulo - Aclimação, Distrito 4563, gestão 23/24. Como voluntária social, é vice-presidente da Associação Aprender e Sonhar, que leva cultura e educação empreendedora para crianças da periferia de São Paulo. Membro do Comitê Vozes do Grupo Mulheres do Brasil. Embaixadora da Rede Plena Empreendedoras de Impacto Social. Tem experiência de 33 anos em gestão de projetos, líder de equipes e treinadora institucional e comportamental. Pioneira em processo de transição de gestão de pessoas entre secretarias de administração pública da cidade de São Paulo, SAS/SME. Em 2023, ministrou palestras em Portugal, no Summit 2030: conectando mentes e criando o futuro, com certificação e selo ODS de compromisso com a Agenda 2030 e com a implementação dos 17 Objetivos de Desenvolvimento Sustentável (ODS), em consonância com a ONU, promovido pela palestrante Leila Navarro, referência no mercado de palestras.

"Então, fez-se luz por todo aquele caminho, as cortinas se abriram e aquelas pessoas experimentavam o encantamento, a alegria, a esperança e a fé. A menina cresceu e conquistou. E quando pensou que tudo havia acabado, a triste lagarta-menina, presa no casulo dos nãos, dos medos, da paralisia diante da vida, descobriu suas asas, seu poder de sonhar, acreditar, criar, agir, realizar, e voou por sobre um mundo colorido, florido, com aromas, cores e texturas jamais imaginados. Ela ganhou o mundo, espalhou esperança, semeou prosperidade e amor por onde passou...".

Há alguns anos escrevi esta frase, como um sonho, que parecia totalmente impossível.

Tânia Sobral: dona de mim e do meu propósito

Lembro-me como se fosse hoje o dia em que venci o câncer. Eu havia experienciado momentos de incertezas, fragilidade e medo, e naquele momento senti a emoção e a alegria de renascer. Enfrentei o tratamento com gratidão e coragem, pois sabia que ter oportunidade e acesso ao enfrentamento do diagnóstico com médicos, medicamentos e procedimentos que salvam vidas era uma chance disponível para mim; e isso me despertava força e fé para seguir. Havia em meu coração um grande desejo de viver. Sou mulher, mãe, filha, profissional; e, nessa época, meus filhos, Guilherme e Gabriel, eram adolescentes, precisavam de mim, eu queria vê-los formados, casados, prósperos e felizes. Havia também meu marido, homem trabalhador, pai provedor, para quem eu não queria dar sinais de fraqueza, incompetência no cuidado com o lar, com nossa família e para com ele. Eu queria viver, voltar a caminhar, pois como profissional da área da educação, minha vida levava inspiração, coragem e conhecimento para milhares de alunos, pais, educadores e comunidades com as quais eu tinha o prazer e a honra de trabalhar. E não posso deixar de citar a força que eu sentia ao desejar sobreviver para estar ao lado de minha mãe, irmãos, sobrinhos e amigos. Por eles, eu enfrentaria tudo. E como que tirando poderes sobrenaturais da mulher maravilha, eu me enchia de coragem e força, nenhuma dor seria grande demais para eu desistir.

Sou uma mulher nascida na década de 60 e, como muitas de nós, fui educada para ser mãe, esposa, cuidar do lar e dos filhos. Talvez você não conheça essa força da educação que habita no inconsciente coletivo da ancestralidade feminina, mas eu sentia vibrar a ânsia de viver a história que me disseram seria a história de uma mulher feliz. Eu venci, vivenciei a cura do câncer, voltei ao trabalho, vi meus filhos se formarem, Meu marido e eu prosperamos financeiramente e decidimos comprar uma casa maior, onde pudéssemos reunir a família aos finais de semana, ter o prazer do lazer e companhia de todos que amamos em nosso lar. Escrevi minha história exatamente como haviam me ensinado desde menina. Eu era a mulher mais feliz do mundo! Será?

Foi então que numa manhã, meu companheiro me chamou a sala e disse.

— Vou embora, nossa história já não faz sentido, o amor acabou, nossos filhos cresceram, já não precisam de nós. Vamos seguir novos caminhos, não quero continuar ao seu lado, vou viver minha vida.

Levantou-se do sofá, foi até nosso quarto, colocou todas as suas roupas em alguns sacos de lixo e foi embora. Nesse momento, nossos filhos estavam noivos, se despedindo da nossa casa. Eu estava prestes a me aposentar. Nas paredes da casa, retratos de uma história de família, filhos, aniversários, festinhas, viagens de férias; e de repente aquelas fotos não representavam mais a minha realidade. Meus filhos foram embora, o marido também, o trabalho acabou e eu teria que seguir sozinha. Fiquei paralisada. O que seria da minha vida? Qual o sentido de permanecer viva? Não havia mais a família, não havia mais o lar, não havia mais nem mesmo meu sobrenome, pois, com o divórcio, precisei mudar de nome e voltar a ser reconhecida pelo nome daquela menina, para quem tinham dito que quando se tornasse uma mulher, para ser feliz, teria que estar casada, ter o nome de sua família. Na manhã seguinte, ao levantar sozinha na casa, eu olhei para meu reflexo no espelho e me fiz uma pergunta.

— Tânia, o que você quer para o café da manhã?

Eu não sabia a resposta. Havia passado minha vida focada no outro. O que o outro precisa para ser Feliz? Jamais havia feito essa pergunta a mim. Como uma mulher sozinha pode ser feliz?

Eu acreditava que ser feliz dependia do outro. Que ser bem-sucedida era realizar um bom trabalho para alguém. E assim ser reconhecida por outra pessoa. E agora não havia mais ninguém para quem eu pudesse oferecer meu trabalho, minha atenção, minha vida.

Foi aí que percebi que haviam duas saídas: desistir ou aprender a fazer algo por mim. Eu precisava decidir. Desistir ou me reinventar. Fui em busca de ajuda, autoconhecimento, inteligência emocional, meditação. E nesse caminho, descobri que criar e acreditar nas próprias competências liberta, empodera, oportuniza vivências de amor-próprio, autorresponsabilidade, coragem e fé na própria vida. Aprendi e me permiti amar, valorizar, cuidar, acreditar e utilizar minhas habilidades, e assim iluminar os caminhos a seguir. A partir daí, trilhei novos caminhos. Tornei-me dona da minha vida. Viajei o mundo.... Conheci Veneza, Paris, o Vaticano, Dubai, meu filho foi morar na Irlanda, fui até lá visitá-lo, fomos juntos para Londres. "Eu" comprava passagens, "eu" fazia roteiros, "eu" fotografava lugares lindos.

Assim comecei a descobrir que talvez ser uma mulher dona de si, que se reconhece como um ser inteiro, com desafios e habilidades pudesse ser possível ser um indivíduo que pudesse ter sentido em "ser"... Eu descobri que poderia ser feliz comigo e partir desse lugar de estar comigo. E feliz, eu seria muito mais capaz de expandir a felicidade que habita em meu interior para todos aqueles com os quais eu pudesse compartilhar.

Pela primeira vez na minha vida eu me senti dona de mim, responsável pela minha felicidade. E, a partir desse lugar de paz interior – calma, coragem, estado de presença, mente serena, coração grato –, a prosperidade, a saúde emocional, os relacionamentos, a vida verdadeiramente se torna repleta de propósito e felicidade. Conheci lugares incríveis e experimentei a sensação de ser dona da minha própria vida. A Índia é o meu país predileto, vivenciei várias jornadas dirigidas no EKAM, uma academia de filosofia e meditação cuja visão é levar belos e iluminados estados de ser, e tornar a humanidade livre do sofrimento na vida vivida, a partir de uma consciência transformada.

Com uma vida nova, integrei-me a coletivos de mulheres em busca da igualdade de oportunidades, transformação da consciência e empoderamento do próprio ser. Redescobri aquela Tânia, jovem de 19 anos, que ingressou no concurso público como educadora, em tempos de recursos escassos, pouco ou nenhum acesso à tecnologia. Uma Tânia que lecionou para a primeira turma de educação infantil da comunidade Jardim Nakamura, na periferia de São Paulo, acreditando que a educação cria oportunidades para o conhecimento, desenvolvimento de habilidades, interação, relacionamentos saudáveis e potencialização da inteligência emocional. Meu coração voltou a pulsar mais forte, senti a vibração da alegria da realização da vida com propósito. O mundo está em constante transformação, as pessoas, as crianças e nós (profissionais atuantes) precisamos nos reinventar. Precisamos romper com essa estrutura educacional de ensinar a executar tarefas e educar a nova geração para criar e acreditar em suas competências. Autoria, autorresponsabilidade e ação inovadora constituem os novos caminhos para o avanço, desenvolvimento e sucesso nesta sociedade.

O poder de transformação, ação e reação está nas mãos de cada um de nós. Positividade, sonho, planejamento e gratidão são poderosos aliados para que as pessoas alcancem o sucesso na vida. Utilizando a filosofia, a meditação e o autoconhecimento há um despertar para o poder pessoal. Essas ferramentas possibilitam criar para a mente sensações positivas, de conquista, de vitórias, de crença em seu poder; e com toda segurança a transformação do alimento que você oferece, a sua mente pode transformar vidas.

Consciência da capacidade de reprogramação do cérebro para novas possibilidades, experienciando uma vida em harmonia, com prosperidade, realização pessoal, conectada em estados de paz e coragem.

Lembro-me das madrugadas na minha juventude passadas no ônibus a caminho da escola, onde mais de 40 crianças me aguardavam. Para animá-las, levava meu próprio gravador de fita K7 e, escondendo-o debaixo da roupa, cantava e dançava, proporcionando momentos de alegria e diversão.

Hoje, diante das inovações tecnológicas como a Inteligência Artificial e o Metaverso, empolgo-me com as possibilidades. Recentemente, tive oportunidade de palestrar em Portugal no Summit 2030 Conectando Mentes e Criando o Futuro, com certificação e selo ODS de compromisso com a Agenda 2030 e com a implementação dos 17 Objetivos de desenvolvimento sustentável ODS, em consonância com a ONU, promovido pela palestrante Leila Navarro, referência no mercado de palestras. Foi uma experiência inovadora. Acredito que a educação das crianças determina o grau de autonomia e realização que terão no futuro e, por isso, é fundamental preparar pais e educadores para lidar com essas tecnologias. A inovação traz mudanças, o novo é desconhecido, temido, nos tira da zona de conforto, porém, sem transformação, inovação, avanço e desenvolvimento, a vida para. A coragem para conhecer, testar, sentir, criar e agir no agora é imprescindível. Lembro-me quando o único equipamento que tínhamos na escola era um mimeógrafo a álcool para fazer copias reprográficas. Com a chegada da impressora, pais, professores e comunidade, muitas vezes, resistiam à possibilidade de incluir essa tecnologia no ambiente educativo. Precisamos nos permitir ousar, inovar. Ferramentas digitais, quando bem utilizadas, podem criar ambientes de conexão entre as pessoas, ampliar a acessibilidade ao conhecimento, promover soluções para combater os principais problemas da nossa sociedade: pobreza, mudança climática, crise ecológica, desigualdade de gênero e discriminação racial. Sem dúvida, a má utilização da tecnologia pode causar danos profundos no ser e na sociedade. Despertar para a possibilidade de viver em harmonia com a natureza, com a tecnologia, consciência da realidade como ela é, com propósito, é essencial para uma vida plena e feliz. Sem propósito, a vida se torna mecânica, sem criatividade e significado. Descobrir nosso propósito requer introspecção, identificação de nossos dons únicos e alinhamento com nossos valores e objetivos. Ter um propósito claro nos permite contribuir positivamente para o mundo e trazer entusiasmo e criatividade à nossa vida.

Hoje, tenho o propósito de realizar projetos e ações alinhados com os Objetivos de Desenvolvimento Sustentável (ODS) da ONU. Acredito que isso é fundamental para garantir um impacto positivo e duradouro em nossa sociedade. Quatro ODS em particular estão no centro das minhas propostas de ação:

Vida saudável: entendo que a promoção da saúde e do bem-estar é essencial para uma sociedade próspera e feliz. Projetos que abordam a prevenção de doenças, o acesso à saúde de qualidade e o cuidado com a saúde mental, buscando garantir uma vida saudável para todos, independentemente de idade, gênero ou classe social.

Educação de qualidade: acredito que a educação é a base para o desenvolvimento pessoal e coletivo. Projetos que visam garantir uma educação de qualidade, inclusiva e equitativa para todos, desde a educação infantil até a formação profissional e o ensino superior.

Igualdade de gêneros: lutar pela igualdade de gêneros é uma das minhas maiores paixões. Desenvolver ações que buscam acabar com a discriminação e a violência de gênero, promovendo a igualdade de oportunidades e de direitos para todos, independentemente de seu sexo.

Parcerias para o desenvolvimento: Colaboração é essencial para alcançar os ODS e promover um mundo mais justo e sustentável.

Independentemente da sua história, defendo que cultivar conexões alegres e significativas é essencial para enfrentar desafios. Acredito que devemos enxergar cada pessoa como uma extensão de nós mesmos, que precisa ser nutrida, protegida e sustentada. Todos somos um.

Se você é mulher, mãe e não atua no mercado de trabalho, seu propósito de vida pode estar relacionado ao cuidado e apoio à sua família, ao desenvolvimento de seus filhos e à manutenção de um lar harmonioso e acolhedor. Felicidade é uma decisão pessoal. Ninguém pode fazer isso por você, só você mesma. Se minha história puder inspirar você, ótimo. Mas vai depender da sua força.

Há alguns anos, criei o método SACAR e acredito que ele vai ajudar você. É um processo simples, porém eficaz, que tem como objetivo ajudar pessoas à alcançarem seus sonhos e a se desenvolverem, tanto pessoal quanto profissionalmente.

Consiste em cinco etapas fundamentais:

- **Sonhar:** o primeiro passo do método é permitir-se sonhar e imaginar o futuro que se deseja construir. É importante dar asas à imaginação e visualizar todas as possibilidades, sem limitações. Os sonhos são o combustível para a motivação e a inspiração necessárias para seguir em frente.
- **Acreditar:** a segunda etapa envolve acreditar no próprio potencial e na capacidade de realizar os sonhos. É fundamental cultivar a autoconfiança e a resiliência, pois isso ajudará a enfrentar os desafios e as adversidades que surgirem ao longo do caminho.
- **Criar:** nesta fase, é necessário criar um plano de ação detalhado, que estabeleça os passos e as estratégias para alcançar os objetivos traçados. Um bom planejamento é essencial para garantir que os sonhos se transformem em realidade de maneira eficiente e bem-sucedida.
- **Agir:** colocar o plano em prática é a quarta etapa do método SACAR. É crucial ser proativo e persistente, trabalhando com dedicação e comprometimento para alcançar os objetivos estabelecidos. Além disso, é importante estar aberto a aprender com os erros e adaptar-se às mudanças, mantendo o foco no resultado desejado.
- **Realizar:** a última fase do método é a concretização dos sonhos. Ao seguir todas as etapas anteriores com afinco, é possível alcançar o sucesso e a realização pessoal e profissional. É importante celebrar as conquistas e compartilhar as experiências, inspirando outras pessoas a também seguirem o método SACAR e transformarem suas vidas.

Uma dica. Para aplicar, basta dar o primeiro passo. E isso você sabe, esse passo é sua responsabilidade. Transforme-se, permita-se, deixe fluir a mudança de dentro para fora. Encontre seu propósito. Faça o que sempre quis fazer. Ter uma vida livre e dona de si, não tem preço.

No entanto, isso não significa que você deva se limitar a essa esfera de atuação. Há muitas outras maneiras de contribuir para a sociedade e desenvolver seus talentos e paixões, seja como voluntariado, participando de projetos comunitários ou aprimorando suas habilidades em áreas específicas.

Mesmo que você não esteja diretamente envolvida no mercado de trabalho, você ainda pode buscar atividades que tragam realização pessoal e contribuam para o bem-estar daqueles ao seu redor.

Algumas sugestões incluem:

Voluntariado: Envolver-se em projetos voluntários locais ou em organizações que atendam à causas que você valoriza é uma excelente maneira de causar impacto na comunidade e encontrar propósito em suas ações.

Atividades culturais e educacionais: Aprender algo novo, participar de cursos, oficinas ou grupos de estudo pode expandir seus horizontes e proporcionar a satisfação de adquirir novas habilidades e conhecimentos.

Práticas artísticas e criativas: Engajar-se em atividades artísticas, como pintura, escrita, dança ou música, pode ser uma forma gratificante de expressar sua criatividade e compartilhar sua perspectiva única com o mundo.

Grupos de apoio e autoconhecimento: Participar de grupos de apoio, meditação, yoga ou outras práticas que promovam o autoconhecimento e a conexão com os outros pode ajudá-la a entender melhor a si mesma e a descobrir seu propósito de vida.

Causas sociais e ambientais: Envolver-se em ações que visem à melhoria das condições sociais e ambientais, como a promoção da igualdade de gênero, a proteção do meio ambiente e a luta contra a pobreza, pode trazer um grande sentido de realização e propósito.

Redes de relacionamento: Estabelecer e cultivar conexões com pessoas que compartilham seus interesses e paixões pode enriquecer sua vida e ajudá-la a encontrar novas oportunidades para crescer e contribuir.

Lembre-se de que o propósito de vida é uma jornada, e não um destino. Portanto, continue explorando e refletindo sobre o que lhe traz alegria, realização e satisfação. Siga seu coração e suas paixões, e você encontrará seu caminho único para contribuir para o mundo e viver uma vida plena e significativa.

Se você pode sonhar, você pode realizar. Já dizia Walt Disney. Ele quebrou várias vezes. Provavelmente pensou em desistir muitas vezes, mas dentro dele, ele não deixou morrer sua capacidade de sonhar, acreditar, criar, agir e assim realizar novas possibilidades de vencer e ser feliz.

Nós somos capazes de realizar aquilo que ousamos sonhar.

Você se lembra de frase com a qual eu iniciei esta história?

"E então, fez-se luz por todo aquele caminho, as cortinas se abriram e aquelas pessoas experimentavam o encantamento, a alegria, a esperança e a fé. A menina cresceu e conquistou. E quando pensou que tudo havia acabado, a triste lagarta-menina, presa no casulo dos nãos, dos medos, da paralisia diante da vida, descobriu suas asas, seu poder de sonhar, acreditar, criar, agir, realizar, e voou por sobre um mundo colorido, florido, com aromas, cores e texturas jamais imaginados. Ela ganhou o mundo, espalhou esperança, semeou prosperidade e amor por onde passou...."

Ela se tornou uma grande palestrante internacional, empreendedora, presidente do Rotary Club de São Paulo, voluntária social, vice-presidente da Associação Aprender e Sonhar, que leva cultura e educação empreendedora para crianças da periferia de São Paulo. Membro do Comitê Vozes do Grupo Mulheres do Brasil e embaixadora da Rede Plena Empreendedoras de Impacto Social. Portanto: sonhe, acredite, crie, aja e realize.

Seja Feliz!

Tânia Sobral Benegas